KÖLN
Bibliothek

6

EMONS

Friedhelm Biermann

Drei Könige, elftausend Jungfrauen und noch etwas mehr

Ein unterhaltsamer Streifzug
durch die Kölner Jahrhunderte

Emons

Umschlaggestaltung: Weusthoff & Rose, Köln/Hamburg
Layout: Eva Kraskes, Köln
Druck und Bindung: Clausen & Bosse GmbH, Leck
Printed in Germany 2001
ISBN 3-89705-228-8

www.emons-verlag.de

für Waltraud,
die mich ermutigte

für Uta,
die mir gute Tipps gab

to Kuang,
for his support

inhalt

kapitel eins

Römer, Ubier und andere Germanen

Die Geschichte der Stadt Köln beginnt eigentlich in Rom; und das rund hundert Jahre vor ihrer Gründung. Dort nämlich bekam einer der beiden Konsuln nach Ablauf seiner Amtszeit die Verwaltung der beiden Provinzen Gallien zugesprochen. Das römische Gallien bestand zur damaligen Zeit – wir befinden uns im Jahre 59 vor Christus – aus Norditalien und Südfrankreich. Hätte nun dieser Konsul seinen neuen Posten als gut dotierten Altersruhesitz betrachtet, wie es viele römische Exkonsuln taten und wie es auch von ihnen erwartet wurde, dann wäre alles wahrscheinlich beim Alten geblieben, und Köln hätte nie das Licht der Welt erblickt. Aber, wie wir wissen, sollte es anders kommen.

Unser aus dem Amt scheidender Konsul, sein Name ist übrigens Gaius Julius Caesar, hatte noch politischen Ehrgeiz – er war ja gerade erst einmal zweiundvierzig Jahre alt, und welcher Politiker gibt schon mit zweiundvierzig Jahren freiwillig seine Macht ab und geht in den Ruhestand. Caesar jedenfalls nicht. Nun war jedoch der Gouverneursposten einer Provinz weit weg von Rom nicht gerade dazu geeignet, politisch an vorderster Front mitzumischen.

Aber Caesar war ja nicht dumm, und Skrupel hatte er auch keine. Um seinen Ehrgeiz zu befriedigen, musste er also erst einmal militärische und politische Macht gewinnen. Zu beidem sollte ihm Gallien verhelfen. So beschloss er kurzerhand, die römische Provinz um das freie keltische Gallien zu erweitern. Gesagt – getan! Geschickt die inneren Streitigkeiten der Gallier ausnutzend, besiegte Caesar nacheinander die Helvetier, die germanischen Sueben unter ihrem König Ariovist, die Belgier, die tapfersten aller Gallier, und noch eine Reihe kleinerer Stämme. Schließlich noch ein Vorstoß an den Niederrhein, und ganz Gallien war unterworfen. Ganz Gallien? Ganz Gallien! So schien es jedenfalls.

Aber nun traten unsere Vorfahren auf den Plan. Mit der Eroberung Galliens waren die Römer zu direkten Nachbarn der Germanen geworden. Und da lagen auch schon die Probleme; mit den Germanen hatten die Römer nämlich bisher keine guten Erfahrungen gemacht. Im Gegenteil: Noch immer spukte jener ominöse Horrorzug der Kimbern und Teutonen in ihren Köpfen herum, und noch immer klang der Schreckensruf vom *furor teutonicus* in ihren Ohren. Germanen waren für die Römer grauenerregende, halbnackte Hünengestalten, die nichts lieber taten, als römischen Legionären nach dem Leben zu trachten.

Und jetzt drangen wieder solche Germanen ins römische Reich, das heißt in Caesars Gallien. Die Völker der Usipeter und Tenkterer erschienen plötzlich westlich des Niederrheins, im Gebiet des heutigen Kölns. Wahrscheinlich hatten sie nicht einmal feindliche Absichten, sondern waren nur auf der Suche nach neuen Siedlungsplätzen. Caesar jedenfalls interessierten solch unbedeutenden Unterschiede nicht, und außerdem wollte er eine so eklatante Grenzverletzung nicht einfach hinnehmen. Er wurde sofort aktiv: Zuerst bemächtigte er sich mit einer List der Häuptlinge der beiden Stämme, und danach schlug er die führerlosen Germanen, die sich ohne ihre Häuptlinge fast wehrlos niedermachen ließen. Die Überreste ihrer Stämme konnten sich gerade noch über den Rhein in Sicherheit bringen. (Eine kleine Bemerkung am Rande: In Rom stellte Cato – nicht gerade ein Freund Caesars – im Senat den Antrag, Caesar für diesen Verrat an die Germanen auszuliefern. Doch daraus wurde noch nichts. Kriegsverbrecher wurden erst sehr viel später zur Rechenschaft gezogen.)

Indessen verfolgte Caesar die Geschlagenen auch noch jenseits des Stromes; in der Nähe von Neuwied ließ er eine Brücke über den Rhein schlagen, demonstrierte der dortigen Bevölkerung seine Stärke und zog sich nach achtzehn Tagen wieder über die Brücke auf römisches Gebiet zurück.

Dieser Ausflug auf die *schäl Sick* sollte für das spätere Köln nicht ohne Bedeutung bleiben. Nebenbei unterstützte Caesar nämlich noch den im Westerwald und Taunus ansässigen Stamm der Ubier, der sich bei seinen Nachbarn unbeliebt gemacht hatte. Hatte er doch die von den Römern geschlagenen Sueben auf ihrer Flucht überfallen. Diesen Ubiern werden wir später wieder begegnen; noch ist ihre Zeit nicht gekommen.

Zuvor müssen wir uns noch einem anderen germanischen Stammesverband zuwenden, den Eburonen im Gebiet zwischen Rhein und Maas. Als freie Germanen empörten sie sich gegen die Römerherrschaft, verbündeten sich mit einigen anderen Germanen- und Keltenstämmen und probten den Aufstand. An der Maas kam es zur Schlacht, die viele römische Legionäre nicht überlebten. Aber nicht lange konnten sie sich im Glanze ihres Sieges sonnen, denn die Römer sollte man besser nicht reizen; nun bekamen sie die geballte Macht des römischen Reiches zu spüren. Caesar raste vor Wut und die Eburonen fielen seiner Rache anheim; sie wurden vollständig ausgerottet. Selbst ihre Dörfer wurden verbrannt und ihre Äcker verwüstet. Die Kölner Bucht und die Eifel waren Schauplatz ungezählter Grausamkeiten. In seinen Mitteln war Caesar nie sehr wählerisch.

Aber auch diese Massaker brachten nicht den erhofften abschreckenden Effekt. Immer noch war Gallien nicht befriedet. Jetzt meldete sich weiter im Westen ein Vercingetorix zu Wort – und nicht nur zu Wort. Schon bald führte er einen Aufstand an, gegen den die Rebellion der glücklosen Eburonen ein Kinderspiel war. Aber auch hier war Caesar nicht zimperlich. Nach der Belagerung und Übergabe Alesias musste Vercingetorix schließlich dem römischen Feldherren seine Waffen zu Füßen legen. Danach konnte das Gebiet auf Dauer dem römischen Imperium eingegliedert werden. Allerdings bot die neue Provinz nach acht Jahren Krieg und Verwüstung ein ziemlich jämmerliches Bild.

Und was ist mit Köln? Etwas Geduld bitte! Noch ist von Köln nichts zu sehen, aber es dauert nicht mehr lange. Die nächsten paar Jahre bleiben wir lieber in Rom. Dort ist zu jener Zeit mehr los als am Rhein. Dort können wir Caesar erleben, wie er sich in einem Bürgerkrieg gegen seinen Widersacher Pompeius durchsetzt, wir sehen ihn an den bekannten Iden des März in seiner blutverschmierten Tunika, umgeben von den Senatoren, die ihn gerade mit ihren Dolchen umgebracht haben, wir sind Zuschauer bei den Kämpfen nach seinem Tod und bejubeln schließlich mit den Römern den Sieger dieser Machtkämpfe, Caesars Adoptivsohn und Nachfolger Augustus. Eine bewegte Zeit in der Hauptstadt des Imperiums.

Wenn wir nun nach der Großstadthektik an den ruhigen Rhein zurückkehren, treffen wir hier den Statthalter der Provinz Gallien, einen gewissen Marcus Vipsanius Agrippa, Feldherr und persönlicher Freund des Kaisers Augustus. Dieser Agrippa wird der eigentliche Gründer Kölns sein. Aber noch immer ist es nicht soweit. Im Jahre 38 vor Christus nimmt Agrippa erst einmal wieder Kontakt zu jenen Ubiern auf, die Caesar schon einige Jahre zuvor gegen ihre Nachbarn unterstützt hatte. Und schon wieder wurden sie von ihren Nachbarn bedrängt, so dass sie die Römer um Hilfe rufen mussten. Die späteren Bürger Kölns scheinen ein recht zänkisches Völkchen gewesen zu sein. Agrippa ließ sich nicht auf irgendwelche unkalkulierbaren Kämpfe auf der *schäl Sick* ein. Er holte die Ubier kurzerhand über den Fluss und wies ihnen auf dieser Seite neue Siedlungsgebiete zu. Gab es hier doch seit der Vernichtung der Eburonen genug herrenloses Land.

Jetzt entstand auf dem hochwasserfreien linken Rheinufer das OPPIDUM UBIORUM, die Landstadt der Ubier. Da haben wir es also, unser Köln! Noch heißt es nicht so, und noch hat es wenig Ähnlichkeit mit der späteren Stadt, aber das wird schon noch. Das neue OPPIDUM UBIORUM war allerdings nie eine Ubierstadt, wie sollte sie auch; die Germanen kannten doch gar keine Städte. Sie lebten ausschließlich in kleinen Dörfern und Einzelgehöften. Die Stadt der Ubier war von Anfang an eine römische Stadt, mit einem rechtwinklig angelegten Straßennetz und einem Holz- und Erdwall zur Verteidigung. Von Anfang an waren auch römische Truppen in der Stadt oder zumindest in ihrer Nähe stationiert, so genau wissen wir das heute nicht mehr.

War da vorhin nicht vom hochwasserfreien Rheinufer die Rede? Manch ein Bewohner der Kölner Altstadt wird an dieser

Stelle wohl skeptisch den Kopf geschüttelt haben, hat er doch ganz andere Erfahrungen gemacht. Und doch ist es so: Köln lag und liegt auf einer Anhöhe. Dort, wo heute die Altstadt ist, floss zur damaligen Zeit der Rhein; dort lag der Römerhafen. Die Namen »Hohe Straße« und »Hohe Pforte« spiegeln auch heute noch die erhöhte Lage der ursprünglichen Stadt wider.

Wenden wir uns aber jetzt wieder Agrippa zu. Trotz der bescheidenen Anfänge hatte er mit seiner Stadt Großes vor: sie sollte der Hauptort der noch zu erobernden Provinz Germanien werden. Zunächst jedoch übernahmen die Germanen die Initiative, genauer gesagt die rechtsrheinischen Sugambrer, Usipeter und Tenkterer. Sie setzten über den Rhein, entrissen einer römischen Legion den Legionsadler, besiegten den Statthalter Lollius und verschwanden wieder über den Fluss. Solche Spielchen fanden die Römer gar nicht lustig. Das wollten sie nicht auf sich sitzen lassen, schließlich war man ja Weltmacht. Daher bereiteten sie nun einen groß angelegten Gegenschlag vor, dazu kam der Kaiser höchst persönlich nach Gallien. Er machte seinen Stiefsohn Drusus zum Oberbefehlshaber der römischen Rheinarmee und schickte ihn nach Germanien.

Das Germanien jenseits des Rheins war für die Römer eine *terra incognita*. In ihrer Vorstellung war es ein riesiges Wald- und Sumpfgebiet, dunkel, neblig, verregnet und unzugänglich. Für die Römer, die offene, lichtdurchflutete und kultivierte Landschaften gewöhnt waren, ein Land des Grauens. Tacitus bringt das Bild der Römer von Germanien auf den Punkt: *»Illic usque tantum natura.«* Dort gab es überall nur Natur. Und genauso grauenvoll wie das Land waren auch seine Bewohner: groß, blond, von ungeheurem Körperbau; die allerschlimmsten Barbaren in den Augen der Römer. Die einzige Quelle für Informationen aus diesem Gebiet waren wagemutige Kaufleute, und was sie berichteten, war nicht unbedingt beruhigend.

Vier Jahre lang zog Drusus nun durch das Dunkel der Wälder, durch das Gebiet der Sugambrer, Cherusker und Chatten und stand sogar eines schönen Tages am Ufer der Elbe. Aber Glück gebracht hat es ihm nicht. Hier an der Elbe trat ihm eine germanische Seherin entgegen und kündigte ihm seinen nahen Tod an. Ob Sie es glauben oder nicht, noch auf dem Heimweg zum Rhein fiel Drusus vom Pferd und starb. Nach seinem Tod übernahm sein Bruder Tiberius den Oberbefehl, und der ruhte nicht, bis das gesamte Gebiet zwischen Rhein und Elbe als besetzte römische Provinz angesehen wurde. Um in dem besetzten Land eine Verwaltung einzurichten, kam Publius Quintilius Varus nach Germanien. Sein Schicksal ist bekannt: Von Arminius, dem Chef der Cherusker, in einen Hinterhalt gelockt, wurden seine Legionen von den verbündeten Germanenstämmen niedergemacht, Varus setzte daraufhin seinem Leben selbst ein Ende. Die Schlacht im Teutoburger Wald befreite das rechtsrheinische Germanien von der Römerherrschaft. Das Vorhaben einer großgermanischen Provinz mit der Metropole Köln war gescheitert. Übrigens weiß man heute nicht mehr so genau, wo die Schlacht im Teutoburger Wald eigentlich geschlagen wurde, im Teutoburger Wald wohl eher nicht.

Köln wird somit für die nächsten Jahrhunderte zur Grenzstadt, zur Grenzstadt zwischen der kultivierten römischen Provinz Gallien und dem Barbarenland jenseits des Flusses. Die Römer konzentrierten sich nach der Katastrophe im Teutoburger Wald auf die Stabilisierung der Rheingrenze. Germanicus, der Sohn des Drusus, hatte diese Aufgabe übernommen. Als seine Residenz wählte er das von seinem Schwiegervater Agrippa gegründete OPPIDUM UBIORUM, hier ließ er sich einen Statthalterpalast errichten und legte zwei Legionen in die Stadt. Und hier wird ihm seine Tochter Agrippina geboren, die für die Geschichte der Stadt noch so bedeutsam werden sollte.

Agrippina entwickelte sich zu einer höchst schillernden Frau, zu einer Frau mit einer nie dagewesenen Machtstellung innerhalb des römischen Reiches. Sie war grenzenlos ehrgeizig und wahrscheinlich genauso grenzenlos skrupellos. Diese Frau, der Köln so viel zu danken hat, genoss keinen sonderlich guten Ruf. Bevor sie in Rom den regierenden Kaiser Claudius heiratete, hatte sie gerade die Regierungszeit ihres Bruders Kaiser Caligula mit Mühe überlebt, wegen verschwörerischer Machenschaften hatte ihr Bruder sie lediglich verbannt. Ihrem Mann Claudius rang sie die Ernennung zur Augusta, zur Mitkaiserin, und die Adoption ihres Sohnes aus erster Ehe ab. Um nach erfolgreicher Adoption diesem Sohn – Nero war sein Name – den Kaiserthron zu sichern, servierte sie ohne Bedenken ihrem Gemahl ein Pilzgericht, das dieser erwartungsgemäß nicht überlebte. Als neuer Kaiser war Nero allerdings nicht der ergebene Sohn, den sich eine liebende Mutter wünscht. Der ständigen Bervormundung seiner ambitiösen Mutter überdrüssig, versuchte er mehrmals sie zu ermorden, bis er schließlich Erfolg hatte. So etwa sah das Leben der Agrippina aus, die Köln offiziell zur Stadt machte.

Während ihrer Ehe mit Kaiser Claudius erreichte Agrippina, – laut Tacitus »*um auch den verbündeten Nationen ihre Macht offen zu zeigen*« – dass ihre Geburtsstadt in den Rang einer römischen Kolonie erhoben wurde. Jetzt bekam sie den Namen COLONIA CLAUDIA ARA AGRIPPINENSIUM – die Claudische Kolonie am Altar der Agrippinenser. Der Name war natürlich viel zu lang, deshalb verkürzten ihn die Kölner zunächst zu COLONIA AGRIPPINENSIS, zu COLONIA AGRIPPINA, später blieb dann nur noch COLONIA übrig. Daraus ist dann das heutige Köln entstanden. War Köln in den Augen der Römer bisher bloß ein *oppidum*, der Siedlungsort eines germanischen Stammes, so erhielt es jetzt, knapp hundert Jahre nach seiner Gründung, mit der Erhebung zur Kolonie die höchste römische Stadtwürde. Damit erblickte Köln nun endgültig das Licht der Welt. Dies geschah im Jahre 50 n. Chr.

Die Stadt am Ende der Welt war im Begriff, bedeutend zu werden. Aber mitten in die Ausbauphase platzte eine Katastrophe. Tacitus berichtet darüber: »*Doch wurde auch der mit uns verbündete Gau der Ubier von einem unvorhergesehenen Unglück betroffen. Aus der Erde brachen nämlich Flammen hervor, ergriffen weit und breit die Landgüter, Felder und Dörfer und drangen sogar in den Mauerring der neu gegründeten römischen Kolonie ein. Und das Feuer konnte nicht gelöscht werden, weder durch Regenfälle noch durch das Wasser der Ströme oder durch eine andere Flüssigkeit. Endlich warfen die Landleute aus Mangel an einem anderen Rettungsmittel und aus Wut über ihre Verluste aus der*

Ferne Steine. Dann rückten sie, als die Flammen standhielten, näher heran, schlugen sie mit Stöcken und Prügeln wie wilde Tiere und suchten sie so zu vertreiben. Schließlich rissen sie sich die Kleider vom Leib und warfen sie darauf, weil sie glaubten, je abgebrauchter und schmutziger sie wären, desto eher würden sie das Feuer ersticken.«

Doch selbst solch ein Großfeuer konnte den Aufschwung Kölns nicht lange aufhalten. Fast unverzüglich ging der Ausbau weiter. Schon kurze Zeit später war die neue steinerne Stadtmauer fertig. Sie war sechs Meter hoch und zwei Meter fünfzig breit, verlief in einem etwas unregelmäßigen Quadrat von einem Kilometer Seitenlänge um die neue COLONIA. Durch neun Tore führten Straßen in die Stadt, und einundzwanzig Türme sollten eine erfolgreiche Verteidigung ermöglichen.

In Rom war inzwischen Kaiser Nero gestorben. Sein Nachfolger Galba war bei den Soldaten allerdings nicht beliebt, so kam es, dass die Garde in Rom einen eigenen Kandidaten nominierte und diesen – Otho – zum Kaiser ausrief; Galba wurde kurzerhand abgesetzt und ermordet.

Zur gleichen Zeit war in Köln Aulus Vitellius Kommandant des niedergermanischen Heeres. Vitellius war ein Mann mit bestem Ruf, er hatte ein leutseliges und freigiebiges Wesen und begrüßte sogar einfache Legionäre mit Kuss und Umarmung, wie Sueton berichtet. Da passierte folgendes: Eines Abends, es war der 2. Januar 69, drangen Soldaten in den Statthalterpalast ein und rissen Vitellius, wahrscheinlich noch in Nachthemd und Schlafmütze, aus seinem Bett und riefen ihn zum Kaiser aus. Man drückte ihm das im Marstempel aufbewahrte Schwert Caesars, der schon unter Augustus zum Gott erhoben worden war, in die Hand, und trug ihn auf den Schultern der Soldaten durch die Straßen.

Obwohl in Rom Otho vom Senat als Kaiser anerkannt worden war, schlugen sich schon bald neben Nieder- und Obergermanien auch die Provinzen Britannien, Gallien und Spanien auf die Seite des Vitellius. Otho versuchte zunächst mit Vitellius zu verhandeln, aber dazu war Vitellius viel zu sehr in der Hand seiner Truppen, die den verweichlichten Otho hassten und sich nicht um ihren versprochenen Lohn prellen lassen wollten. So marschierte Vitellius nach Italien und besiegte seinen Widersacher, der sich selbst das Leben nahm. Der Senat in Rom erkannte den neuen Kaiser sofort an. Während sich Vitellius den kulinarischen Genüssen der Hauptstadt ergab und Zirkusspiele veranstaltete, erging es den meisten italischen Städten schlecht: Von der Rheinarmee überflutet, mussten sie Gewalttätigkeiten und Plünderungen hinnehmen. Besonders Rom glich in diesem heißen Sommer einem riesigen Heerlager.

Nun wiederholten sich die Ereignisse von Köln, nur mit anderem Vorzeichen. In Alexandria in Ägypten wurde daraufhin seinerseits Flavius Vespasian von seinen Soldaten zum römischen Kaiser ausgerufen. Mit Hilfe der orientalischen Truppen und der Donauarmee vom Balkan gelang diesem die Eroberung der Hauptstadt. Vitellius versteckte sich im Kaiserpalast auf dem Palatin, wurde entdeckt, auf dem Forum niedergemacht und sein Leichnam in den Tiber geworfen. Nicht einmal ein Jahr hatte das Kaisertum des Vitellius gedauert.

Zu der Zeit, in der sich Vitellius in Rom gegen seinen Herausforderer Vespasian verteidigen musste, kam es am linken Niederrhein zu einem Aufstand der germanischen Bataver unter ihrem Führer Julius Civilis. Ihnen schlossen sich nicht nur die Friesen, sondern auch Stämme im nördlichen Gallien an. Sogar Truppen der Rheinarmee, die ja gerade ihren Kaiser auf so schmähliche Art verloren hatten, machten mit den Aufständischen gemeinsame Sache, nachdem sie zuerst gegen ihren neuen Kaiser gemeutert und ihm ergebene Offiziere ermordet hatten.

Dieser geballten Macht konnte selbst Köln nicht widerstehen. Die Stadt fiel in die Hände der Bataver. Sofort schickten die Stämme vom anderen Rheinufer Gesandte, die von Julius Civilis die Schleifung der neuen Mauer forderten und an die Ubier appellierten, sich vom Joch der Römer zu befreien und sich wieder mit den freien Germanen zu vereinigen. Um die Stadt vor dem Untergang zu bewahren, mussten sich die Ubier nun wohl oder übel den Aufständischen anschließen, aber sobald sich die Lage für die Römer wieder besserte, sollten die Kölner die Seiten wieder wechseln. Zunächst jedoch blieb Köln vom Schicksal vieler anderer Legionslager am Rhein verschont, die in Flammen aufgingen.

Als nun der von Vespasian entsandte Feldherr Petillius vorrückte, boten ihm die Aufständischen listigerweise die Königswürde über die Gallier an. Petillius jedoch lehnte diese zweifelhafte Würde dankend ab und besiegte Civilis in der Nähe von Xanten. Ein Jahr später herrschte wieder Ruhe am Rhein – am römischen Rhein.

kapitel zwei

Colonia

Von nun an wird Köln in den Quellen für die nächsten zweihundert Jahre kaum noch erwähnt. Das könnte natürlich daran liegen, dass hier der Hund begraben lag; aus römischer Sicht gab es zwischen der neuen COLONIA CLAUDIA ARA AGRIPPINENSIUM und dem Ende der Welt so gut wie keinen Unterschied. Aber auch eine ausnehmend gute Entwicklung der Stadt könnte der Grund für das Fehlen von Nachrichten sein. Nehmen wir zu Gunsten unserer Ur-Ur-Ur-Urgroßeltern das letztere an.

Damit haben wir auch Zeit, uns in der Stadt einmal genauer umzuschauen. Römische Soldaten, Offiziere, Verwaltungsbeamte und Händler hatten die römische Lebensweise – das *dolce vita* – an den Rhein gebracht. Wie sah Köln also in jenen Jahren aus? Wie lebten die Menschen in dieser Stadt? Und wovon lebten sie? Machen wir einen kleinen Spaziergang durch das römische Köln.

Wenn wir uns von Süden auf der befestigten Römerstraße, die über Bonn den Rhein hinunter führt, der Stadt nähern, fällt zunächst das gewaltige, dreigeteilte Tor in der Stadtmauer auf, flankiert von zwei quadratischen, zinnenbewehrten Türmen. Über dem mittleren großen Torbogen sind die Buchstaben CCAA eingemeißelt, das Kürzel für COLONIA CLAUDIA ARA AGRIPPINENSIUM. (Das Nordtor sah dem südlichen wohl sehr ähnlich. Von ihm kann man heute noch den mittleren Torbogen mit dem CCAA im Römisch-Germanischen Museum betrachten; ein Seitenbogen des Nordtores befindet sich heute ganz in der Nähe seines ursprünglichen Standortes auf der Domplatte.)

Schon vor dem Tor ist der Verkehr so dicht und chaotisch, dass eigens zu seiner Regelung hier eine kleine Polizeistation errichtet worden ist. Altgediente Soldaten versuchen den Verkehr unter Kontrolle zu halten. Dass ganz in der Nähe heute noch das Polizeipräsidium steht, wirft wohl ein bezeichnendes Licht auf die Traditionsverbundenheit der Kölner.

Passieren wir das Tor durch einen der Seitenbögen, liegt vor uns der CARDO, die Hauptstraße in Nord-Süd-Richtung, zweiunddreißig Meter breit, gepflastert mit Basaltquadern. Auf beiden Seiten zwei-, manchmal sogar dreistöckige Wohnhäuser, die Gehsteige mit Säulengängen geschmückt, die hier in Köln allerdings, anders als im milden mediterranen Klima, doch eher gegen Regen als vor der Sonne schützen sollen. Leider können wir nicht alles überblicken, denn es herrscht ein Gedränge wie am langen Samstag in der Fußgängerzone: römische, gallische und germanische Trachten, Legionäre, Sklaven, Hausfrauen, Kaufleute – ein buntes Durcheinander.

Wenn wir von diesem Durcheinander genug haben, können wir einmal in einen Laden oder eine der Werkstätten gehen, um zu sehen, was hier alles angeboten wird. Betreten wir also den Verkaufsladen eines Glasbläsermeisters: Überall stehen die verschiedensten Gefäße herum, Gläser, Schalen, Vasen, Kelche, Becher, Kannen, Kultgefäße, aber auch Nippes in allen Ausführungen und für jeden Geldbeutel. Gläser in allen Farben und Formen. Auf einer Schale ist in feinstem Glasschliff ein Zirkusrennen mit vier vierspännigen Wagen graviert, in der Mitte ein Porträt des Kaisers. Oder betrachten wir eine der herrlichen Vasen, auf die der Künstler noch heiße, weiche Glasfäden geschlängelt hat. Auch figürliche Darstellungen von Menschen und Tieren füllen die Regale. (Nippes verkauft sich offensichtlich zu allen Zeiten gut. Glücklicherweise haben einige dieser Glasgefäße und -figuren die nächsten zweitausend Jahre überstanden, heute sind sie im Römisch-Germanischen Museum zu bewundern.) Die Kölner Glaswaren waren nahezu überall im römischen Europa heiß begehrt.

Auch in der Töpferwerkstatt nebenan gibt es eine enorme Vielfalt: schon draußen unter den Arkaden jede Art von Gebrauchsgegenständen aus weißem Ton, kunstvollste Keramiken und Terrakotten.

In den oberen Geschossen über den Läden befinden sich zumeist die Wohnungen, sie sind allerdings klein und karg ausgestattet. Badezimmer oder Toiletten gibt es in ihnen nicht, aber dafür sind ja die großen öffentlichen Thermen und die vielen Bedürfnisanstalten da.

Natürlich gibt es auch die luxuriös ausgestatteten Villen mit einer zahlreichen Dienerschaft. Köln, das heißt vielmehr einige seiner Bewohner sind mit der Zeit sehr reich geworden. Das Haus eines solchen reichen Kölners ist ganz nach römischem Vorbild gebaut: Nach außen umgibt eine Mauer das Anwesen, im Inneren gruppieren sich zahlreiche Wohn- und Arbeitsräume um das Atrium, den offenen Innenhof. Dahinter liegt ein von einem Säulengang umgebener kleiner Garten, auch hier weitere Gemächer ringsum. Die Wohnräume sind zwar sparsam eingerichtet, doch sind die Möbel von erlesener Qualität und Schönheit. Vor allem die Ruhebetten, die sowohl als Sitz- als auch als Liegemöbel benutzt werden, sind mit Gold, Elfenbein und Schildpatt verziert.

Aber mit ganz besonderem Stolz hätte uns unser Gastgeber den Boden in einem Zimmer gezeigt, in dem für gewöhnlich die Gastmähler stattfinden. Er besteht aus einem wunderschönen Mosaik, das in mehreren Szenen das sinnenfrohe Leben verherrlicht, eine Mischung aus Erotik und Weinseligkeit. (Auf diesem Mosaik werden auch heute noch gelegentlich Gelage gefeiert. Bill Clinton, Tony Blair und andere hohe Tiere genossen beim letzten G 8-Gipfel in Köln dieses Privileg.)

Die Wände sind ebenfalls bunt bemalt – auch hier wieder erotische Motive und Darstellungen aus der römischen Mythologie. Auf der Weinkanne, aus der ein Sklave importierten Wein einschenkt, ist das Lebensmotto unseres römischen Kölners zu lesen: *»Nimm die glücklichen Gaben des Bacchus, die wir bergen, und nutze sie glücklich.«* Offensichtlich ist unser Gastgeber nicht gerade ein Asket, und seine Gastmähler sind wohl auch keine puritanischen Abendmähler. Die Kölner, die es sich leisten können, lassen es sich gut gehen.

Gehen wir jetzt den CARDO weiter bis ins Zentrum der Stadt, dann erstreckt sich vor uns das Forum, ein gewaltiger Platz. (Wo genau das Forum lag und wie groß es war, ist heute leider nicht mehr bekannt.) Eingerahmt wird das Forum auf der einen Schmalseite vom Marstempel, in dem, wie wir ja schon erfahren haben, das Schwert Caesars aufbewahrt wurde, und auf der anderen Seite vom Staatsheiligtum, dem Altar der Göttin Roma und des Augustus.

Schräg gegenüber liegt das Prätorium, der Palast des kaiserlichen Statthalters. Die ganze Macht und der ganze Stolz des römischen Reiches drückt sich in diesem imposanten Bau aus. Und genau das war auch beabsichtigt. Keiner sollte über den Machtanspruch Roms im Unklaren gelassen werden. (Das damalige und das heutige Machtzentrum Kölns – Prätorium und Rathaus – liegen nur wenige Meter voneinander entfernt.)

Vorbei an Tempeln, Verwaltungsgebäuden, Theatern, Triumphbögen und dem Circus – hier finden auch die sehr beliebten, weil manchmal grausamen Wagenrennen statt – führt uns unser Weg in eine der luxuriös ausgestatteten Thermen.

Hier trifft man alle Welt. Thermen sind Hallenbad, Freizeitzentrum und Fitness-Studio in einem. Als erstes begeben wir uns in den Umkleideraum. Einen Badeanzug oder eine Badehose brauchen wir nicht, denn gebadet wird nackt.

Ob Frauen und Männer gemeinsam badeten, diese Frage ist nicht so leicht zu beantworten: Kaiser Hadrian sah sich zum Beispiel genötigt, ein Verbot des gemeinsamen Badens zu erlassen. Wahrscheinlich hatten sich gewisse Unsitten in die Bäder eingeschlichen, die der Kaiser nicht tolerieren wollte. Offenbar hat Hadrians Verbot aber nicht die beabsichtigte Wirkung gezeigt, denn kurze Zeit später musste Kaiser Marc Aurel dieses Verbot erneuern. Um die Sache zu verkomplizieren, hat dann Kaiser Elagabal das gemeinsame Baden von Männern und Frauen ausdrücklich wieder erlaubt, sein Nachfolger verbot es wieder.

Soweit zu dieser Frage! Nehmen wir der Einfachheit halber an, in Köln seien die Menschen sittsam gewesen, also getrennt in die Bäder gegangen. Nachdem wir nun unsere Tuniken abgelegt haben, können wir uns im Warmwasserbecken entspannen oder das Dampfbad aufsuchen, und uns danach ins Kaltwasserbecken stürzen. Wir könnten auch zuerst in die Sporträume gehen, dort Gymnastik treiben oder uns Partner für ein Ballspiel suchen. Mitspieler sind hier leicht zu finden, denn Ballspiele sind sehr populär. So ein Bad ist offenbar ein Ort, an dem sich schon ein paar anregende Stunden verbringen lassen. Und Köln hatte wahrscheinlich mehrere solcher Thermen.

Für eine angenehme Temperatur sorgt übrigens eine Fußboden-Warmluftheizung. Die Wasserversorgung der Thermen wie auch der übrigen Stadt ist durch eine Wasserleitung aus dem Vorgebirge, später sogar aus der Eifel sichergestellt. Durch sie wird ständig frisches Quellwasser in die Stadt geführt. Das Abwasser fließt durch ein unterirdisches Kanalsystem in den Rhein. Nach diesen Errungenschaften werden sich die Kölner schon bald zurücksehnen.

Im Fluss vor der Stadt erstreckt sich eine schmale Insel, die den inneren Hafen vom Fluss abschirmt. Auf ihr üben sich die jungen Kölner in den Sportanlagen und dem großen offenen Schwimmbecken. Die Strömung des Rheins war wohl zu stark, als dass man in ihm hätte ungefährdet baden können. Auch Speicherhäuser fanden sich hier später. Um sie vor Hochwasser zu schützen, musste die Insel teilweise aufgeschüttet werden. Der Hafen zwischen der Insel und der Stadt konnte wahrscheinlich schon ab dem dritten Jahrhundert nicht mehr benutzt werden; die Kölner hatten ihn zu einer wilden Müllhalde verkommen lassen, so dass er langsam verlandete und schon bald für Schiffe nicht mehr tief genug war, falls man hier angesichts des Unrats, der sich auf dem Grund des Hafens ansammelte, überhaupt von Verlandung reden kann.

Die Friedhöfe liegen draußen vor der Stadtmauer, denn ein uraltes Gesetz verbietet den Römern, ihre Toten innerhalb der Stadt zu bestatten. Hier gibt es neben schlichten Erdbestattungsgräbern auch imposante Grabtürme, Sarkophage und Tempelgräber.

Das Umland wird durch die großen Gutshöfe geprägt, die

für die Versorgung der circa zwanzigtausend Einwohner mit Lebensmitteln so wichtig sind. Wald sucht man mittlerweile in der Kölner Bucht vergebens; er ist für Bauprojekte, den Schiffsbau, Wirtschaftsbetriebe und für die Verfeuerung nach und nach abgeholzt worden. Jetzt muss das Bauholz aus dem Mittelrheingebiet nach Köln geflößt werden. Auch der Naturstein für die Bauten in der Stadt wird aus Steinbrüchen in Lothringen herangeschafft. Das ist übrigens auch der Grund, warum fast alle Gebäude, zumindest die privaten, aus Lehmziegeln errichtet worden sind; Steine aus Lothringen sind nicht billig.

Tempel jedoch konnten schon aus Imagegründen nicht aus banalen Lehmziegeln gebaut werden. Immerhin ist man seinem Gott etwas schuldig. Und es gibt einige Götter, die in Köln verehrt werden. Neben den Tempeln für die alten römischen Götter Jupiter, Juno, Minerva und Co. haben sich mit der Zeit auch andere, exotischere Kulte in Köln etabliert. Durch Soldaten und Veteranen, die aus allen Teilen des Reiches an den Rhein kamen, hat sich besonders der manchmal etwas ausschweifende Kult der ägyptischen Isis und der des persischen Sonnengottes Mithras stark verbreitet. Ihnen haben die Kölner ebenfalls Tempel errichtet. Es gibt auch schon Christen in der Stadt, allerdings können sie es sich noch nicht leisten, sich öffentlich zu bekennen. Da sie sich weigern dem gerade herrschenden göttlichen Kaiser zu opfern, werden sie in jenen Jahren des öfteren verfolgt und hingerichtet oder im Zirkus zur Unterhaltung des Publikums von wilden Tieren zerfleischt. Aber sie lassen sich nicht unterkriegen. Im äußersten Nordosten der Stadt haben die Christen sogar einen geheimen Versammlungsraum direkt an der Stadtmauer. Aus dem können sie bei Gefahr leichter und vor allem schneller über die Mauer ins Umland entkommen. Ungefähr dort, wo sich wahrscheinlich jener christliche Versammlungsraum befand – so ganz genau weiß das heute keiner mehr –, steht heute unser Dom.

Wie man damals mit den Christen in Köln und auch im restlichen römischen Imperium umging, veranschaulicht die Geschichte vom heiligen Gereon. Gereon war Anführer eines Trupps

Legionäre aus dem ägyptischen Theben. Wie, und vor allem warum die Ägypter an den Rhein abkommandiert wurden, wird wohl immer ein Rätsel bleiben, falls an der ganzen Geschichte überhaupt ein Körnchen Wahrheit ist. Jedenfalls fielen die Thebaner hier in Köln auf; ägyptisch und christlich war wohl etwas zu viel Fremdheit für die provinziellen Kölner. Besonders ihre religiöse Haltung wurde nicht unwidersprochen hingenommen. Als sie sich standhaft weigerten, den römischen Göttern zu opfern, wurden sie von ihren heidnischen Kameraden bis auf den letzten Mann niedergemacht. So oder ähnlich erging es vielen Christen, die sich nicht von ihrer Überzeugung trennen mochten.

Doch nun zu einem rein weltlichen Thema: dem Handel. Schon jetzt ist Köln eine bedeutende Handelsstadt. Produkte aus Köln, in erster Linie Erzeugnisse des Töpferhandwerks und der Glasbläser, werden in viele Teile des Imperiums exportiert. Nahezu überall in der römischen Welt werden später Vasen, Becher, Kelche, Gläser und andere Haushaltswaren aus Köln ausgegraben. Desgleichen blüht auch der Warenaustausch mit dem freien Germanien. Es liegt ja direkt vor der Tür, und die Germanen verhalten sich still – zumindest vorläufig. Von »drüben« bezieht man Getreide, Häute, Wachs, Gänsefedern und das von den römischen Damen so sehnlich begehrte blonde Frauenhaar, dafür liefert man Waffen, Schmuck, Öl und Wein.

Das römische Köln, mittlerweile Hauptstadt der Provinz Niedergermanien, blühte und gedieh also in den ersten nachchristlichen Jahrhunderten. Doch stellte es damit keineswegs eine Ausnahme dar. Andere römische Gründungen erlebten einen ähnlichen Aufschwung, so zum Beispiel Trier, Mainz, Regensburg, Augsburg, aber auch Städte wie Lyon, Arles und York.

Mit der Ruhe war es dann im Jahre 259 aber erst einmal vorbei. In Rom regierte Kaiser Valerian, sein Sohn und Mitkaiser Gallienus hatte sich Köln als zeitweiliges Hauptquartier ausgesucht. Gallienus hatte alle Hände voll zu tun: Nach mehreren Anläufen hatten es nämlich die Alemannen endlich geschafft, den Limes, die römische Grenzbefestigung zwischen Rhein und Donau, zu durchbrechen und auf römisches Gebiet vorzudringen. Während Gallienus sich nun mit den Alemannen herumschlug, kam es in Köln zum Eklat. Soldaten hatten einer Germanenschar ihr Plünderungsgut abgenommen und wollten dieses danach nicht an den Kaiser herausgeben. Die sprichwörtliche Disziplin und das nicht weniger sprichwörtliche Pflichtgefühl des gemeinen römischen Legionärs stammte wohl aus einer anderen Zeit; im dritten Jahrhundert war davon nicht mehr viel zu spüren. Jedenfalls riefen die erwähnten Legionäre umgehend ihren Kommandanten Postumus zum Kaiser aus. Und der nahm die Herausforderung an: Als erstes ließ der neue Kaiser den noch kleinen Sohn des Gallienus umbringen, der in Köln zurückgeblieben war, dann machte er sich daran, seinen Machtbereich auch auf Gallien, Spanien und Britannien auszudehnen – was ihm auch erstaunlicherweise mühelos gelang. Nun hatte Postumus allerdings nicht vor, wie Vitellius knapp zweihundert Jahre vor ihm, nach Rom zu marschieren und dort den Kaiserthron zu besteigen. Er gründete einfach neben dem römischen ein gallisches Sonderreich mit Köln als Metropole.

Köln war damit zur direkten Konkurrentin Roms geworden. Ob sich Rom das lange gefallen lassen würde? In Köln gab es nun einen eigenen Senat, Postumus stellte eine eigene kaiserliche Garde auf und ließ eigene Münzen prägen. Es existierten in diesen Jahren also zwei römische Reiche, und der rechtmäßige Kaiser Gallienus konnte nichts gegen seinen Konkurrenten in Köln unternehmen, da sein Reich im Osten ernsthaft bedrängt wurde, und er dort unabkömmlich war. Wie die Germanen waren auch die Perser unruhig geworden und berannten die römischen Grenzen.

Postumus war neun Jahre lang der erste Kölner Kaiser, da erhob sich in Mainz gegen ihn ein Widersacher: Marius, auch er nannte sich Kaiser. Sofort marschierte Postumus gegen Mainz und eroberte die Stadt. Als daraufhin seine Truppen Mainz plündern wollten, untersagte Postumus ihnen dies. Ein fatales Verbot, denn seine Soldaten erschlugen ihn ohne Umstände und kamen so zu ihrer Plünderung. Von seinem Nachfolger Marius wissen wir nur, dass er ein Schmied war, eine gewaltige

Körperkraft besaß und bereits nach kurzer Zeit ebenfalls erschlagen wurde. Auch den nächsten Kaiser des gallischen Sonderreiches, Victorinus ist sein Name, ereilte dieses Schicksal. Ebenso erging es dessen Nachfolger. So langsam reicht es aber! Das jedenfalls dachte sich Aurelian, der rechtmäßige Kaiser in Rom. Er hatte gerade etwas Zeit. Umgehend machte er diesem Spuk in Köln ein Ende. Vierzehn Jahre war Köln Kaiserresidenz gewesen; nicht gerade eine sehr rühmliche Zeit!

Doch es gab noch ein kurzes Nachspiel: Sieben Jahre später schwang sich der Chef der römischen Rheinflotte, Bosonus, zum Kaiser auf. Er erkannte bald, dass er sich auf ein aussichtsloses Unterfangen eingelassen hatte, und erhängte sich.

Ungeachtet der wiederhergestellten Reichseinheit, war die große Zeit des römischen Imperiums vorbei. Die Abspaltung des gallischen Sonderreiches kam ja nicht aus heiterem Himmel, sie war ein Indiz für den Zustand des Imperiums. Und nun begann auch noch die Völkerwanderungszeit; immer schwieriger wurde es, die Grenzen zu sichern. Die Germanen kamen mit Macht: Alemannen, Franken, Wandalen, Lugier und Burgunder durchbrachen den Limes und zerstörten viele römische Städte. Trier ging in Flammen auf. Von Köln ist dergleichen nicht bekannt; das heißt nicht, dass es ungeschoren davon kam. Wir wissen aus dieser Zeit nur viel zu wenig.

Um den Bestand des Imperiums zu sichern, teilte es Kaiser Diokletian in vier Teile, behielt für sich den Osten und ernannte einen Mitkaiser für den Westen. Jedem der beiden Kaiser stellte er zusätzlich einen untergeordneten Mitregenten zur Seite. Dieses System der Zusammenarbeit und Unterordnung sollte die Riesenaufgaben bewältigen helfen, die auf das Reich zukamen. Im Westen gab man Rom als Hauptstadt auf, Mailand wurde die neue Metropole, und als zweite Hauptstadt erhielt Trier den Vorzug vor Köln.

Und jetzt betrat ein Mann die Bühne, der nicht nur das Reich und das gesamte Abendland geprägt hat, der auch in Köln seine Spuren hinterließ. Es ist Konstantin, Kaiser im Westteil des römischen Reiches! Von Köln aus unternahm er einen Vorstoß ins Barbarenland jenseits des Flusses, um den dort lebenden Brukterern aufs Haupt zu schlagen. Aber was viel wichtiger für Köln ist, er legte zur Sicherung der Stadt einen rechtsrheinischen Verteidigungsstützpunkt an. Dieses CASTRUM DIVITIUM – daraus sollte sich später der Name Deutz entwickeln – wurde durch eine vierhundertzwanzig Meter lange Brücke mit der Stadt verbunden, die erste feste Rheinbrücke überhaupt. Die Begeisterung darüber war gewaltig; in einer Lobrede auf Konstantin heißt es: *»Fürwahr, größter Konstantin, die Natur selbst dient deinem Willen; sie erhält verlässliche und dauerhafte Festigkeit, wenn jetzt in die Tiefe der Strudel die Fundamente der so gewaltigen Pfeiler hinabgesenkt werden – ein schwieriges Vorhaben, zu ewigem Nutzen bestimmt. Ganz gewiss hat er schon in seinen Anfängen die Unterwerfung der Feinde bewirkt; untertänigst haben sie um Frieden gebeten und Geiseln vornehmsten Geschlechtes gestellt. Niemand kann darüber im unklaren sein, wie sie sich nach Vollendung des Brückenbaus verhalten werden, da sie sich schon bei seinem Beginn unterworfen haben.«*

Die Brücke sollte nur knapp hundert Jahre halten. Was sie zerstörte, wissen wir nicht, aber wahrscheinlich ist sie einfach mit der Zeit verfallen. Danach blieb Köln für etwa anderthalb Jahrtausende wieder brückenlos.

Die ganz große Tat des Konstantin war jedoch die Verkündung des Mailänder Toleranzediktes, in dem den Christen die Glaubensfreiheit zugestanden wurde. Von diesem Zeitpunkt an konnten sie sich ausbreiten, befreit von der staatlichen Verfolgung. Und das taten sie. Auch in Köln! Unmittelbar nach dem Toleranzedikt gab es in Köln einen Bischof, und nach den Quellen ist es einer der wichtigsten im römischen Gallien.

An der Stelle, an der sich schon ihr Versammlungsraum befand, begannen die Christen nun mit der Errichtung einer großen Kirchenanlage, dem Ur-Dom. Auch außerhalb der Stadtmauern, dort wo die Märtyrer aus den Zeiten der Verfolgung ihre letzte Ruhestätte gefunden hatten, wurden jetzt Kirchen gebaut. St. Gereon und St. Ursula zum Beispiel. Die christliche Gemeinde in Köln blühte offensichtlich auf.

Überall im Land sah es ähnlich aus. 313 erlebte das christliche Glaubensbekenntnis seine Duldung, keine siebzig Jahre später wurde es zur Staatsreligion, das heißt, alle anderen Kulte wurden jetzt verboten.

Konstantins Mutter, die heilige Helena, ließ nach den Überresten der einige Jahrzehnte zuvor als Märtyrer hingerichteten Legionäre aus Theben suchen. Nachdem man sie gefunden hatte, wurden sie in geweihter Erde bestattet und über ihnen eine nahezu runde Kirche errichtet: Sankt Gereon.

Der erste Kölner Bischof hieß übrigens Maternus. Einer alten Legende nach wirkte Maternus allerdings zweihundertfünfzig Jahre vorher. Ihr zufolge war Maternus der in der Bibel erwähnte Jüngling zu Naim, den Jesus nach seinem Tod wieder zum Leben erweckte. Dieser Jüngling soll dann später in Rom von Petrus den Auftrag erhalten haben, über die Alpen zu gehen und im Norden die Menschen zu missionieren. Dabei ist Maternus so erfolgreich gewesen, dass er zeitweilig sowohl Bischof von Köln, Trier und Tongern in Belgien war. Sein Grab fand er nach einem erfüllten Leben in Trier, der großen Konkurrentin Kölns in dieser Zeit.

Doch wenden wir uns wieder den Fakten zu – oder dem, was wir dafür halten: Konstantins Kastell in Deutz und seine Brücke konnten auf Dauer die Germanen nicht aufhalten. Die Alemannen am Oberrhein und die Franken am Niederrhein erwiesen sich als die stärksten Gegner der Römer. Besonders dem Vordringen der Franken mussten die Römer immer öfter nahezu tatenlos zusehen. Im Gebiet der Rheinmündung und im Nordwesten Belgiens hatten sie sich schon niedergelassen, und von dort unternahmen sie ihre Raubzüge bis tief in die gallische Provinz. Auf diesem Weg hatten sie Köln und das Deutzer Kastell umgangen.

Mittlerweile gab es in Köln schon wieder einen gallischen Sonderkaiser. Ein gewisser Silvanus hatte sich in der Frankenbekämpfung ausgezeichnet und war zum Marschall der Fußtruppen in Gallien aufgestiegen. Mitten in dieser Karriere wurde er durch Intrigen am kaiserlichen Hof des Hochverrats verdächtigt. Ein Grund für dieses Ränkespiel liegt möglicherweise in der Tatsache, dass Silvanus selbst ein Franke war, der allerdings bereits seit langer Zeit in römischen Diensten stand. Silvanus war jedoch beileibe nicht der einzige Franke, der in der römischen Armee diente; viele Germanen hatten die Römer auf diese Weise an sich gebunden. Auf jeden Fall fühlte sich Silvanus in die Enge getrieben und sah keinen anderen Ausweg, als sich selbst von seinen Soldaten zum Kaiser ausrufen zu lassen. Lange jedoch konnte auch er sich nicht halten und wurde schon bald von römischen Truppen erschlagen – fast kann man von einem Gesetz der Serie bei den Kölner Kaisern sprechen. Vielleicht war der Vorwurf des Verrates doch nicht ganz aus der Luft gegriffen, denn sofort nach seinem Tod erhoben sich die Franken ernsthaft und erschienen zwei Monate später vor Köln. Die Stadt fiel und wurde besetzt. Auch Xanten, Bonn und Andernach fielen den Franken in die Hände.

Ähnlich schleierhaft wie das Verhältnis des Silvanus gegenüber seinen fränkischen Stammesgenossen ist deren Verhalten, als Kaiser Julian auf die Nachricht vom Fall Kölns gegen die nun fränkisch besetzte Stadt marschierte: Sie gaben die Stadt ohne jede Gegenwehr wieder auf und zogen ab. Es darf gerätselt werden, was sich da abgespielt hat. Manche vermuten, dass Kaiser Julian den Franken einen Vertrag angeboten hatte, in dem er ihnen Land in Brabant als Siedlungsgebiet zugestand und sie zu römischen Bundesgenossen machte. Die Römer versuchten viele Germanenstämme auf diese oder ähnliche Weise in den Griff zu bekommen. Die Franken haben diesen Vertrag wohl akzeptiert, denn an befestigten Städten waren sie damals ohnehin noch nicht besonders interessiert. So wurde Köln wieder römisch, und am Rhein kehrte noch einmal Ruhe ein.

Dreißig Jahre später waren die Franken jedoch erneut da, diesmal waren es aber wahrscheinlich Franken vom rechten Rheinufer. Sie plünderten und verwüsteten die Kölner Bucht und versetzten die Bewohner der Stadt in Angst und Schrecken. Noch einmal konnten sie vertrieben werden, dann brach die römische Herrschaft am Rhein endgültig zusammen. Da zum Schutz Italiens starke Truppenverbände abgezogen worden waren, stand den Franken nun kaum noch ein Gegner gegenüber.

kapitel drei

Köln und die Franken

Hundert Jahre nach Konstantins Brückenbau ist Köln nur noch eine Insel im von Franken umstürmten Umland. Weitere fünfzig Jahre kann sich Köln noch als römische Stadt halten. Fünfzig Jahre, in denen die Wandalen über Spanien nach Nordafrika ziehen, von dort einen Abstecher nach Rom machen und sich in der ewigen Stadt wie die Wandalen benehmen, fünfzig Jahre, in denen auch die Westgoten Rom erobern, weiterziehen, und sich dann in Spanien niederlassen, fünfzig Jahre, in denen die Angeln und Sachsen auf die britische Insel übersetzen und die Hunnen das Reich der Burgunder zerstören und bis nach Gallien und Italien vorstoßen.

In diesen fünfzig Jahren zerfällt das römische Reich endgültig; dem geballten Ansturm der Germanen und Hunnen ist es nicht mehr gewachsen. Das einstmals stolze und mächtige Imperium stirbt; nur das oströmische Reich mit Konstantinopel als Zentrum überlebt. Es ist eine Menge los in dieser Zeit. In all diesen chaotischen Jahren schafft es Köln dennoch, sich der hereinbrechenden Frankenflut erfolgreich entgegenzustemmen.

In diese Zeit fällt auch die etwas kuriose Wallfahrt der heiligen Ursula mit ihren elftausend Jungfrauen. Ursula war eine Königstochter aus England oder der Bretagne. Vor ihrer Hochzeit wollte sie als gute Christin erst einmal mit ihrem Gefolge nach Rom pilgern; auf dem Rückweg, den sie auf Schiffen den Rhein hinunter fuhren, wurden sie vor Köln von einer Horde Hunnen angegriffen und ausnahmslos niedergemetzelt. Zu ihrem Gedenken errichtete man auf einem alten Begräbnisfeld die Kirche Sankt Ursula.

Als im Mittelalter das Reliquienwesen immer seltsamere Blüten trieb, begann man auch die Knochen unter dieser Kirche wieder auszugraben und an fromme Pilger zu verkaufen. Knochen gab es da unten ja Gott sei Dank genug, so dass dieses Geschäft noch lange ansehnliche Einkünfte sicherte. Ob die ausgebuddelten Reste alle von den fremden Jungfrauen stammten, schien eher nebensächlich zu sein. Bedenkt man, welches riesige Organisationsproblem selbst heute eine Rheinfahrt mit elftausend Menschen darstellt, so wird schnell klar, dass damals um das Jahr 300 kaum elftausend Jungfrauen unterwegs gewesen sein können. Aber Knochen von elf Jungfrauen halten nun mal nicht lange vor, wenn sie einem um beinahe jeden Preis aus den Händen gerissen werden.

Aber nun wieder zurück auf den Boden der Tatsachen: Schließlich war auch Köln am Ende seiner Kräfte; um 460 konnte der römische Heermeister Aegidius die Stadt nicht mehr verteidigen und die Franken nahmen sie in Besitz. Viele Römer wurden umgebracht, einige konnten sich retten. Die Stadt selbst wurde offensichtlich verschont, denn anders als Trier und Mainz, die verwüstet und verbrannt wurden, ist von einer Zerstörung Kölns nicht die Rede, lediglich von seiner Einnahme. Eine weitgehende Zerstörung ist auch nicht wahrscheinlich, denn die Stadt wurde sofort wieder Königssitz: Einer der fränkischen Könige richtete sich hier häuslich ein, was er wohl kaum auf einem Trümmerhaufen getan haben wird.

Woran lag es, dass Köln und die römische Herrschaft am Rhein unterging? Salvian de Marseille, ein gebürtiger Rheinländer, hat schon damals die verfallenen Sitten und die Unvernunft dafür verantwortlich gemacht: *»Aber jetzt ist der frühere Reichtum verschwunden; wir sind elend und haben noch nicht aufgehört, leichtsinnig zu sein. Je größer das Unglück, desto höher stiegen die Laster. Und wie war es in der gewichtigen Stadt Köln? Sah man nicht daselbst den gleichen Ruin des Vermögens und der Sitten? Zuletzt kam es so weit, dass die Ersten dieser Stadt selbst dann nicht vom Gastgelage aufstanden, als der Feind in die Stadt* *einrückte. Ich sah daselbst beweinenswerte Dinge! Es war kein Unterschied zwischen den Knaben und Greisen, die nämlichen Possen, der nämliche Leichtsinn! Putz, Trinkgelage, Verschwendung waren bei allen dieselben.«*

Und noch im letzten Jahrhundert urteilte ein Kölner Historiker: »*Und wohl verdienten die gallischen und rheinischen Römer wegen ihrer Schlaffheit, Genusssucht und tiefen moralischen Versunkenheit solches traurige Schicksal.*«

Offenbar besteht Einigkeit in der Beurteilung: Die Kölner waren selbst schuld! Lassen wir diese Wertung unkommentiert so stehen.

So weit, so gut! Oder besser: so weit, so schlecht! Denn Köln sieht übel aus. Auch wenn es nicht zerstört wurde, so ist sein alter Glanz doch dahin. Nach dem Abzug der römischen Truppen hatte sich auch ein großer Teil der römischen Oberschicht mit seinen Reichtümern nach Westen abgesetzt. Was noch von Wert in der Stadt blieb, ging schließlich bei den fränkischen Plünderungen verloren. Die Bauten zerfielen, der Lebensstandard sank, der Handel verkümmerte, die Einwohnerzahl ging rapide zurück. Die vorbildliche Versorgung der Stadt mit Lebensmitteln aus der Römerzeit war dahin. Sowohl Franken als auch die zurückgebliebenen und überlebenden Römer waren auf die Selbstversorgung angewiesen.

Köln wird in der fränkischen Zeit, obwohl es zeitweilig Königsresidenz ist, sicherlich eher einen dörflichen als einen städtischen oder gar großstädtischen Charakter gehabt haben. Auch das Christentum in der Stadt musste einen vorübergehenden Rückschlag hinnehmen, da die Franken nun einmal heidnisch waren. Aber es dauerte nicht lange, bis auch sie sich dem christlichen Glauben anschlossen.

An dieser Stelle müssen wir die neuen Herren in Köln erst einmal genauer unter die Lupe nehmen. Franken! Was waren das für Menschen und woher kamen sie? Der Brockhaus sagt, es sei ein germanischer Stamm, gebildet durch den Zusammenschluss von Kleinstämmen der Rhein-Weser-Germanen, der erstmals auffällig wurde, als schwere fränkische Verbände tief nach Gallien vordrangen. Teile des fränkischen Kernstammes, der Salier vom Niederrhein, setzten sich im vierten Jahrhundert in Belgien als Bundesgenossen Roms fest. Zwischen Lüttich und Tournai kam es dann im vierten und fünften Jahrhundert zu einer kontinuierlichen Siedlung salischer Franken, die unter ihren traditionellen Kleinkönigen standen. Zur gleichen Zeit wohnten am Niederrhein die Rheinfranken mit Königssitz in Köln; viel mehr wissen wir über die frühen Franken nicht.

So, damit haben wir wieder den Anschluss an unsere Stadt gefunden, die von ihren neuen Herren nur noch schlicht COLONIA genannt wurde. Hier herrschte um das Jahr 500 König Sigibert über die Rheinfranken oder die ripuarischen Franken, wie sie auch genannt werden. Währenddessen hatten die salischen Franken von Belgien aus die Römer aus Gallien vertrieben und sich gegen Alemannen, Westgoten und die Burgunder durchgesetzt. Schließlich schufen sie sich unter ihrem König Chlodwig aus der Familie der Merowinger ein eigenes Reich. König Sigibert, auch *»der Alte von Köln«* genannt, unterstützte Chlodwig dabei. Hoffentlich rechnete er dabei nicht mit der Dankbarkeit seines Königskollegen, denn dann hätte er sich verrechnet. Kaum war Chlodwigs Reich gegen alle äußeren Feinde abgesichert, schon richtete sich sein Ehrgeiz darauf, auch die Rheinfranken seinem Reich einzugliedern.

Gregor von Tours schildert sehr dramatisch, wie es dem Frankenherrscher schließlich gelang. Demnach stiftete Chlodwig Sigiberts Sohn an, seinen Vater zu ermorden und dessen Nachfolge anzutreten. Offensichtlich brauchte er nicht allzu viel Überredungskunst, denn kurze Zeit später ist der Alte von Köln tot, von gedungenen Mördern erschlagen. Der Sohn schickte nun, wie es sich für einen pflichtbewussten Handlanger gehört, die Vollzugsmeldung an seinen Herrn Chlodwig – worauf dieser den Sohn ermorden ließ. Habe ich übrigens schon erwähnt, dass Chlodwig kurz zuvor Christ geworden war? Sei's drum, auf jeden Fall war der frisch bekehrte Chlodwig sofort in Köln, beteuerte in St. Gereon seine Unschuld an diesen Vorfällen und bot sich als neuen Herrscher an. *»Als sie dies vernahmen, schlugen sie* *an ihre Schilde, hoben ihn auf den Schild und setzten ihn zum König über sich.«* Damit war Köln für die nächsten vierhundert Jahre Teil des aufstrebenden Frankenreiches.

Nach Chlodwigs Tod wurde das Reich unter seine Söhne aufgeteilt, ein unseliges Verfahren, mit dem die Merowinger ihr Land immer wieder in konkurrierende Teile aufspalteten, wobei offiziell die Reichseinheit jedoch bestehen blieb. So kam es, dass auch Köln immer wieder Königssitz war, obgleich es, ähnlich wie im römischen Imperium, auch jetzt am Rande des Frankenreichs lag. Ebenso blieb es Bischofssitz. Es folgte eine Zeit blutiger Thronkämpfe, in denen sich die Merowinger gegenseitig bis aufs Messer bekämpften. Sieger dieser Streitigkeiten war letztendlich der Adel, denn die merowingischen Könige verwandelten sich immer offensichtlicher von skrupellosen Potentaten zu bloßen Marionetten der Verwalter ihrer eigenen Königsgüter, den Hausmeiern.

Interessant wird es in Köln wieder um 700. Jetzt residierte anstelle des schwächlichen Königs der Hausmeier Pippin im ehemaligen römischen Prätorium. Er regierte von Köln aus als Herzog der Franken das gesamte Reich. Nach seinem Tod führte seine Witwe Plektrudis die Regentschaft für ihren Enkel weiter. Da sie nicht wollte, dass ihr Stiefsohn Karl Martell irgendwelche Ansprüche geltend machte, ließ sie ihn irgendwo in Köln festsetzen, wahrscheinlich im alten römischen Prätorium. Doch Karl gelang die Flucht, er versammelte ein Heer um sich, besiegte seine Stiefmutter und zwang sie zur Übergabe Kölns. Daraufhin zog sich Plektrudis aus der Politik zurück und gründete in der Ruine des ehemaligen Jupitertempels das Stift St. Maria im Kapitol.

Dass Karl Martell nicht gewillt war, seinen Machtanspruch hintanzustellen, zeigte er nicht nur seiner Stiefmutter, sondern allen, die daran zweifelten, dass er unangefochtener Herrscher über die Franken war. Aber so groß seine Macht auch sein mochte, da gab es noch ein Problem, das ihm einige Kopfschmerzen bereitete: Immer noch war Karl der Hammer – nichts anderes bedeutet der Name Martell – nur der Verwaltungschef der merowingischen Könige. Erst seinem Sohn sollte es gelingen, sich endgültig der Merowinger zu entledigen, sie in ein Kloster abzuschieben und sich selbst zum König krönen zu lassen, und erst sein Enkel sollte als Karl der Große zum mächtigsten Herrscher Europas aufsteigen.

Befassen wir uns nun also mit diesem großen Karl, denn er war nicht nur der mächtigste Monarch seiner Zeit, sondern griff auch in das Schicksal Kölns massiv ein. So geschah es zum Beispiel einmal, dass Karl der Große in der Gegend westlich von Köln einem seiner Lieblingsvergnügen nachging, der Jagd. Als er den Kontakt zu seiner Jagdgesellschaft verloren hatte und es auch schon dunkel wurde, betrat der fromme Herrscher unerkannt die Dorfkirche von Kriel, um dort die Messe zu hören. Danach unterhielt sich der fremde Jäger noch ein Weilchen mit dem Priester Hildebold und stellte dabei fest, dass das ein Mann nach seinem Geschmack war. Das ist zwar keine erwiesene historische Tatsache, aber was soll's? Immerhin hätte es ja so sein können. Wie auch immer, worauf es ankommt ist, dass kurze Zeit später jener Priester aus dem Krieler Dömchen Bischof von Köln, und noch etwas später Erzbischof ist. Schon eine Generation früher sollte Köln Erzbistum unter dem heiligen Bonifatius werden, aber dazu kam es damals aufgrund politischer Wirren noch nicht. Bonifatius blieb in Mainz, aus welchen unerfindlichen Gründen auch immer.

Nicht immer hatte Karl Zeit für die Jagd; schließlich gehörte zu seinem Job auch das Kriegführen, und das tat Karl oft und ausgiebig. Wie anders hätte er auch sonst »der Große« werden können. Ein Gegner, der es ihm besonders schwer machte, waren die Sachsen unter ihrem Herzog Widukind. Doch am Ende mussten auch sie sich geschlagen geben.

Nach ihrer Unterwerfung und Bekehrung wurde Köln nun zum Mittelpunkt einer Kirchenprovinz, die neben den neuen sächsischen Bistümern Münster, Osnabrück, Minden und Bremen auch Lüttich und Utrecht umfasste. Damit hatte Köln endgültig seine Randlage verloren.

Von nun an ist der Kölner Erzbischof nicht nur Mittelpunkt im niederrheinisch-sächsischem Bereich, er nimmt auch unter den Geistlichen des Reiches einen Spitzenplatz ein, wenn nicht gar den Spitzenplatz. Außerdem ist er als Hofkaplan und Ratgeber Karls auch maßgeblich an der Reichspolitik beteiligt. Dies wird in Zukunft so bleiben, der Kölner Erzbischof wird auch immer eine herausragende politische Stellung einnehmen. Ein Zeichen für die neue Würde und Macht des Kölner Erzbischofs Hildebold war der Besuch Papst Leos III. in der Severinskirche im Jahr 799. Leo kam jedoch nicht ganz freiwillig, denn man hatte ihn aus Rom vertrieben, und er war nun auf dem Weg zu Karl, weil er sich von ihm Hilfe versprach.

Trotz der Bedeutung seines Erzbischofs, und obwohl Köln ein wichtiges Zentrum innerhalb des Frankenreichs war – nur wenige Städte konnten sich mit ihm messen –, bot die Stadt am Rhein dem Besucher ein, mit wenigen Ausnahmen, erbarmungswürdiges Bild.

Das karolingische Köln hat leider fast nichts mehr von der stolzen römischen Stadt. Nur die alte Stadtmauer mit ihren Toren und Türmen steht noch, wenn auch an manchen Stellen schon ziemlich altersschwach. Direkt hinter ihr, in der Nordostecke der Stadt, erhebt sich der imposante Dom, eine dreischiffige Basilika mit zwei halbrunden Chören an beiden Enden. An seine Westseite schließt sich ein langgezogener Innenhof an. Auch das Innere der Kirche ist reich ausgestattet, auf dem Fußboden ein Marmormosaik, der Altar *»mit heiligen Metallen«* geschmückt. Auf einer gewaltigen Aufschüttung gelegen, beherrscht der Dom das gesamte Bild der Stadt. Unmittelbar im Süden schließt sich die erzbischöfliche Residenz mit Domschule und Dombibliothek an. Das römische Prätorium dient wohl noch immer als Königspfalz, vom alten Glanz ist aber nichts mehr zu sehen. Die königlichen Beamten – Vögte, Kämmerer, Zöllner, Münzmeister und andere Bedienstete – gehen hier unter einem Grafen ihren Geschäften nach.

Fast im Schatten der königlichen Pfalz, zum Teil noch über den Ruinen des alten Prätoriums, hatten sich Juden angesiedelt. Sie werden den Schutz des Königs in Zukunft des öfteren in Anspruch nehmen müssen. (Aber davon später mehr.) Von der gewaltigen Baumasse der Thermen sind nur noch Reste übrig. Man hatte sie, wie viele andere römische Bauwerke auch, als Steinbruch verwendet. So sind zum Beispiel aus den Steinen der Thermen die Kirchen St. Peter und St. Cäcilia errichtet worden.

Manche der römischen Bauten hat man mit Lehm, Holzbalken und Weidengeflecht ausgebessert und kann sie nun wieder einigermaßen nutzen, manche als Wohnhäuser, andere als Werkstätten oder als Ställe für Pferde, Schweine, Ziegen und Hühner. Keine Bäder mehr, kein Zirkus, kein Theater, keine Villen, keine gepflasterten Prachtstraßen mit schattenspendenden Arkaden; stattdessen Ruinen, windschiefe dunkle Behausungen und – je nach Wetterlage – morastige oder staubige Straßen. Weite Flächen in der Stadt werden landwirtschaftlich genutzt oder liegen brach.

Wasser wird nicht mehr in großartigen Aquädukten aus der Eifel herangeholt, verschmutzte Brunnen müssen die Versorgung sicherstellen. Das Abwasser fließt nicht mehr durch unterirdische Kanäle in den Rhein, man kippt es samt dem sonstigen Abfall in irgendeine Ecke oder auf die Straße, von wo es natürlich in die Erde versickert und die Brunnen verseucht. Köln ist ein großes Dorf, schmutzig, stinkend, abstoßend. Die einfachen Leute führen ein kümmerliches Leben. Keine Spur von Hygiene oder einer ausgewogenen Ernährung. In schöner Regelmäßigkeit brechen alle paar Jahre Hungersnöte aus. Eine besonders schlimme erfasste 850 das gesamte Rheinland.

Einen Lichtblick gibt es jedoch: Draußen vor der Stadtmauer, zwischen der Stadt und dem Fluss, da, wo früher einmal der Römerhafen gelegen hatte, dort wird jetzt das versumpfte Gebiet trockengelegt. Es haben sich hier auch schon Leute angesiedelt, in erster Linie Kaufleute, die vom Rheinhandel leben. Sogar einen provisorischen Marktplatz gibt es schon. Hier entsteht in dieser Zeit das, was wir heute die Altstadt nennen.

Draußen vor der Stadt liegt auch eine Reihe von Kirchen, die über den Gräbern von Märtyrern errichtet worden waren. Sie haben sich zu vielbesuchten Wallfahrtsstätten entwickelt, so zum Beispiel St. Gereon, St. Ursula, St. Kunibert und weiter im Süden noch St. Severin. In ihrem Umkreis entstehen auch schon langsam neue Siedlungen. Im Fall einer Bedrohung konnte man ja schnell in die nahe Stadt fliehen.

Und solche Bedrohungen sollte es schon bald mehr als genug geben, denn die Zeiten wurden wieder unruhig. Die Karolinger hatten nämlich nicht nur das Reich von den Merowingern übernommen, sie übernahmen auch deren schlechte und überaus verhängnisvolle Angewohnheit, das Reich beim Tode eines Herrschers immer wieder aufzuteilen. Nun hatte sich Karl der Große aber im Jahr 800 zum Kaiser krönen lassen, und dieses Kaisertum war von seinem Selbstverständnis her unteilbar. So kam man auf die Idee, zwar das Reich zu teilen, aber dem Kaiser eine Art Oberherrschaft zuzugestehen.

Diese Regelung führte leider immer öfter zu bewaffneten Auseinandersetzungen zwischen rivalisierenden Königssöhnen, und für die Kölner war es nicht immer ersichtlich, zu welchem Reichsteil sie gerade gehörten. Das Reich versank im Chaos.

Alles fing damit an, dass Karls Sohn Ludwig der Fromme schon zu seinen Lebzeiten das Reich unter seinen Söhnen aufteilte. Nun wollten die Söhne mit dem Regieren aber nicht bis zum Tod ihres Vaters warten, auch waren sie mit der Aufteilung nicht ganz einverstanden … auf jeden Fall gab es bald sowohl Krieg zwischen Söhnen und Vater als auch zwischen den Söhnen. 843, der alte Ludwig ist schon tot, verständigen sich schließlich seine Erben: Karl der Kahle bekommt den Westen des Reiches, Ludwig der Deutsche den Osten und Lothar den Kaisertitel und die Mitte, zu der Köln gehört. Nach Lothars Tod im Jahr 855 wird das fränkische Mittelreich erneut unter seinen Söhnen aufgeteilt: Diesmal erhält Ludwig Italien und den Kaisertitel, Karl die Provence und Burgund und Lothar II. das nach ihm benannte Lotharingien mit Köln. Das fränkische Reich besteht jetzt also aus fünf Teilreichen. Lothar stirbt 869 ohne Erben, und sofort streiten sich seine Verwandten Ludwig der Deutsche und Karl der Kahle um die Hinterlassenschaft. Ein Jahr später einigen sie sich und teilen: Das Gebiet westlich der Maas-Mosel-Linie erhält der kahle Karl, Ludwig nimmt sich den östlichen

Teil. Köln gehört nun also zum ostfränkischen Reich unter Ludwig dem Deutschen.

Und weiter geht es Schlag auf Schlag! 880 gelingt es den Ostfranken, sich ganz Lothringen einzuverleiben. Das jetzt wiedervereinigte Lothringen wird 895 unter Zwentibold zu einem fast selbständigen Königreich. Damit ist Köln nicht mehr im ostfränkischen Reich, aber Zwentibold erweist sich schon ziemlich bald als Tyrann, die Ostfranken besiegen ihn und gliedern Lothringen wieder ein. Köln ist wieder ostfränkisch.

Als 911 der letzte Karolinger in Ostfranken stirbt, wählen seine Fürsten den Frankenherzog Konrad zu seinem Nachfolger. Die Lothringer wollen aber lieber einem Karolinger den Treueid leisten, also lösen sie sich kurz entschlossen wieder vom Ostreich und wenden sich dem Westreich zu.

Können Sie noch folgen? Bringen Sie noch ein bisschen Geduld auf, wir haben es bald geschafft. Den Verlust Lothringens können die Ostfranken unter ihrem neuen König Heinrich nicht verschmerzen, und so kommt 925 Lothringen mit Köln nach einem kurzen Kriegszug wieder an den Osten, nun endgültig. Zumindest bis 1794, dann wird Köln wieder französisch, aber bis dahin haben wir ja noch etwas Zeit.

In all dem Durcheinander sollten wir berücksichtigen, dass diese ständigen Wechsel keineswegs immer reibungslos abliefen. Kriegszüge gehörten fast zur Tagesordnung, und so lebten auch die Kölner Bürger in ständiger Furcht um ihre Sicherheit.

Dazu kam zu dieser Zeit noch eine andere Gefahr, eine viel größere. Die Normannen! Mit ihren leichten Schiffen zogen sie die Flüsse aufwärts, errichteten an geeigneten Stellen Lager am Ufer und von dort aus raubten, plünderten und mordeten sie, was ihnen in die Quere kam. Viele Städte, Dörfer und Klöster gingen in Flammen auf. Da ihnen militärisch nicht beizukommen war, versuchten einige fränkische Herrscher, sie durch Tributzahlungen zu beschwichtigen. Aber das gelang nicht immer. Im Dezember 881 war Köln an der Reihe. Als die Normannen wieder abzogen, hinterließen sie einen verbrannten Trümmerhaufen. Von der Stadt war kaum noch etwas übrig. Glücklicherweise konnten viele Einwohner fliehen.

Bereits zwei Jahre später war die Stadt wieder weitgehend aufgebaut; daran können wir erkennen, wie dörflich Köln in dieser Zeit gewesen sein muss. Sogar die Stadtmauer stand wieder. Für die steinernen Kirchen brauchten die Kölner zwar noch ein paar Jahre mehr; sieben Jahre nach der Katastrophe fand jedoch schon wieder eine Kirchensynode in Köln statt.

Wie schon erwähnt war im Jahr 911 im Ostreich die Dynastie der Karolinger ausgestorben und mit der Wahl eines Nichtkarolingers zum König zementierten die Großen dieses Reichsgebiets die Spaltung in West und Ost endgültig. Das Reich der Franken hatte aufgehört zu existieren; aus ihm erhoben sich jetzt Frankreich und Deutschland. Auch für Köln beginnt jetzt eine neue Epoche – wünschen wir ihm viel Glück!

kapitel 4

Bruno, Anno & Co.

In den folgenden Jahrhunderten sollte die Kirche mehr und mehr Macht gewinnen, und so waren es vor allem die Erzbischöfe, die weitgehend die Geschicke der Stadt bestimmten. Sie waren es auch, die maßgeblich in der großen Politik mitmischten. Der Kaiser brauchte Bundesgenossen in seinem Kampf gegen die nach Selbständigkeit strebenden Stammesherzöge der Bayern, Schwaben, Lothringer und Sachsen. Kaiser Otto der Große fand sie in den Bischöfen, denen er immer mehr weltliche Verantwortung übertrug. In dieser Entwicklung spielten Köln und seine Erzbischöfe eine entscheidende Rolle.

Im Jahr 953 empörte sich wieder einmal ein Herzog gegen Kaiser Otto den Großen. Es war Ottos eigener Schwiegersohn, der Herzog von Lothringen. Als Herzog von Lothringen war er gleichzeitig auch Herrscher über Köln. Um die ständigen Querelen mit diesem streitbaren Verwandten zu beenden, entzog ihm der Kaiser sein Herzogtum und übertrug es dem Erzbischof Bruno von Köln. Damit war Bruno nicht nur der geistliche Oberhirte der Kölner, sondern auch ihr weltlicher Herr. Bruno – übrigens ein Bruder des Kaisers – gelang es, Lothringen zu befrieden und hier die Reichsgewalt zu sichern.

Der besagte Erzbischof Bruno ist für Köln so wichtig, dass wir uns mit ihm etwas ausführlicher beschäftigen müssen. Groß und kräftig gewachsen – für das Mittelalter doch wohl eher eine Seltenheit – litt er allerdings in späteren Jahren an einer Rückgratverkrümmung. Er soll charmant, zuvorkommend und hochgebildet gewesen sein. Persönlich liebte er das Einfache, vom Luxus hielt er nicht viel; zu Repräsentationszwecken setzte er seinen königlichen Reichtum aber durchaus ein, wie es eine zeitgenössische Chronik ausdrücklich vermerkt. Von klein auf für ein geistliches Amt erzogen, wurde er schon mit fünfzehn Jahren Kanzler am Hof seines kaiserlichen Bruders, kurz danach stand er neben Otto an der Spitze der Reichsregierung.

Bereits mit achtundzwanzig Jahren wurde er zum Erzbischof von Köln gewählt. Als Erzbischof und als Herzog von Lothringen war er der mächtigste Reichsfürst seiner Zeit – Lothringen umfasste damals ein Gebiet von der Rheinmündung bis ins Elsass. Als weltliches Oberhaupt der Stadt Köln war er mit allen wichtigen Königsrechten ausgestattet, wie dem Marktrecht, dem Befestigungsrecht, der Gerichtsbarkeit und der Münzhoheit. Auch die königlichen Einkünfte standen dem Erzbischof zu. So begann mit dem Jahr 953 die erzbischöfliche Herrschaft über die Stadt. Über dreihundert Jahre sollte sie andauern.

Auch im Stadtbild hat sich Bruno verewigt. Über den Fundamenten römischer Lagerhallen auf der alten Rheininsel ließ er Groß St. Martin errichten, einen imposanten Bau, der heute noch zu den Perlen unter Kölns Baudenkmälern gehört. Und vor den Stadtmauern entstand Kölns erstes Benediktinerkloster – St. Pantaleon –, dessen Mönche bald als geschickte Kunsthandwerker in ganz Deutschland den besten Ruf genießen sollten, vor allem als Email- und Elfenbeinarbeiter und als Goldschmiede. Auch der Dom blieb von Brunos Bauprogramm nicht verschont. Ähnlich wie der Petersdom in Rom wurde der Kölner Dom ebenfalls fünfschiffig erweitert. Hinter Rom konnten doch die Kölner nicht zurückstehen! Bescheidenheit war schon damals nicht gerade ihre hervorragendste Eigenschaft.

Für die mittelalterliche Religiosität hat der Reliquienkult eine nicht zu unterschätzende Bedeutung, und auch auf diesem Gebiet trug Bruno einiges zusammen. So brachte er unter anderem den Stab und die Ketten des Apostels Petrus nach Köln. Wie beim Dombau so auch hier das Bestreben, das Rom des Nordens zu werden!

Unter Bruno wird Köln das Heilige Köln. Aber auch das weltliche Köln profitierte von Brunos Macht und Einfluss. Während seiner Herrschaft wurde die Rheinvorstadt der Kaufleute durch die Verlängerung der römischen Stadtmauer im Norden und

Süden bis an das Rheinufer in die Stadt miteinbezogen. Hier liegen die Anfänge für Kölns imponierende Entwicklung als Handelsstadt.

Wie um die Macht des Erzbischofs Bruno zu unterstreichen, wird Köln an den Pfingsttagen des Jahres 965 zum Ort eines grandiosen Schauspiels. Die *»royal family«* hat sich im erzbischöflichen Palast versammelt, um hier das Pfingstfest zu feiern. Alles was Rang und Namen hat, ist vertreten. Da ist zunächst einmal der Kaiser selbst, Otto der Große, auf der Höhe seiner Macht, seine alte Mutter Mathilde und seine Brüder: der immer unruhige und streitbare Herzog Heinrich von Bayern und der loyale Erzbischof Bruno als Gastgeber. Auch seine Schwester Gerberga, die verwitwete Königin von Frankreich, ist mit ihren Söhnen Lothar und Karl von Paris herüber gekommen. Nicht zuletzt sind auch die Kinder des Kaisers anwesend, der zehnjährige und schon zum König gekrönte Otto II. und die kleine Mathilde, die später in Quedlinburg Äbtissin werden sollte. Leider schweigen die Quellen zu Ottos zweiter Frau, Kaiserin Adelheid, die offenbar zu diesem Pfingstfest nicht in Köln ist. Hätte es damals schon eine Boulevardpresse gegeben, könnten wir jetzt die Ursachen für ihre Abwesenheit nachlesen. Eine kleine Ehekrise hätte sich doch sicherlich konstruieren lassen.

Neben der kaiserlichen Familie sind auch viele der großen Fürsten des Reiches dem Ruf des Kaisers nach Köln gefolgt: Herzöge, Grafen und Bischöfe mit ihren Gefolgen bevölkerten für einige Tage die Stadt. So etwas hatte Köln noch nicht gesehen. Wie beeindruckt die Menschen damals waren, zeigt die Reaktion eines Mönches aus dem gerade gegründeten Pantaleonskloster: *»Es ist gewiss, dass keine Stätte jemals durch solche Feierlichkeit und von solchem Glanz von Menschen jeglichen Geschlechts, Alters und Ranges ausgezeichnet worden ist.«*

Bruno ist leider noch im gleichen Jahr gestorben, aber bereits kurze Zeit später sollte eine andere außergewöhnliche Person wichtig für unser Köln werden. Kaiser Otto der Große hatte sich nämlich in den Kopf gesetzt, dass nur eine kaiserliche Prinzessin eine standesgemäße Partie für seinen Sohn Otto abgeben würde. Aber da tauchte ein Problem auf, es gab in Europa nämlich nur zwei Kaiser. Neben Otto selbst nur noch den Kaiser in Konstantinopel. Also ließ Otto anfragen, wie man dort eine derartige Verbindung einschätze. Doch für das oströmische, fast tausend Jahre alte Kaisertum war der deutsche Kaiser nicht viel mehr als ein Parvenü, man ließ ihn abblitzen. Das konnte den Sachsen Otto jedoch nicht entmutigen, er schickte den neuen Kölner Erzbischof Gero nach Konstantinopel, und Gero kam tatsächlich mit einer Prinzessin zurück, zwar war Theophanu nur eine Nichte des gerade in Konstantinopel herrschenden Kaisers, nicht dessen Tochter, aber immerhin eine kaiserliche Prinzessin; und außerdem wird Otto wohl gedacht haben: »Lieber den Spatz in der Hand als die Taube auf dem Dach.« Ein Jahr später wird das junge Paar Otto und Theophanu vom Papst in Rom getraut – heute würde man die beiden ein Traumpaar nennen, und die Hochzeit wäre natürlich eine Jahrhunderthochzeit.

Leider war dem hohen Paar keine lange Ehe beschieden, Kaiser Otto II. starb schon mit achtundzwanzig Jahren. Für den unmündigen Sohn Otto III. übernahmen Mutter Theophanu und Großmutter Adelheid – das ist jene, die damals in Köln nicht dabei war – die Regentschaft. An der Spitze der Reichsregierung standen auf einmal zwei Frauen, und eine war noch dazu Ausländerin. Aber zur Verblüffung und zum Ärger der männlichen Reichsaristokratie machten die beiden Frauen ihre Sache ganz gut.

Verschlagen in das kalte und regnerische Deutschland hatte Theophanu Köln zu ihrer Lieblingsstadt erklärt; hier hielt sie oft Hof und in ihrem Gefolge siedelten sich zahlreiche oströmische Gelehrte, Dichter, Handwerker und Künstler, vor allem Goldschmiede, in der Nähe des Pantaleonklosters an. Noch heute erinnert der Griechenmarkt an diese Byzantiner. Obwohl Theophanu für den Kaiser und seinen Sohn damals als Heiratskandidatin nur zweite Wahl war, hatte sie sich für Köln als Glücksgriff erwiesen. Wie Bruno liegt auch Theophanu im Kloster zu St. Pantaleon begraben.

Unter Theophanus Sohn Otto III. wird dem Kölner Erzbischof eine weitere Ehrung zuteil: Erzbischof Heribert wird zum Kanzler für Italien ernannt, ein Amt, das bald traditionell beim Kölner Kirchenfürsten liegen wird. Mit Heribert als Kanzler für Italien sollte das alte römische Reich erneuert werden. Diesen hochfliegenden Plänen hat zwar der frühe Tod Ottos ein Ende gemacht, doch wenigstens konnte sich Heribert daraufhin mehr seiner Diözese widmen. Das war auch dringend nötig, denn das neue Jahrtausend fing nicht gut an. Allein in den ersten zehn Jahren gab es vier verheerende Hungersnöte im Rheinland. Viele Menschen flüchteten nach Köln, wo der Erzbischof sie mit Nahrung, Kleidung und Unterkunft versorgte, waren doch die Geistlichen neben dem Adel die einzigen, die eine Vorratswirtschaft betreiben konnten und das auch manchmal tatsächlich taten.

Dem sterbenden Kaiser hatte Heribert noch versprochen, ein Kloster zu gründen. Bald darauf erschien ihm die Gottesmutter Maria und bestand auf Deutz als Standort des neuen Klosters. Als ob ein Erzbischof sich einem Wunsch Marias widersetzen könnte! Also wurde im einstigen römischen Militärlager gebaut – in Deutz auf der anderen Rheinseite. Schließlich war das Gotteshaus fertig, wurde eingeweiht, aber kurz darauf stürzte es in sich zusammen. Offensichtlich hatte man die Statik falsch berechnet. Das war in jener Zeit nicht so ungewöhnlich, wie es uns heute erscheinen mag, war doch Architektur im Mittelalter ohnehin mehr ein Abenteuer als wissenschaftliche Berechnung. Auch beim Bau von St. Pantaleon waren Teile wieder eingestürzt. In Deutz gelang der Bau erst im zweiten Anlauf mit Hilfe erfahrener Architekten aus Byzanz und Italien. Der Einsturz in Deutz war aber nicht ohne Eindruck geblieben. Beim nächsten kirchlichen Großprojekt verzichtete man auf den riskanten Kuppelbau: St. Aposteln wurde als schlichte Basilika mit Querschiff errichtet.

Richten wir jetzt unsere Aufmerksamkeit auf einen Kölner Erzbischof, der die Stadt in mehrfacher Weise verändert hat. Anno II. ist eine beachtenswerte Person gewesen. Am stärksten ausgeprägt war wohl sein Machtwille, den zunächst der Pfalzgraf am Rhein zu spüren bekam. Dieser Pfalzgraf war zum Raubritter degeneriert und plünderte fast das gesamte Bistum, was dazu führte, dass Anno ihn gefangen nehmen ließ und sich seinen Besitz Siegburg einverleibte, wo Anno später ein Kloster auf dem Michaelsberg gründete.

Doch sein eigentliches Ziel war höher gesteckt; 1056 starb Kaiser Heinrich III., und dessen Sohn Heinrich IV. war zu diesem Zeitpunkt noch unmündig, gerade einmal sechs Jahre alt. Für ihn führte seine Mutter, Agnes von Poitou, die Regentschaft – wieder eine Frau an der Spitze des Reiches! Diese erneute Weiberherrschaft ging ein paar Jahre lang gut; das heißt, nach Meinung des Kölner Erzbischofs Anno ging sie nicht ganz so gut. Er glaubte jedenfalls, es besser machen zu können. Also kidnappte er kurzerhand den mittlerweile zwölfjährigen König. Mit diesem Staatsstreich hatte Anno die Reichsgewalt bis zur Volljährigkeit des Königs in seinen Händen, denn wer das Kind hatte, der hatte auch die Macht. Drei Jahre hatte Anno Zeit, bis der Junge volljährig wurde. Wie gespannt das Verhältnis zwischen dem Regierungschef Anno und dem königlichen Teenager in diesen drei Jahren gewesen sein muss, zeigt die Anekdote, dass Heinrich, kaum hatte er das Schwert als Zeichen seiner Volljährigkeit empfangen, mit eben diesem Schwert auf Anno losging. Nur mit Mühe konnte der Heißsporn zurückgehalten werden.

Der rücksichtsvolle Umgang mit Menschen war nicht gerade eine Stärke Annos; das traf nicht nur auf seinen Umgang mit dem jungen König zu. Er war auch bei seinen Kölner Untertanen nicht gerade beliebt. Abgesehen davon, dass er aus Schwaben kam, war er ein unbequemer Stadtherr, hart und unbeugsam, und so ist es auch nicht weiter verwunderlich, dass er eines nachts auf einem seiner Kirchgänge in einer dunklen Gasse ziemlich verprügelt wurde. Dieser Zwischenfall konnte nie geklärt werden. Aber es sollte für ihn noch schlimmer kommen!

Als Anno im Jahr 1074 den Bischof von Münster zu Gast hatte, wollte er diesem einen Gefallen tun und ein Schiff für die Rückreise zur Verfügung stellen. Nun besaß Anno aber gar keine Schiffe, er musste also eins beschlagnahmen lassen. Das tat er auch. Doch der Kaufmann, den es traf, wehrte sich; er brauchte den Kahn selbst. Sein Sohn vertrieb mit seinen Leuten die Diener Annos. Das war der Funke im Pulverfass: Der ganze Unmut der Kaufleute gegen die ständige Bevormundung seitens des Erzbischofs machte sich nun Luft. Bald war die ganze Stadt in Aufruhr. Anno konnte sich gerade noch in den Dom flüchten, als auch schon sein Palast gestürmt wurde. Aber auch im Gotteshaus war er nicht sicher. Als ob er einen solchen Vorfall vorhergesehen hätte, hatte Anno kurz zuvor einen geheimen Stollen graben lassen, der an einem Loch unter der alten Römermauer endete. Durch diesen Stollen kroch nun der stolze Erzbischof von Köln durch den Dreck, um seine Haut zu retten. Erst in Neuß fühlte er sich wieder sicher.

Vier Tage später erschien er wieder vor Köln, allerdings nicht allein, sondern in Begleitung eines kompletten Heeres. Angesichts der erzbischöflichen Übermacht mussten die Kölner kapitulieren. Sechshundert der reichsten Kaufleute flohen, einige zum Kaiser, bei dem sie sich bitterlich beklagten. Derweil alle, die das göttliche Recht verletzt hatten und nicht geflohen waren, barfuß und im Büßerhemd vor Anno erscheinen und sich seinem Urteil unterwerfen mussten. Die Strafen waren drastisch: Neben hohen Geldstrafen wurden die Anführer öffentlich ausgepeitscht, dem Sohn des Kaufmanns, von dem alles ausgegangen war, wurden die Augen ausgestochen. Der Erzbischof hatte auf ganzer Linie gesiegt, aber damit war der Konflikt zwischen der Stadt und ihrem Oberhirten keineswegs beendet; die Ereignisse des Jahres 1074 waren erst der Auftakt.

Der sogenannte Investiturstreit, der Konflikt, in dem sich Papsttum und Kaisertum darum stritten, wem die größere Macht und die höhere Autorität in der Christenheit zustehe, nutzten die Kölner zu einem erneuten Schlag gegen ihren Erzbischof. Um dies zu erklären, muss ich etwas ausholen.

Der Papst behauptete, er stünde über dem Kaiser und nur er könne Bischöfe ein- und absetzen, und das Gleiche könne er gegebenenfalls auch mit dem Kaiser machen, wenn dieser sich nicht wohlverhalte. Doch auch der Kaiser nahm für sich das

Recht in Anspruch, Bischöfe einsetzen zu können, und überhaupt wäre ja wohl er derjenige, der über die Päpste zu wachen habe. Zwei unvereinbare Standpunkte. Wer hatte Recht? Auf wessen Seite sollte man sich stellen? Wem war man Treue schuldig? Schauen wir einmal, wie sich die Kölner verhielten.

Lange Zeit standen die Kölner und ihr Erzbischof loyal an der Seite des Kaisers. Daran konnte weder die Exkommunizierung Heinrichs IV. durch den Papst, sein berühmter Bußgang nach Canossa, zwei Gegenkönige, Gegenpäpste, noch sonstige Ereignisse etwas ändern. Aber dann verbündete sich Heinrichs eigener Sohn, der schon zum König gekrönte Heinrich V., mit dem Papst gegen seinen Vater; und damit gab es auch zwei Parteien in Köln. Während die Bürger weiterhin zu dem alten Kaiser hielten, schlug sich der Erzbischof – inzwischen ist es Friedrich von Schwarzenberg, ein Bayer – auf die Seite des jungen Königs. Wieder standen sich also die Bürgerschaft und der Erzbischof feindlich gegenüber.

Es wird spannend: Auf der einen Seite der alte Kaiser Heinrich IV., unterstützt von den Kölner Bürgern, auf der anderen Seite der junge König Heinrich V. mit dem Kölner Erzbischof. Dem Sohn gelang es, seinen Vater gefangenzunehmen und zur Abdankung zu zwingen, doch der Kaiser entkam aus der Gefangenschaft und rüstete gegen seinen Sohn, der gerade mit Erzbischof Friedrich in Köln Palmsonntag feierte. Als der alte Kaiser 1106 mit einem Heer gegen die Stadt vorrückte, um seinen missratenen Sohn zur Räson zu bringen, vertrieben die Kölner Bürger den jungen Heinrich V. und ihren eigenen Erzbischof gleich dazu. Dann öffnen sie dem alten Kaiser die Tore. Zum zweiten Mal war damit bereits ein Erzbischof von den Bürgern aus seiner eigenen Stadt vertrieben worden. Sofort ermächtigte der Kaiser die Kölner, die Festungsmauern der Stadt zu verstärken, oder besser noch, gleich eine neue Stadtmauer zu bauen. Neben der alten Römerstadt und der kaufmännischen Rheinvorstadt wurden jetzt auch im Norden die Gebiete um St. Ursula und St. Kunibert, im Westen das Gebiet um St. Aposteln, und im Süden St. Georg und Umgebung mit einbezogen.

Die neue Stadtbefestigung – eigentlich handelte es sich vorerst nur um einen Wall mit Graben – sollte sich noch im gleichen Jahr bewähren müssen, denn zwei Monate später belagerte der junge Heinrich die Stadt, ohne dass er sie einnehmen konnte. Als er sich um Hilfe an die ihn unterstützenden Reichsfürsten wandte, da starb sein Vater. Damit wurde Heinrich V. zum rechtmäßigen und unangefochtenen deutschen König. Gegen ihn konnte Köln nun nicht weiter Krieg führen, wollte es nicht die Reichsacht riskieren. Die Stadt blieb zwar noch eine Zeitlang in Verteidigungsbereitschaft, bot dann aber dem König sechstausend Pfund Silber für den Fall an, dass er die Belagerung aufgäbe. Heinrich ging auf diesen Vorschlag ein. Der Streit zwischen Kaisertum und Papsttum zog sich zwar noch über Jahrhunderte hin, für Köln verlor er aber an Bedeutung; die Stadt hatte sich erneut gegen ihren Erzbischof durchgesetzt.

Leider weiß man über die folgende Zeit in Köln nicht viel, die Quellenlage ist sehr dünn. Dadurch erscheint das Verhältnis zwischen Kaiser Heinrich V., dem Erzbischof Friedrich von Schwarzenberg und der Stadt Köln überaus konfus: Hatte sich 1106 noch die Stadt gegen ihren Erzbischof und Heinrich gestellt, so verbündete sich 1114 Erzbischof Friedrich mit den Kölnern gegen den Kaiser, der deshalb Deutz belagerte, allerdings erfolglos. Fünf Jahre später empfingen die Kölner Kaiser Heinrich in ihrer Stadt gegen das ausdrückliche Verbot des Erzbischofs, und 1122 belagerten und zerstörten Truppen der Stadt und des Erzbischofs die kaiserliche Burg Kerpen. In diesem Durcheinander soll einer nicht den Überblick verlieren. Ihnen zum Trost kann ich sagen, dass auch die Historiker diesen Ereignissen keinen einleuchtenden Sinn geben können.

Tatsächlich hatten die Kämpfe während des Investiturstreits ein heilloses Durcheinander im Kölner Bistum angerichtet. Schon im Jahre 1083 versuchte der Erzbischof mit der Verkündung eines Gottesfriedens für seine Diözese wieder ein einigermaßen geregeltes Zusammenleben herzustellen: *»Auf dass man in diesen Bedrängnissen wenigstens tageweise den Frieden habe«*.

Jede kriegerische Handlung wurde für bestimmte Tage in der Woche verboten, jeden Freitag, Samstag und Sonntag bestand eine Friedenspflicht, dazu an allen kirchlichen Festtagen – von denen es damals sehr viel mehr als heute gab – und in der Advents- und der Fastenzeit. Wer gegen diesen Frieden verstieß, verfiel dem Kirchenbann, einer sehr gefürchteten Strafe. Eigentlich war das Plündern und Rauben auch an den vom Frieden freien Tagen nicht erlaubt, aber dem Erzbischof fehlten die Machtmittel, um die Durchsetzung dieses Friedens sicherzustellen. Es wurde weiter geplündert, vergewaltigt und gemordet.

Ein Beispiel für diese Zustände waren die Ereignisse, die sich 1096 in Köln abspielten. Noch mitten im Investiturstreit rief der Papst die Christen des Abendlandes zu einem Kreuzzug gegen die Mohammedaner auf, die gerade Jerusalem erobert hatten. Die heiligsten Orte des Christentums waren so in die Hand der Ungläubigen gelangt. Das konnte nicht geduldet werden, am allerwenigsten vom Papst! Doch schnell entglitt die Kreuzzugsbewegung der Kontrolle des Papstes. Hatte der Papst bei seinem Aufruf in erster Linie an die christlichen Ritter und ihr Gefolge gedacht, so versammelten sich stattdessen überall in Frankreich und Deutschland all jene, die nichts mehr zu verlieren, aber alles zu gewinnen hatten. Sollten sie doch in ein Land ziehen, in dem nach ihrer Vorstellung Milch und Honig flossen. Besonders viele dieser Habenichtse folgten einem Mann, der predigend durch das Land zog und alle zum heiligen Krieg aufrief – Peter von Amiens. Peter war ein kurioser Mann, klein und mager ritt er barfuß und vor Schmutz starrend auf einem Esel umher. Aber von ihm ging eine Faszination aus, der sich seine Zeitgenossen kaum entziehen konnten. Wer ihm zuhörte, wurde in seinen Bann geschlagen.

Eines Tages erschien Peter auch in Köln, das Volk drängte sich um ihn und überhäufte ihn mit Geschenken. Einige rissen sogar seinem Esel die Borsten aus, um sie als Reliquie zu verehren – offensichtlich ist der Fankult mit seinen abstrusen Auswirkungen keine Erscheinung unserer Tage. Mit Peter kamen etwa fünfzehntausend Pilger, und hier in Köln sollten die niederrheinischen Kontingente dazustoßen. Acht Tage blieb Peter mit seinem Heer in Köln, dann zog er los, über Ungarn nach Konstantinopel. Schlecht ausgerüstet und schlecht bewaffnet sollte keiner von ihnen das Heilige Land zu sehen bekommen, sie zogen direkt in ihren Untergang. Unterwegs hinterließen sie jedoch zuvor eine Spur der Verwüstung.

Neben Peter gab es noch viele andere Prediger, die Scharen um sich versammelten, um mit ihnen zur Befreiung des Heiligen Grabes auszuziehen. Einige schlugen auch vor, doch erst einmal die Juden totzuschlagen, schließlich seien sie es ja gewesen, die den Heiland ans Kreuz geschlagen hätten. Einer von der schlimmsten Sorte war ein gewisser Emicho. Von ihm fanatisiert zog eine Horde den Rhein abwärts und mordete unzählige Juden in Metz, Speyer, Worms und Mainz. Als der Zug nach Köln kam, flüchteten die meisten Juden in den Schutz des Erzbischofs, der sie aus der Stadt bringen und auf verschiedene Dörfer verteilen ließ. Aber damit konnte er das Morden nicht völlig verhindern: Unterstützt vom Kölner Pöbel, dem es natürlich mehr um den Reichtum der Juden als um religiöse Motive ging, wurden etwa zweihundert Juden in der Stadt massakriert, ihre Häuser und die Synagoge ausgeraubt und zerstört. Mordlust und Habgier machten der jüdischen Gemeinde Kölns, wahrscheinlich der ältesten in Deutschland, ein Ende. Die Reichspogromnacht von 1938 war leider kein einmaliges Ereignis; hier hatte sie einen ihrer Vorläufer.

Die jüdische Gemeinde in Köln hatte geblüht; ihre Synagoge mit den berühmten Glasmalereien stand unmittelbar neben dem heutigen Rathaus, da, wo in römischer Zeit das Prätorium gestanden hatte. Zu ihrer Gemeinde gehörten aber auch ein Kranken- und ein Altenhaus, eine Schule und sogar eine Frauenschule – zur damaligen Zeit in christlicher Umgebung undenkbar. Der angesprochene Reichtum der Juden wurde ihnen von vielen geneidet. Man muss dazu wissen, dass den Juden, und in Köln war es nicht anders als anderswo, weder in der Landwirtschaft tätig zu sein noch ein Handwerk auszuüben erlaubt war; sie mussten also ihren Lebensunterhalt mit Handel und Geldgeschäften bestreiten. Und dennoch waren nur die wenigsten Juden tatsächlich reich.

Doch die Judenhetze ging weiter. Auch die vom Erzbischof evakuierten Juden wurden in Neuß, Wevelinghoven, Aldenhoven, Xanten und Altenahr umgebracht. Nur der nach Kerpen gebrachte Teil der Kölner Juden überlebte die Massaker des Jahres 1096. Kein rühmliches Kapitel in der Geschichte unserer Stadt!

Ein halbes Jahrhundert später gab es wieder Juden in Köln, und wieder ließ eine von Kreuzzugspredigern fanatisierte Masse ihre religiöse Hysterie an ihnen aus. Diesmal allerdings konnte sich der größte Teil der jüdischen Gemeinde retten: Gegen eine Geldsumme stellte ihnen Erzbischof Arnold I. seine Wolkenburg im Siebengebirge zur Verfügung, die stärkste Festung in der ganzen Umgebung. Hier warteten sie ab, bis die Kreuzfahrer ihre Verfolgungen einstellten. Im Anschluss gelang es ihnen sogar, die Hinrichtung eines Christen, der zwei Juden erschlagen hatte, beim Erzbischof durchzusetzen. (Allerdings soll Erzbischof Arnold auch dafür Geld genommen haben.)

Auf Arnold I. folgte Arnold II. aus dem Grafenhaus von Wied. Bei ihm brauchen wir uns nicht lange aufzuhalten; seine Herrschaft war denkbar ereignislos und er stirbt 1156. Aber wie er stirbt, wollen wir uns dann doch nicht entgehen lassen.

Die Ostertage dieses Jahres hatte Arnold in Xanten gefeiert, und im Anschluss daran veranstalteten einige Ritter ein Sportfest. Beim Wettlauf wollte Arnold nicht nur Zuschauer sein, also nahm er unter Hintansetzung des priesterlichen Ernstes – wie ein Zeitgenosse dazu bemerkte – daran teil. Das Bild müssen wir vor unserem inneren Auge erstehen lassen; den Saum seiner Erzbischofstunika in beide Hände nehmend hetzte der Prälat über die Bahn, angefeuert vom begeisterten Publikum. Und dann geschah es, er stürzte – er war nicht mehr der Jüngste – und verstarb noch auf dem Sportplatz, wohl an einem Herzinfarkt. Der einzige Sportunfall eines Kölner Erzbischofs. Nur zwei Jahre später stürzte noch ein Erzbischof: Arnolds Nachfolger Friedrich II. von Berg fiel in Pavia vom Pferd und starb an den Folgen dieses Sturzes.

kapitel 5

Heiliges Köln

Nach Friedrichs Sturz vom Pferd ließ Kaiser Barbarossa die Kölner wissen, dass er seinen Reichskanzler Reinald von Dassel auf dem Kölner Bischofsstuhl zu sehen wünsche. Und ohne Widerrede wurde der Niedersachse Reinald einstimmig vom Domkapitel gewählt. Bei ihm werden wir etwas verweilen – es lohnt sich.

Reinald war es nämlich, der aus Köln endgültig das Heilige Köln machte. Da er nicht nur Erzbischof von Köln war, sondern gleichzeitig Kanzler für Italien, war er stark in die Italienpolitik Barbarossas verstrickt, so dass er sich nur selten in Köln blicken ließ. Aber Reinalds Engagement in Italien sollte sich für Köln lohnen. In Italien herrschte wieder einmal Krieg; wie üblich ging es auch diesmal um den Streit zwischen Kaisertum und Papsttum. Ins Zentrum dieser Auseinandersetzungen war Mailand geraten. Verhängnisvoll für Mailand, denn von der Stadt blieb nicht viel übrig, als sie erst einmal von Barbarossa und dem Kölner Erzbischof eingenommen wurde.

In den rauchenden Trümmern einer kleinen unscheinbaren Kirche fand Reinald von Dassel die sterblichen Überreste der Heiligen Drei Könige. Ohne lange zu fragen, wem diese Reliquien eigentlich gehörten, ließ Reinald sie sofort nach Köln bringen. Die Heiligen Drei Könige waren übrigens weder heilig – sie sind bis heute nicht heilig gesprochen worden – noch waren sie Könige. Aber das störte die Kölner nicht. Es störte sie auch nicht, dass die Frage nach der Echtheit der Knochen keinesfalls geklärt war. Auf die Zeitgenossen machte die Überführung der Gebeine jedenfalls einen solchen Eindruck, dass sie in fast allen Chroniken dieser Zeit erwähnt wird.

Auf Grund der Reliquien, die Reinald kostbarer als Gold und

Edelsteine einschätzte (womit er recht behalten sollte), entwickelte sich die Stadt zu einem der bedeutendsten Wallfahrtsorte der Christenheit. Nur das Heilige Land, Rom und Santiago de Compostella in Spanien konnten sich in dieser Beziehung mit Köln messen. Den Pilgern wurde natürlich, wie allen Touristen zu allen Zeiten an allen Orten, so viel Geld wie möglich abgeknöpft, wodurch das Tourismusgeschäft Köln nebenher einen schönen Reichtum einbrachte. Auch die neu gewählten deutschen Könige schlossen sich dem allgemeinen Pilgerstrom an. Es wurde zur Tradition, dass sie, nachdem sie in Aachen ihre Krone empfangen hatten, nach Köln zogen und hier den angeblich ersten drei christlichen Herrschern ihre Aufwartung machten. Diese Knochen wurden so wichtig für Köln, dass die Stadt zu den elf Flammen, die an die Heilige Ursula mit ihren elftausend Jungfrauen erinnern, auch drei goldene Kronen in sein Stadtwappen aufnahm.

Für die neu erworbenen Schätze fertigte Nikolaus von Verdun einen Schrein, der unbestritten zu dem Schönsten gehört, was mittelalterliche Goldschmiede je geschaffen haben. Er ist heute noch im Dom zu bestaunen. Auf ihm ist auch Erzbischof Reinald porträtiert, der übrigens weniger Priester als viel mehr Soldat und Diplomat im Dienste des Kaisers war und erst zwei Jahre vor seinem Tod die Priesterweihe erhielt. Gestorben ist Reinald 1167 in Italien an einer Seuche, die im kaiserlichen Heer wütete. Nach seinem Tod löste man das Fleisch von den Knochen des toten Erzbischofs – dies war damals ein übliches Verfahren – und überführte die Gebeine nach Köln. Hier haben ihm die dankbaren Kölner ein prächtiges Grabmal im Dom errichtet.

Und wieder war es Barbarossa, der den neuen Erzbischof vorschlug, und wieder wählte das Domkapitel brav den kaiserlichen Kandidaten. Der neue Erzbischof hieß Philipp von Heinsberg.

Zwei Ereignisse aus der Amtszeit Philipps von Heinsberg sollen hier erwähnt werden: Zum einen ist es der Bau der großen Stadtmauer. Die Befestigungen aus dem Jahr 1106 waren ja in aller Eile ausgeführt worden, da eine Belagerung bevorstand. Sie erinnern sich: der kaiserliche Vater gegen den königlichen Sohn. Dabei hatten die großen Stifte wie St. Gereon, St. Pantaleon, St. Severin und andere außerhalb der Befestigungsanlagen bleiben müssen. Das sollte sich nun ändern, da diese Gebäude etwaigen Belagerern als Stützpunkte direkt vor der Stadt hätten dienen können. Zunächst gegen den Willen ihres Erzbischofs, aber unter ausdrücklicher Zustimmung Kaiser Barbarossas, begannen die Bürger nun diese Gebiete mit Wall und Graben zu umziehen. Später entstand auf dem Wall die gewaltige Stadtmauer, die bis ins neunzehnte Jahrhundert stehen blieb, und von der heute noch einige Tore erhalten sind, wie zum Beispiel das Eigelstein-, das Hahnen- und das Severinstor. Auch von der Mauer selbst stehen noch ein paar Reste, etwa an der Ulrepforte.

In weitem Halbrund umspannte das neue Befestigungswerk mit zwölf Torburgen und zweiundfünfzig Mauertürmen das Stadtgebiet von circa vierhundert Hektar, an seinen Eckpfeilern, da wo die Landmauer an den Rhein stieß – am Bayenturm und am Kunibertsturm –, noch verstärkt durch in den Fluss hinausragende Bollwerke. Aber auch die Rheinseite selbst war durch eine Mauer gesichert. Etwa fünfzig Jahre dauerte der Bau, und er wurde zum größten Mauergürtel, der die größte Stadt nördlich der Alpen umschloss. Weder London noch Paris, geschweige denn irgendeine deutsche Stadt reichten an Köln heran, das zu dieser Zeit wahrscheinlich gerade einmal vierzigtausend Einwohner zählte. Weite Gebiete innerhalb des Mauerrings waren noch für viele Jahrhunderte unbebaut und wurden landwirtschaftlich genutzt. Wie schon erwähnt, blieb diese Stadtmauer bis ins neunzehnte Jahrhundert stehen, und bis dahin sollte sie jeden Angriff abwehren, jede Belagerung überstehen und nicht auch nur ein einziges Mal überwunden werden.

Das zweite wichtige Ereignis aus der Regierungszeit Philipps von Heinsberg ist der Streit zwischen Kaiser Barbarossa und seinem mächtigsten Fürsten Heinrich dem Löwen, seines Zeichens Herzog von Sachsen und Bayern. Der Grund und der Verlauf des Streites selbst braucht uns nicht weiter zu interessieren, sein Ausgang ist wichtig: Heinrich der Löwe verfällt der Reichsacht und muss seine beiden Herzogtümer herausgeben. In Bayern kommen nun die Wittelsbacher an die Macht, und Sachsen wird aufgeteilt. Der westliche Teil wird als Herzogtum Westfalen dem Kölner Erzbischof Philipp unterstellt.

Von nun an widmete sich Philipp ganz dem Ausbau und der Stärkung seiner Landesherrschaft. Dabei geriet er fast notwendigerweise in Konflikt mit dem Kaiser. Das ist bis heute nicht viel anders; es ist der alte und immer wieder aktuelle Streit zwischen Föderalismus und Zentralismus. Der Konflikt mit Barbarossa hatte für die Kölner jedoch auch sein Gutes: Zunächst war der Erzbischof von den Mauerplänen seiner Untertanen nämlich keineswegs angetan, denn die Wehrhoheit über die Stadt lag bei ihm, beim Erzbischof. Die Bürger hatten sich mit dem eigenmächtigen Bau dieses Recht einfach angemaßt. Aber jetzt wurde er zum eifrigsten Förderer dieses Projekts, weil ein militärisches Eingreifen des Kaisers zu befürchten stand. Soweit kam es aber dann doch nicht, denn der Streit konnte politisch beigelegt werden.

Einige Jahre gingen ins Land, der Staufer Friedrich Barbarossa ertrank in Kleinasien während eines Kreuzzuges, Erzbischof Philipp von Heinsberg starb vor Neapel an der Pest, und Barbarossas Sohn Kaiser Heinrich VI. überlebte seinen Vater nur um sieben Jahre; auch er erlag in Italien einer Seuche. In Köln bekleidete zu dieser Zeit Adolf aus dem Grafenhaus von Berg das Amt des Erzbischofs. Dieser Adolf hatte eine Sorge, die ihm schlaflose Nächte bereitete, nämlich dass die Dynastie der Staufer durch ein erbliches deutsches Kaisertum zu mächtig werden könnte. Also entschied er sich gegen Heinrichs schon gekrönten dreijährigen Sohn Friedrich II. und dessen Onkel und Vormund Philipp von Schwaben. Stattdessen mobilisierte er die deutschen Fürsten und wählte mit einigen von ihnen Otto von Braunschweig zum deutschen König, einen Sohn jenes geächteten Heinrich des Löwen. Eine solche Doppelwahl – hier Otto der Welfe, dort Philipp der Staufer – konnte nur eines bedeuten: Bürgerkrieg! Und so kam es auch.

Besonders das Rheinland litt unter diesem Bürgerkrieg, hatte Otto doch hier seine treuesten Anhänger, was den Staufer Philipp dazu herausforderte, hier besonders zu wüten. Remagen, Bonn, Andernach und umliegende Orte wurden ein Opfer staufischer Brandstifter. An Köln – trotz seiner noch unfertigen Mauer – wagte sich Philipp von Schwaben jedoch nicht.

Da passierte etwas Sonderbares: Der Initiator von Ottos Wahl zum Gegenkönig, Erzbischof Adolf, wechselte plötzlich die Seiten und trat zu Philipp über. Welche Motive er dafür hatte, bleibt leider im Dunkeln, wir können den Seitenwechsel nur als Tatsache hinnehmen. Verstehen müssen wir ihn nicht. Der Papst, ein Gegner der Staufer, drohte, die Kölner Bürger drohten, und natürlich drohte auch Otto, aber Adolf ließ sich nicht umstimmen. Im Gegenteil, durch ihn bekam Philipp die deutsche Krone, denn der deutsche König wurde, wie es die Tradition erforderte, in Aachen vom Kölner Erzbischof gekrönt.

Während Adolf in Aachen dem Staufer die Krone aufs Haupt drückte, platzte Otto in Köln fast vor Wut. Da Köln sich immer eindeutiger zu einem Zentrum der antistaufischen Opposition entwickelte, hatten Erzbischof Adolf und König Philipp nun nichts Eiligeres zu tun, als gegen die Stadt zu ziehen. 1205 wurde Deutz besetzt. Von dort aus versuchte man den Kölnern zu schaden, wo immer man konnte. Inzwischen hatte der Papst Adolf als Erzbischof abgesetzt, sein Nachfolger ist ein gewisser Bruno von Sayn, dessen erste Amtshandlung darin bestand, nun auch plündernd durchs Land zu ziehen. Vor allem die Leute an der Ahr und im Jülicher Land – dort saßen die Anhänger Adolfs von Berg – bekamen ihn schmerzlich zu spüren. Aber schon bald musste sich Bruno nach Köln zurückziehen, denn König Philipp rückte mit seiner Streitmacht heran. Fünf Tage lang bestürmte er Köln, dann gab Philipp auf. Gegen dieses schwerbefestigte Köln hatte er keine Chance.

Dafür bekam er ein Jahr später seine Chance. 1206 kam es zur großen Feldschlacht: König Philipp mit dem abgesetzten Erzbischof Adolf gegen König Otto mit dem neu eingesetzten Erzbischof Bruno. Bei Wassenberg (an der holländischen Grenze) trafen sie aufeinander. Uns reicht wie immer das Ergebnis dieser Schlacht: Otto flüchtete nach Köln, Erzbischof Bruno geriet in Gefangenschaft. Wieder wurde Köln belagert, diesmal mit Erfolg. Als die Lebensmittel ausgingen, unterwarfen sich die Kölner. Während Otto sich nach Niedersachsen zurückziehen musste, feierte König Philipp in Köln seinen Sieg. Er war auf der Höhe seiner Macht; sein Königtum hatte er erfolgreich verteidigt, sogar der Papst erwog seine Anerkennung. Da geschah das Unvorhersehbare: Philipp wurde ermordet.

Damit hatte sich das Blatt gewendet. Sofort war der Welfe Otto wieder zur Stelle, und sofort schlugen sich die Kölner wieder auf seine Seite. Doch nicht nur diese; es dauerte nicht lange, und Otto war allgemein anerkannter deutscher König, seit 1209 sogar Römischer Kaiser.

Interessanter für uns sind aber die Ereignisse in unserer Stadt. Was ist aus den beiden Erzbischöfen geworden? Bruno von Sayn wurde noch von König Philipp freigelassen. Mit seinem Widersacher Adolf reiste er daraufhin nach Rom, um vom Papst die Entscheidung darüber anzunehmen, wer denn nun der rechtmäßige Kölner Erzbischof sei. Der Papst entschied sich für Bruno, und jubelnd empfing ihn Köln bei seiner Rückkehr. Adolf war der Verlierer und blieb es auch, als Bruno schon ein Jahr später starb. Zwar wandte sich Adolf wieder Kaiser Otto zu, aber der Welfe konnte den Verrat von damals nicht vergessen. Nicht Adolf von Berg wurde der neue Erzbischof, sondern ein treuer Anhänger Ottos: Dietrich von Hengebach.

Diese Treue zu Otto wurde ihm jedoch zum Verhängnis. Wie alle Kaiser war auch Otto inzwischen mit dem Papst aneinandergeraten und wurde prompt vom Kirchenoberhaupt exkommuniziert. War diese Waffe des Papstes noch hundert Jahre zuvor von ungeheurer Schärfe gewesen, so war sie inzwischen jedoch stumpf geworden – zu oft hatten die Päpste nun schon die Kaiser exkommuniziert. Die Kölner Bürger und der Kölner Erzbischof störten sich jedenfalls nicht weiter an Ottos Exkommunikation, sie unterstützten ihn weiterhin. Daraufhin verfiel Erzbischof Dietrich derselben Strafe: Jetzt gab es also zwei abgesetzte Erzbischöfe in Köln; dafür keinen rechtmäßig amtierenden. Das war auch gar nicht mehr nötig, denn um die Sache noch mehr zu verwirren, schleuderte der Papst seinen Bannstrahl zusätzlich noch gegen die ganze Stadt. Keine kirchliche Handlung durfte mehr in Köln vorgenommen werden, keine Messen, keine Beichten, keine Taufen, nicht einmal kirchliche Bestattungen. Für die religiösen Menschen des Mittelalters eine schwere Strafe, besonders für die Menschen im Heiligen Köln.

Aber nicht nur Dietrich und Adolf stritten um ihr erzbischöfliches Amt, auch Kaiser Otto hatte einen Widersacher bekommen, denn es gab schon wieder einen Gegenkönig. Es war jener Friedrich II., der Enkel Barbarossas, der schon als Dreijähriger zum König gekrönt worden war. Während die gebannte Stadt Köln weiter zum gebannten Otto hält, unterstützt der zwar abgesetzte aber nicht mehr exkommunizierte Erzbischof Adolf wieder den Staufer – sein dritter politischer Richtungswechsel. Erst als der Thronstreit zugunsten des Staufers entschieden ist, und der Welfe Otto sich wieder nach Niedersachsen zurückziehen musste – diesmal endgültig –, löste sich auch der Kölner Konflikt auf.

Um den Frieden zu sichern, zogen sich die beiden erzbischöflichen Streithähne ins Kloster zurück – ob ganz freiwillig sei dahingestellt – und machten so den Weg zu einer einmütigen Neuwahl frei. Gewählt wurde Engelbert von Berg, ein Cousin des gerade zurückgetretenen Adolfs.

Engelbert von Berg war kein unbeschriebenes Blatt und schon gar kein Engel. Als Parteigänger seines Verwandten hatte er in den Jahren nach dessen Absetzung das Kölner Erzstift nach Gegnern seines Cousins durchkämmt. Vor offener Gewaltanwendung schreckte er dabei nicht zurück, ganz im Gegenteil; wie ein wild gewordener Raubritter hatte sich der zukünftige Erzbischof gebärdet. Eines Tages jedoch beschloss er, diesem Treiben ein Ende zu machen, und als Sühne für seine Raubzüge am Vernichtungsfeldzug gegen die ketzerischen Albigenser in Südfrankreich teilzunehmen. Dafür brauchte er nicht sein Metier zu wechseln, hatte aber für diese neuen Greueltaten wenigstens den uneingeschränkten Segen der Kirche.

Und jetzt passierte etwas, das nur selten in der Geschichte beobachtet werden kann; die Metamorphose eines politisch Mächtigen. Dass Macht einen ehemals ehrlichen und mitfühlenden Menschen korrumpiert, kann man schon des öfteren beobachten, aber bei Engelbert war es genau andersherum: Aus dem marodierenden Raubritter wurde der treu sorgende Erzbischof. Er tat alles, um nach den Jahren des Krieges wieder Frieden einkehren zu lassen. Als erstes sorgte er für die Aufhebung des Kirchenbanns über Köln, dann förderte er mittels diverser Neu-, Aus- und Umbauten zahlreicher Klöster und Stifte die Bauindustrie.

In Erfüllung seiner seelsorgerischen Pflichten siedelte er zwei Bettelorden in Köln an, die Dominikaner und die Franziskaner. Aber damit stieß er auf Widerstand. Dass sich gerade die Kleriker in Köln so vehement gegen diese Bettelmönche wehrten, hat ganz besondere Ursachen. Dazu müssen wir ein paar Jahre zurückgehen, genauer gesagt ins Jahr 1147. Damals besuchte ein bekannter Mann unsere Stadt: Bernhard von Clairvaux. Eigentlich wollte er ja für den zweiten Kreuzzug werben. Das tat er auch, aber als er sich ein paar Tage in Köln umgeschaut hatte, sah er sich noch zu etwas anderem genötigt. Die Kölner Geistlichkeit, ganz besonders die großen Stiftsherren, führten kein sehr gottgefälliges Leben. Eigentlich hätten sie ein gemeinschaftliches Leben nach festen Regeln führen sollen, stattdessen residierten viele von ihnen in eigenen Apartments in den großen Kölner Stiften, wo sie das Leben von Adligen führten.

Bernhard wetterte gegen Sittenlosigkeit, Geiz und das Verschachern geistlicher Würden und Ämter. Dabei zitierte er einen Psalm: »*… darum sind sie vom Hochmut besessen, von Qualen wissen sie nichts, gesund und voll Kraft ist ihr Wanst.*« Zwar kam seine Kritik bei den Kölner Massen gut an, bei den eigentlichen Adressaten hatte er – wen wundert es – aber keinen Erfolg. Ein paar Jahre später musste die heilige Hildegard von Bingen den Klerikern in Köln die gleichen Vergehen vorwerfen. Es hatte sich nichts geändert.

Und nun sollten die Bettelmönche mit ihrem asketischen Lebensstil in die Stadt kommen. Allein ihre Existenz wäre ein ständiger, unausgesprochener Vorwurf an das angenehme Leben gewesen. Eine äußerst ungemütliche Vorstellung für unsere satten und müßigen Stiftsherren. Also mussten sie etwas dagegen unternehmen. Ganz offen wurden die neuen Ordensbrüder als Ketzer diffamiert. Aber es half nichts; Engelbert drückte seinen Willen durch, und da, wo in unserer Zeit die Hauptpost stand – An den Dominikanern – errichteten die Dominikaner ihr Kloster, das der Franziskaner entstand an der Minoritenkirche.

Diese beiden Klöster haben große Gelehrte hervorgebracht. Da ist zunächst der Dominikaner Albertus Magnus, den schon seine Zeitgenossen »den Großen« nannten. Professor Albertus hatte bereits an der Sorbonne in Paris gelehrt, war Bischof von Regensburg gewesen und hatte nahezu ganz Europa durchstreift. In Köln gründete er dann eine Schule, in der alle damals bekannten Wissenschaften gelehrt wurden. Sein Gebiet waren neben der Theologie und der Philosophie die Naturwissenschaften: von der Zoologie über die Chemie und Physik bis hin zur Mineralogie. Sein Interesse war noch nicht das alles sezierende und analysierende unserer modernen Jahrhunderte, ihm ging es vor allem darum, die Schöpfung Gottes in all ihren Aspekten zu zeigen.

Dabei hatte er, der *doctor universalis,* so umfangreiche Kenntnisse erworben, dass einige seiner Mitmenschen ihm überirdische Fähigkeiten zuschrieben. Noch in späteren Zeiten gab er das Vorbild für den Doktor Faustus ab. Um das Bild eines Zauberers von sich zu zerstören – es konnte damals fatale Folgen haben –, lud Albertus den gerade regierenden König Wilhelm in sein Labor, eine Art Treibhaus für seine botanischen Studien, und versuchte ihm die natürlichen Grundlagen seiner Experimente zu erklären. Ob dieser Albertus wohl folgen konnte? Der Adel des Mittelalters ist nicht gerade wegen seiner hohen Bildung bekannt.

Ein Schüler Alberts war Thomas von Aquin. Anders als der stets reisende Albert war Thomas ein Stubengelehrter, und er hatte wahrscheinlich auch gar keine andere Wahl, denn sein Körperumfang muss immens gewesen sein. Der Platz an seinem Schreibtisch war halbrund ausgesägt, damit der Mönch mit seinem Bauch daran arbeiten konnte. Im Gegensatz zu Albertus Magnus beschäftigte sich Thomas in erster Linie mit der Theologie. Hier hat er es bis zur höchsten theologischen Autorität in der katholischen Kirche gebracht.

In der nächsten Generation lehrte Meister Eckart, der große Mystiker des Mittelalters, an Alberts Schule in der Stolkgasse. Seine Schüler waren Heinrich Seuse und Johannes Tauler.

Vorerst aber wieder zurück zu Erzbischof Engelbert. Walther von der Vogelweide war voll des Lobes über ihn und ein Chronist seiner Zeit nannte ihn den würdigsten Priester und den tapfersten Krieger. Hier kommt ein anderer Aspekt Engelberts zum Ausdruck. Er war ja nicht nur der fürsorgliche Erzbischof, er war auch Landesfürst, und als solcher sowohl in die Territorialpolitik des Bistums als auch in die seines Hauses Berg verwickelt.

Und in dieser Doppelrolle sollte auch sein Verderben liegen, denn auf diesem Gebiet geriet er in Konflikt mit seinem Verwandten Friedrich von Isenburg. Engelbert versuchte nämlich, die Besitzungen Friedrichs zu übernehmen. Um sich dem mächtigen Erzbischof zu erwehren, plante dieser die Gefangennahme Engelberts. Bei Gevelsberg sollte der Coup durchgeführt werden, aber es kam anders als geplant: Engelbert und sein Gefolge wehrten sich, und was als Gefangennahme geplant war, endete als Mord. Hier schließt sich der Kreis. So, wie Engelbert in früheren Jahren nicht vor Mord zurückgeschreckt hatte, um Widersacher aus dem Weg zu räumen, endete er jetzt selbst auf diese Weise.

Engelberts Gebeine fanden ihre letzte Ruhestätte im Dom zu Köln, sein Herz liegt im Altenberger Dom. Friedrich von Isenburg, sein Mörder, endete auf dem Raderberg südlich von Köln, der damaligen Hinrichtungsstätte. Hier war ein schweres Rad aufgerichtet worden, auf das man ihn flocht, nachdem man ihm mit einem Beil die Gliedmaßen gebrochen hatte. Einen ganzen Tag lang soll Friedrich die Tortur überlebt haben.

Wir sind etwas vom Thema abgekommen, soll es in diesem Kapitel doch um das Heilige Köln gehen. Dem wollen wir uns jetzt auch wieder zuwenden. Inzwischen war Konrad von Hochstaden Erzbischof in Köln. Und der setzte etwas in die Tat um, das schon Engelbert geplant hatte. Es ging um folgendes: Die Kölner Stifts- und Klosterkirchen waren mit der Zeit immer imposanter und prächtiger geworden, und ihnen gegenüber wirkte der mittlerweile etwa vierhundert Jahre alte Dom klein und unscheinbar. Das sollte sich ändern. Erzbischof und Domkapitel beschlossen nun nicht nur eine Renovierung und Erweiterung, ein kompletter Neubau sollte es sein.

Am 15. August 1248 war die Grundsteinlegung. Alle regionalen Größen waren zugegen: die Herzöge von Limburg und Brabant, die Grafen von Kleve, von Geldern und viele andere Vertreter des rheinischen Adels. Der neue Dom sollte ein Zeichen setzen; nicht wie bisher ein breiter, erdgebundener Bau, sondern eine himmelwärts strebende Kirche, keine mächtigen, dicken Wände, stattdessen von filigranen Rippen und Streben getragene Konstruktionen, kein mystisches Halbdunkel im Innern, durch riesige Fensteröffnungen strahlende Helligkeit. Kurz: der neueste Schrei aus Frankreich. Auch der Dombaumeister kam aus Frankreich, die Steine vom Drachenfels und das Geld aus ganz Deutschland.

Dass man sechshundert Jahre bis zum Abschluss des Baus brauchen würde, hat damals freilich niemand geahnt. Was war der Grund dafür, dass der Bau so lange nicht fertiggestellt wurde?

Zur Abwechslung lag es wohl einmal nicht am Geld, zumindest nicht in erster Linie. Was war es dann? Die Politik! Die Kölner hatten vierzig Jahre nach Baubeginn den Erzbischof aus ihrer Stadt verjagt. Verständlich, dass der Erzbischof das Interesse an seinem Dom verlor, den er fast nur noch zu seiner Inthronisation und zu seiner Beerdigung besuchen durfte. Mit ihrem Oberhirten wurde auch das Domkapitel als eigentlicher Bauherr immer lustloser – und immer schleppender zogen sich die Bauarbeiten dahin. Und dann geschah das, was auch heute noch bei manchen technischen Großprojekten passiert; sie sind schon vor ihrer Fertigstellung veraltet. So ähnlich erging es dem Dom. Es war ein gotischer Dom, aber irgendwann hatten sich die Leute an der Gotik sattgesehen, und etwas neues musste her. Der

Dom war noch nicht fertig und schon unmodern, so fehlte bald auch jede Motivation, die Bauruine zu vollenden. Jahrhundertelang war der Baukran auf dem Turmstumpf das Wahrzeichen Kölns. Erst das neunzehnte Jahrhundert mit seiner Romantik und seiner Verliebtheit ins Mittelalter hat es dann geschafft, den Dom fertig zu stellen.

Zum Schluss dieses Kapitels möchte ich Ihnen noch eine Geschichte erzählen, die zeigt, wie unheilig es im Heiligen Köln zugehen konnte. Wer hätte das gedacht? Gerade hatten die Bauarbeiten am Dom begonnen, da brach wieder einmal Streit zwischen dem Erzbischof und seinen Bürgern aus. Sein stärkster Widersacher war dabei Bürgermeister Gryn. Der Streit wurde alsbald beigelegt, und die Geschichte könnte schon zu Ende sein, hätte es da nicht noch zwei rachsüchtige Domherren gegeben. Wie der Zufall so spielt, besaßen die beiden einen Löwen. Um eine Aussöhnung vorzutäuschen, luden sie den Bürgermeister zum Essen ein. Der kam, aß und hörte den seit einer Woche fastenden Löwen brüllen. Er fragte nach, wurde neugierig und wollte das Tier sehen, denn Löwen gehörten ja auch damals nicht zu den gewöhnlichen Haustieren. Durch List und mit Hilfe eines hinterhältigen Stoßes landete der ahnungslose Bürgermeister in der Löwengrube.

Aber Sie wissen ja: Drei Dinge braucht der Mann! Und Gryn hatte alle drei dabei: einen Mantel, ein Schwert und Mut. Den Mantel wickelte er sich um die Hand und stieß sie dem angreifenden Löwen tief in den Rachen, das Schwert ebenso tief ins Herz.

Die Domherren, die inzwischen etwas voreilig den Unfall des Bürgermeisters wehklagend verkündet hatten, waren natürlich sprachlos, als dieser völlig unverletzt wieder erschien. Na ja, die beiden überlebten den Streich nicht. Am Tor des Domklosters, der berühmten Pfaffenpforte, wurden sie erhängt.

Ob es in diesem Zusammenhang wichtig ist, dass diese Geschichte erst Jahrhunderte später erfunden wurde? Einen Bürgermeister Gryn hat es anscheinend nie gegeben. Aber immerhin stellt sie eines deutlich heraus: den Sieg der heldenhaften Bürger über den moralisch verkommenen Klerus. Belassen wir es dabei.

kapitel 6

Aufstand der Untertanen

Der Engländer William of Malmesbury schrieb im zwölften Jahrhundert, Köln sei die Metropole Deutschlands und erfüllt von Heiligen wie von Handelsgütern. Haben wir uns in den beiden vorhergehenden Kapiteln mit den mehr oder weniger Heiligen beschäftigt, so soll nun vom Handel die Rede sein.

Gehen Sie nicht davon aus, dass im ach so frommen Mittelalter Kirche und Kommerz im Widerstreit gelegen hätten. Eher das Gegenteil war der Fall – sie waren nahezu unzertrennlich, ganz besonders in Köln. Wir haben gesehen, mit welcher Entschiedenheit der Kölner Klerus sich gegen die Ansiedlung von Bettelorden in der Stadt wandte, weil diese die Armut predigten und vorlebten, und wir haben gesehen, welche immense Bedeutung den Reliquien für das Wirtschaftsleben der Stadt zukam, insbesondere für den Fremdenverkehr. Noch heute ist die Kölner Erzdiözese die reichste der Welt. Die Verbindung von Geld und Kirche hat hier eine lange Tradition. Aber das gilt beileibe nicht nur in unserer Stadt, diese Beobachtung lässt sich weltweit machen.

In diesem Kapitel soll jedoch ausschließlich von den weltlichen Dingen die Rede sein, obwohl das schwierig wird, wo doch in Köln fast alles irgendwie mit Kirche, Klerus und Religion zu tun hat. Damals noch mehr als heute. Doch beschränken wir uns nun erst einmal auf die von William erwähnten Handelsgüter.

Dazu müssen wir uns erst wieder etwa dreihundert Jahre in die Zeit zurückversetzen, und landen in einem stinkenden Sumpfgebiet. Zwischen der antiken Stadtmauer und dem Rhein – da, wo früher einmal der Römerhafen gelegen hatte – gab es im hohen Mittelalter eigentlich gar nichts mehr. Wenn wir an eine morastige Müllkippe denken, werden wir der Wahrheit wohl ziemlich nahe kommen. Aber die Stadt hatte dieses Gebiet bereits als Bauland ausgewiesen, und jetzt, im zehnten Jahrhundert herrschte hier eine rege Bautätigkeit; der Sumpf wurde trocken gelegt, Häuser und Lagerschuppen entstanden, Gassen und Plätze bildeten sich heraus.

Besonders Kaufleute betätigten sich als Bauherren, profitierten sie doch in erster Linie von der Nähe zum Rhein, ihrer wichtigsten Handelsstraße. Allmählich wuchs ein neuer Stadtteil heran – unsere Altstadt. Dass sie um einiges tiefer liegt als die eigentliche Stadt, wurde ihren Bewohnern in jüngerer Zeit des öfteren leidvoll vor Augen geführt, wenn sie wieder einmal nicht trockenen Fußes in ihre Häuser kamen.

Langsam etablierte sich hier ein ansehnliches Handelsareal rund um einen riesigen Marktplatz. Erst später wurde dieser durch den Bau einer Häuserzeile in den Alter Markt und den Heumarkt geteilt. Schon bald, unter Erzbischof Bruno, wurde die neue Rheinvorstadt mit in die Stadtbefestigungen einbezogen; nach langen Jahrhunderten der Stagnation und des Rückganges in der Frankenzeit war dies die erste Stadterweiterung. Kölns sagenhafter Aufschwung begann.

Rundum geschützt, konzentrierte sich nahe am Rhein bald ein solider Reichtum. Zunächst lebte die Stadt vorwiegend von der Baulust ihrer Erzbischöfe; überall wurden Kirchen und Klöster gebaut, renoviert oder erweitert. Aber nicht nur die handwerklichen Berufe waren im Baugewerbe gefragt, auch das Transportwesen und der Handel, die gesamte Zulieferindustrie profitierte davon. Daneben ließ sich auch mit Wein oder im Textil- und Metallhandel viel Geld verdienen. Und die Waffenhändler – Köln war ein Zentrum deutscher Waffenproduktion – schämten sich auch nicht ihres immer lukrativen Gewerbes.

Schon im elften Jahrhundert fanden in Köln jährlich drei Messen statt; in der Lebensbeschreibung des Erzbischofs Anno heißt es dazu: »*nicht nur aus allen Städten am Rhein, sondern auch aus überseeischen und noch entfernteren Provinzen strömten zahllose Völkerscharen zu dem in der ganzen Welt berühmten Jahrmarkt zusammen*«.

Die Stadt war wirklich zu einer Metropole geworden. Wenn wir uns ihre Lage am Rhein ansehen, so ist es auch nicht schwierig, ihre wichtigsten Handelspartner zu erkennen. Hatten die süddeutschen Städte gute Verbindungen zu Oberitalien und in den Osten Europas, so pflegte Köln die Beziehungen den Rhein hinunter, hauptsächlich zu den Niederlanden und zu England. Vor allem der Englandhandel hatte es den hiesigen Kaufleuten angetan.

Die Beziehungen zu der britischen Insel hatten eine lange Tradition. Funde von Kölner Waren in England gibt es schon aus der Römerzeit, war doch der Rhein ein natürlicher Vermittler zwischen diesen beiden römischen Provinzen. Diese Handelsbeziehungen wurden dann im frühen Mittelalter wieder aufgenommen, man importierte von der Insel Pelzwaren und Wolle, dafür wurde Wein, Getreide und das berühmte Kölner Tuch geliefert. In London unterhielten unsere Kaufleute sogar mit königlichem Privileg eine eigene Gildehalle – eine ständige Präsenz auf dem englischen Markt.

Unvermittelt sahen sich die Kölner aber in die hohe Politik verwickelt, konnten daraus jedoch Profit schlagen. Der Kaiser hielt zu dieser Zeit nämlich den englischen König Richard Löwenherz gefangen und verlangte ein enormes Lösegeld. Die Degeneration des Rittertums zum Raubrittertum machte auch vor der höchsten Ebene, dem Kaiser, nicht halt. In Köln saß nun Richards Mutter – Eleonore von Aquitanien, die Königin der Troubadoure – mit rund 150.000 Mark in Silber (das sind etwa zwölf Millionen Mark nach heutigem Wert) und wartete darauf, ihren Sohn freikaufen zu können.

Nachdem der Handel in Mainz im Februar 1194 abgeschlossen war, begab sie sich mit ihrem königlichen Sohn auf den Weg zurück nach England. Unterwegs machten sie Station in Köln, und hier zeigte sich, wem die Sympathien der Kölner gehörten: nicht ihrem Kaiser, sondern Richard, der strahlenden Verkörperung des christlichen Ritters. Noch heute ist Richard Löwenherz der wohl populärste König Englands – und nicht nur in England ist er immer noch sehr beliebt. Hier am Rhein jedenfalls bereitete man ihm einen glänzenden Empfang, und im Dom las Erzbischof Adolf zu Ehren des Königs die Messe von *Sankt Petrus in Banden.*

Nach drei Tagen geleitete ihn dann eine Kölner Eskorte bis nach Antwerpen. Der König war gerührt – nach Monaten der Einsamkeit im Verließ der Burg Trifels nun diese Herzlichkeit. Und Richard bedankte sich mit einem wahrhaft königlichen Geschenk. Es konnte sich wirklich sehen lassen. Mit einem Federstrich befreite er die Kölner Kaufleute, die in England Handel trieben, von allen Abgaben. Keine Zölle mehr, keine Steuern, einfach nichts als reinen Profit – das Paradies auf Erden für jeden Kaufmann.

Aber nicht nur handelspolitische Fäden verbanden Köln und England: Die von den Hunnen hingeschlachtete Ursula mit ihren elftausend Jungfrauen soll ja bereits von dort gekommen sein; Erzbischof Anno hatte auch schon Wilhelm den Eroberer mit Geld und Truppen unterstützt, als dieser sich 1066 anschickte, die Insel zu erobern. Und als der Neubau des Doms anlief, sammelte sogar der englische König Heinrich III. dafür Geld. Mehr oder weniger die gesamte Diplomatie zwischen dem Reich und England lief über Köln. Des öfteren waren die Erzbischöfe in kaiserlichem Auftrag in London.

Auch die Engländer wandten sich des öfteren an unsere Stadt, so zum Beispiel König Eduard III. Er war wieder einmal – wie schon so oft – in Geldnöten. Also verpfändete er eine seiner Kronen, die seiner Königin und einige andere Schmuckstücke an ein Konsortium Kölner Kaufleute. Fünftausend Goldgulden bekam er für seine Krone – ein Viertel dieser Summe behielten die Handelsherren allerdings gleich ein, als Zinsen. Mit der Rückzahlung ließ sich der königliche Gläubiger jedoch Zeit. *Honi soit, qui mal y pense*! Für ein Jahr war der Kredit vereinbart, fünf Jahre sind daraus geworden, trotz der Mahnungen der immer nervöser werdenden Kaufleute.

Kölns Erfolg als Handelsplatz ist jedoch nicht allein auf die Tüchtigkeit seiner Kaufleute zurückzuführen, auch die Natur begünstigte die Stadt in dieser Hinsicht. Bis hierher konnten nämlich die großen seegängigen Schiffe gelangen, hier mussten dann ihre Waren auf die flachen, kiellosen oberländischen Schiffe verladen werden, wenn sie weiter rheinaufwärts fahren wollten. Das Gleiche galt für die andere Richtung: rheinabwärts wurde in Köln auf unterländische Schiffe verladen. Allein diese Gunst der Lage zu nutzen, war den Kaufleuten nicht genug. Sie wandten einen Trick an, um noch mehr verdienen zu können. Wie sah dieser Trick nun aus? In den Geschichtsbüchern wird er mit sogenannten »stapelrechtlichen Vorschriften« umschrieben. Das klingt feiner als es tatsächlich ist, im Grunde ist das Stapelrecht nämlich nichts anderes als offiziell erlaubte Wegelagerei.

Was lief da also ab? Es ist ganz einfach: Die Kölner zwangen alle Rheinhändler, die ja sowieso hier ihre Waren auf andere Schiffe umladen mussten, die ausgeladenen Güter drei Tage zum Verkauf anzubieten. Allerdings durften nur Kölner Bürger die Waren kaufen, alle Nichtkölner waren von diesem Markt ausgeschlossen. Unsere Kaufleute konnten sich also bei jedem Handelsgut als Zwischenhändler einschalten, ohne dass die fremden Händler sich dagegen wehren konnten.

Aber das war noch nicht alles. Die angelandete Ware wurde nämlich auch noch einer Qualitätskontrolle unterzogen, und wenn diese zur Zufriedenheit ausfiel, wurde sie umverpackt und als Kölner Ware deklariert. So konnte es also passieren, dass irgendwo in Deutschland eine nichtsahnende Hausfrau einen Meter feines Tuch *made in Cologne* käuflich erwarb, in Wahrheit aber gutes flandrisches Tuch gekauft hatte. Heute wären wir ob solch dreisten Etikettenschwindels natürlich tief entrüstet. Damals jedoch floss dadurch viel Geld in die Taschen der Händler – in die der Kölner Händler.

Immer umfangreicher und ausgedehnter wurden die Handelsbeziehungen der Kaufleute, so dass die Märkte in der Rheinvorstadt angesichts der wirtschaftlichen Entwicklung schon bald nicht mehr genügend Platz boten. Im Jahr 1076 musste im Westen der Stadt ein neuer Markt angelegt werden, dieser sogenannte Neumarkt diente in erster Linie dem Landhandel, also der Versorgung der Bevölkerung mit Lebensmitteln aus dem Umland und als Viehmarkt.

Je mehr Reichtum die Handelsherren ansammelten, desto selbstbewusster traten sie gegenüber ihrem Stadtherren auf und desto nachdrücklicher strebten sie nach Einfluss in der Verwaltung der Stadt. Die erste Bewährungsprobe kam 1074 in jenem Aufstand, bei dem Erzbischof Anno durch den Dreck kriechend aus seiner Stadt hatte fliehen müssen. Zwar wurde diese Rebellion durch das anschließende Strafgericht noch einmal unterdrückt, aber im Kessel brodelte es weiter.

Der nächste Schritt in Richtung Selbstbestimmung wurde in den Wirren des Machtkampfes zwischen Heinrich IV. und seinem Sohn Heinrich V. getan. Mit dem vom alten Kaiser gewährten neuen Mauerbau hatten die Bürger faktisch die Wehrhoheit errungen, denn mit dem Recht zum Mauerbau war auch eine allgemeine Wehrpflicht verbunden. Nun war aber die Wehrhoheit ein Recht, das bisher unangefochten beim Erzbischof lag.

Nach dem Tod Heinrichs IV. unterwarfen sich die Bürger zwar seinem Sohn, es gelang ihnen jedoch das Erreichte zu sichern, indem sie mit dem Mittel Politik machten, das ihnen ausreichend zur Verfügung stand: mit Geld – jenen schon zuvor erwähnten sechstausend Pfund Silber, mit denen damals Heinrich V. besänftigt worden war. Zunächst hatte Heinrich zwar dieses unverfrorene Angebot abgelehnt, aber dann nahm er das Geld doch. Geldverlegenheiten kommen eben in den besten Familien vor. Und kommen Sie bloß nicht auf die Idee, bei dieser Transaktion von Korruption zu sprechen. Jeder Lobbyist wird ihnen erklären können, dass man solch ein Verfahren legitime Interessenpolitik nennt.

Schon wenige Jahre nach der solchermaßen erkauften Wehrhoheit legten sich die Bürger ein eigenes Stadtsiegel zu. Dass dieses Siegel – übrigens das älteste Stadtsiegel in Deutschland überhaupt – in seinem Durchmesser größer als das des Erzbischofs, ja sogar größer als das des Kaisers war, ist einerseits sicherlich Ausdruck des ungeheuren Selbstbewusstseins der Kölner, andererseits steckt wohl auch eine gehörige Portion neureicher Anmaßung darin. Aber schließlich waren unsere Vorfahren ja auch neureich. Wer will es ihnen also verdenken?

Wir dürfen uns über den Prozess der Emanzipation der Stadt vom Erzbischof keine falschen Vorstellungen machen. Es war keineswegs so, dass die Kölner der erzbischöflichen Alleinherrschaft eine, wie auch immer geartete, demokratische Alternative entgegenstellten. Nein, die starke Mittelschicht der Kleinhändler und Handwerker und die vielen Armen waren an dieser Entwicklung nur als Zuschauer beteiligt. Politik machten in Köln die, die es sich leisten konnten, die reiche Oberschicht. Sie hatte sich zu diesem Zweck in der sogenannten Richerzeche zusammengeschlossen, einer Genossenschaft der Reichen. Die Richerzeche übernahm schon bald die Funktion eines Repräsentanten der Stadt und war der eigentliche Gegenspieler des Erzbischofs.

Die Richerzeche verstand es in den folgenden Jahren, Schritt für Schritt die Kontrolle über den Handel und das Gewerbe zu erlangen, selbst dessen Besteuerung brachte sie in ihre Hand. Immer offener demonstrierten die wohlhabenden Bürger ihre Selbständigkeit.

Der nächste Anstoß in der Entwicklung hin zur Autonomie der Stadt kam eigentlich aus dem Lager des Erzbischofs, der ja auch der oberste Gerichtsherr war. Da er aber natürlich nicht selbst alle Urteile fällen konnte, sprach in seinem Auftrag ein Schöffenkollegium recht. Nun war dieses Schöffenkollegium jedoch mit Kölner Bürgern besetzt, die oft eher die Interessen der Stadt vertraten – also ihre eigenen – als die ihres Arbeitgebers. Immer stärker entwickelte sich das Schöffenkollegium zur obersten städtischen Verwaltungsbehörde.

Damals entstand auch eine Institution, die wir heute noch gut kennen, der Stadtrat – 1216 wird er zum ersten Mal erwähnt. Dieser Stadtrat mit zwei gleichberechtigten Bürgermeistern an der Spitze verdrängte nach und nach die ältere Richerzeche und wurde so das eigentliche Machtzentrum in der Stadt.

Zwar wagten es die Kölner noch nicht, die Stadtherrschaft des Erzbischofs grundsätzlich in Frage zu stellen, aber peu à peu wollten sie genau das erreichen. Dazu wandten sie die bewährte Politik der Nadelstiche an. Mehr als nur ein Nadelstich war allerdings der schon erwähnte große Mauerbau, der ohne die Zustimmung, ja zunächst sogar gegen den Willen des Erzbischofs erfolgte. Nur weil Philipp von Heinsberg sich mit dem Kaiser angelegt hatte und dessen militärische Macht fürchten musste, unterstützte er dann doch das Projekt, und es kam nicht zur großen Auseinandersetzung mit seinen Untertanen. Die sollte erst später folgen.

Immer unversöhnlicher standen sich Erzbischof und Bürgerschaft gegenüber. Immer wahrscheinlicher wurde eine militärische Lösung des Konflikts, zumal es eine unparteiische Autorität wie den Kaiser nicht gab.

Wir befinden uns in der schrecklichen, in der kaiserlosen Zeit. Die Kaiserfamilie der Staufer hatte sich Mitte des dreizehnten Jahrhunderts in Italien bis auf ihren letzten Spross, den jungen Konradin, aufgerieben. Im Deutschen Reich herrschte Anarchie. Im Rheinland übrigens auch. Jeder Landesherr versuchte seine Macht auf Kosten seiner Nachbarn zu vermehren. In diesem Bestreben bildeten die Erzbischöfe von Köln keine Ausnahme.

Gerade befand sich der Erzbischof – Konrad von Hochstaden, der schon den Grundstein für den neuen Dom legte – in einer Fehde mit dem Grafen von Jülich. Um zu Geld zu kommen, ließ er schlechtere Münzen in Umlauf bringen, um so den Differenzbetrag einbehalten zu können. Den Schaden trug natürlich der Kölner Handel. Die Kaufleute wollten das nicht lange hinnehmen, sie protestierten energisch. Aber Erzbischof Konrad dachte gar nicht daran nachzugeben. Im Gegenteil, er wollte das Selbstbewusstsein der Bürger brechen und die Stadt wieder unter seine Herrschaft bringen.

Mit diesen Plänen im Kopf verließ er Köln und sandte von Andernach aus den Bürgern seine Kriegserklärung. Konrad schlug sein Lager auf dem anderen Rheinufer in Deutz auf. Erst als die Beschießung der Stadt von dort aus wirkungslos blieb, ließ sich Konrad auf eine Vermittlung ein.

Albertus Magnus, der Dominikanergelehrte, sollte der Schiedsrichter im Streit zwischen dem Erzbischof und der Stadt sein. Drei Wochen später hatte Albertus seinen Schiedsspruch fertig. In diesem sogenannten »Kleinen Schied« werden, entgegen den Erwartungen Konrads, beide Parteien als ebenbürtige Partner betrachtet.

Damit hatte sich die Lage für den Augenblick zwar beruhigt, aber der eigentliche Konflikt war damit überhaupt nicht aus der Welt geschafft. Bürger und Erzbischof versuchten auch weiterhin, ihren Machtanspruch unter allen Umständen durchzusetzen.

Nur fünf Jahre später, wir befinden uns jetzt im Jahr 1257, kam es erneut zum Krieg. Wieder war der Anlass ein vergleichsweise nichtiger, wieder ging es aber tatsächlich um die Vorherrschaft in der Stadt und wieder kam es zum Krieg. Da die Stadt selbst zu gut befestigt war, wütete er im Umland. Burgen wurden berannt und Dörfer in Brand gesteckt, da erschien Konrad von Hochstaden plötzlich mit einem Heer von fünfhundert Rittern vor dem Severinstor. Aber die Überrumpelung der Kölner misslang, der Erzbischof wurde zurückgeschlagen.

Von nun an verlegte er sich darauf, von Rodenkirchen aus alle Zufahrtsstraßen nach Köln zu sperren. Das konnten sich die Kölner natürlich nicht lange gefallen lassen. Nur wenige Tage später – nachdem sie quasi eben im Vorbeigehen das erzbischöfliche Deutz niedergebrannt hatten – durchbrachen sie Konrads Sperre, und in der Nähe von Frechen kam es zur Schlacht.

Obwohl Konrad mit seinem Heer unterlag – er selbst konnte sich in die Burg Frechen retten –, wollte er sich dennoch nicht geschlagen geben. Er bestand auch weiterhin vehement auf seine Herrschaftsrechte in Köln, versprach aber wieder, sich einem Urteilsspruch von Albertus Magnus zu unterwerfen.

So kam es zum »Großen Schied«: In ihm werden die Rechte des Erzbischofs wie der Bürger gegeneinander abgewogen; wie sein Vorgänger, der »Kleine Schied«, kommt auch dieser Spruch zu einem für die Pläne des Erzbischofs ungünstigen Ergebnis.

Wohl oder übel musste Konrad von Hochstaden den Spruch annehmen, und in den drei Jahren, die ihm noch bis zu seinem Tod blieben, hielt er sich daran, wenn auch zähneknirschend und mit geballter Faust in der Tasche.

Anders sein Nachfolger Engelbert von Falkenburg, der wieder die Machtprobe suchte. Aber die Kölner hatten mittlerweile aus den ständigen Querelen gelernt und kamen ihm zuvor, indem sie ihn kurzerhand ins Gefängnis warfen, als Gerüchte aufkamen, Engelbert bereite einen Staatsstreich vor. Um ihren Sieg zu demonstrieren, schmückten sie den erzbischöflichen Bayenturm mit ihrem eigenen Stadtwappen. Erst nach der Vermittlung der Bischöfe von Lüttich und Münster sowie der Grafen von Berg und Jülich ließen die Bürger ihren Stadtherren ein Jahr später wieder frei, nicht ohne ihn vorher noch ihre Rechte beschwören zu lassen. Engelbert kochte vor Wut. Kurze Zeit später zog er um; er kehrte Köln den Rücken und zog nach Bonn in sein neu erbautes Schloss. Zu diesen Pfeffersäcken von Kaufleuten wollte er so viel Abstand wie möglich halten.

Aber damit gab er keineswegs den Kampf auf. Von nun an bediente sich Engelbert einer anderen Methode, um sich in seiner Stadt wieder durchzusetzen: Er schürte die diversen Konflikte innerhalb der Stadt. So gab es zum Beispiel einen Streit zwischen den beiden patrizischen Familien der Weisen aus der Mühlengasse und der Overstolzen aus der Rheingasse. Dieser Streit eskalierte soweit, dass es zu einer regelrechten Straßenschlacht zwischen den beiden Familien und deren Anhängern kam. Die Weisen unterlagen und wurden aus der Stadt vertrieben. Erzbischof Engelbert war übrigens nicht direkt in diese Kämpfe verwickelt, er saß wieder einmal im Gefängnis. Diesmal hatte der Graf von Jülich sich anlässlich einer Fehde seiner bemächtigt.

Mit ihrer Verbannung hatten die Weisen jedoch den Kampf noch nicht aufgegeben, besaßen sie doch immer noch viele Anhänger in der Stadt, vor allem in den Reihen der Handwerker. Nachdem sie sich zusätzlich der Unterstützung des Herzogs von Limburg und des Herrn von Falkenburg – das ist übrigens der Bruder des Erzbischofs – versichert hatten, suchten sie nach einem Weg, um in die Stadt zu gelangen.

Der Zufall wollte es, dass ein armer Schuster direkt an der Stadtmauer nahe der Ulrepforte wohnte. Dieser Schuster mit dem bezeichnenden Namen Haveneit war einer kleinen Verbesserung seiner finanziellen Lage nicht abgeneigt, also grub er zwei Wochen lang von seinem Keller aus einen Gang unter der Stadtmauer hindurch. Kaum war der Stollen fertig, da standen auch schon die Weisen mit ihren Verbündeten parat. Nun war der Tunnel aber so eng, dass sich nur einer nach dem anderen hindurchzwängen konnte, auch ging die ganze Prozedur nicht ohne Lärm ab. So kam es, dass die Overstolzen gewarnt wurden, herbeieilten und eine zweite Schlacht innerhalb der Stadtmauern geschlagen wurde. Wieder unterlagen die Weisen; sie wurden erschlagen oder gefangengenommen. Auch der Herzog von Limburg selbst geriet in Gefangenschaft.

Damit war die Gefahr für die Stadt (das heißt zunächst einmal für die Overstolzen) gebannt. An der Stelle, an der der Stollen gegraben wurde, ließ der Stadtrat etwa hundert Jahre später eine Gedenktafel errichten – das älteste profane Denkmal in Deutschland. Der Text auf dieser Tafel lautet: *»Anno domini MCCLXVII zo der heilige more naicht do wart hier durch de mure gebrochen.«* – »Im Jahre 1268 in der Nacht vor dem heiligen Mohren-Fest (das Fest des aus Ägypten stammenden Hl. Gereon am 15. Oktober) wurde hier durch die Mauer gebrochen.«

Zwanzig Jahre nach der Schlacht an der Ulrepforte kam es zur endgültigen Entscheidung im Machtkampf zwischen der Stadt und ihrem Oberhirten. Inzwischen ist Siegfried von Westerburg Erzbischof von Köln. Um seine militärische Position zu verbessern, ließ er in Worringen eine Burg errichten. Verständlicherweise fühlten sich die Bürger durch die Festung in unmittelbarer Nähe ihrer Mauern bedroht, und ebenso verständlicherweise schlossen sie sich daraufhin den Gegnern ihres Erzbischofs an.

Um das zu verstehen, müssen wir uns in die damalige politische Lage im Rheinland versetzen: Wurde der Erzbischof in seinen Stadtrechten auch immer mehr beschnitten, so war seine

Macht als Landesherr über das Erzbistum ungebrochen. Seine Expansionsbestrebungen stießen auf die des Herzogs von Brabant, der von Belgien aus immer vehementer an den Rhein vorstieß. Beide Seiten scharten Verbündete um sich, so dass sich bald zwei Lager gegenüber standen: Auf der einen Seite der Kölner Erzbischof mit seinen Verbündeten, den Grafen von Geldern, Luxemburg, Nassau und Moers, auf der anderen Seite der Herzog von Brabant mit dem Grafen von Berg, von der Mark, Jülich und der Stadt Köln.

Im Juni 1288 kommt es zur großen Schlacht auf der Fühlinger Heide in der Nähe von Worringen. Dieser Tag besiegelte die Niederlage der Partei des Erzbischofs. Wieder einmal gerät ein Kölner Metropolit in Gefangenschaft, diesmal ist Schloss Burg an der Wupper sein Verließ.

kapitel 7

Die Zeit der Geschlechter

Während trotz des Krieges die Bauarbeiten am Dom kaum eingeschränkt wurden, musste Erzbischof Siegfried von Westerburg in seinem Verließ auf Schloss Burg ohnmächtig erleben, wie die Kölner ihn schikanierten, wo sie nur konnten. Sie enthielten ihm sogar seine rechtmäßigen Einkünfte aus der Stadt vor; so konnte er nicht einmal seine missliche Lage durch ein wenig Luxus versüßen, geschweige denn das enorme Lösegeld aufbringen, das der Graf von Berg für seine Freilassung forderte. Als er dann nach ungefähr einem Jahr doch noch seine Freiheit erhielt, musste er erkennen, dass er sowohl in seiner Rolle als mächtigster Fürst am Niederrhein als auch in seiner Funktion als Stadtherr in Köln ausgespielt hatte; ein harter Schlag für den stolzen Kirchenmann.

Verbittert steht der alte Herr nun vor der Stadtmauer und sehnt sich nach einem gemütlichen Abend vor dem Kamin in seinem Palast, da muss er auch schon den nächsten Schlag einstecken: Diese unverschämten Kölner wollen ihn nicht einmal mehr in seine Stadt lassen. Sie schlagen ihm das Tor vor der Nase zu. So bleibt ihm nichts anderes übrig, als zunächst auf eines seiner Güter in Brühl weiterzuziehen und später dann nach Bonn auszuweichen.

In den nächsten Jahrhunderten durften die Kölner Erzbischöfe die Stadt Köln nur noch mit der ausdrücklichen Erlaubnis der Bürger betreten, und jedes Mal mussten sie auch noch am Stadttor eine unwürdige Zeremonie über sich ergehen lassen – sie hatten nämlich die Rechte und Freiheiten der Bürger zu beschwören. Erzbischof Siegfried nahm dies den Kölnern Zeit seines Lebens übel. Erst sein Nachfolger war zu einem Ausgleich mit der Stadt und ihren Bürgern bereit. Aber der Streit zwischen Erzbischof und der Stadt war damit keineswegs beigelegt; es sollte auch in Zukunft noch hoch her gehen.

Wie war nun die Macht in dem vom Erzbischof befreiten Köln verteilt? Seit der Schlacht bei Worringen herrschten nahezu unumschränkt die Patrizier, eine Gruppe von etwa vierzig adligen und reichen kaufmännischen Familien. Diese sogenannten Geschlechter waren es ja schließlich gewesen, die den Kampf gegen den Erzbischof in erster Linie geführt hatten – das heißt, die den Kampf finanziert hatten und das Risiko trugen. Nun, da dieser besiegt war, nahmen sie wie selbstverständlich seine Position als Stadtherr ein. Sie saßen in den städtischen Gremien, dem Schöffenkollegium, der Richerzeche und dem immer wichtiger werdenden Stadtrat und lenkten die Geschicke der Stadt.

Hier liegt auch schon der Grund für den nächsten politischen Streit in Köln: Schöffenkollegium, Richerzeche und Rat hatten zwar unterschiedliche Funktionen innerhalb der Stadtregierung, aber weder waren ihre Kompetenzen genau abgegrenzt, noch ließen sich ihre Mitglieder eindeutig zuordnen; der Kölsche Klüngel tobte sich schon damals in der Stadtpolitik aus.

Dennoch, oder vielleicht gerade aufgrund dieses Klüngels, führten die Patrizier die Stadt auf immer neue Höhen, nicht nur in wirtschaftlicher und politischer Hinsicht.

Sie knüpften immer umfangreichere Handelsbeziehungen, sie häuften immer größeren Reichtum an, sie organisierten mit anderen Städten Verteidigungsbündnisse gegen das Raubritterunwesen, sie machten Köln zu einem der wichtigsten Stützpunkte für den Kaiser.

Und die Geschlechter waren es auch, die Köln zu einer der wichtigsten Hansestädte machten. Die Hanse war ein Städtebund mit dem Ziel, möglichst ungestört und einträglich Handel treiben zu können. Leider gab es aber immer wieder Leute, die der Hanse ihren Erfolg neideten und an ihrem einträglichen

Handel teilhaben wollten. Einer dieser Neider war König Waldemar von Dänemark, der es gewagt hatte, den Hansestädten die Vorherrschaft in der Ostsee nicht kampflos zu überlassen. Nun war man sich zwar in Lübeck und den anderen Hansestädten einig, auf Waldemars Herausforderung einzugehen, aber was genau unternommen werden sollte, darüber musste man noch reden. Zu diesem Zweck trafen sich die Vertreter der wichtigsten Hansestädte in Köln, denn hier gab es doch einen geeigneten und angemessenen Tagungsraum. Kurz zuvor war nämlich der Hansasaal im Rathaus fertig geworden. Zwar hieß der Raum damals noch nicht der »Hansasaal«, aber er sollte seinen Namen durch die jetzt stattfindende Versammlung erhalten. Auf jeden Fall kamen an einem grauen, nebligen Novembertag des Jahres 1367 in diesem eindrucksvollen Saal die Vertreter der wichtigsten Hansestädte zusammen, um über ihr weiteres Vorgehen im Fall Waldemar zu beraten. Eine Woche lang tagte man, dann war man sich einig: Zur Sicherung des freien Handels erklärte die Hanse dem Dänenkönig den Krieg. Nach drei Jahren kapitulierte Waldemar, die Hanse hatte die Vorherrschaft in der Ostsee errungen. Es lebe die freie Marktwirtschaft! Es lebe die Hanse!

Die Kölner, die ja nicht direkt an diesem Krieg beteiligt waren, beschränkten sich darauf, die Kriegsflotte der Hansestädte mitzufinanzieren, am Verlauf des Krieges mitzuverdienen und am Ausgang des Krieges mitzuprofitieren. Immer mehr Geld strömte nach Köln. Aber nicht nur die Bürgerschaft schmückte sich mit diesem Reichtum, indem sie sich ein repräsentatives Rathaus leistete und die Kaufherren ihre Häuser zu kleinen komfortablen Burgen ausbauten, auch das Heilige Köln wurde bedacht: Der Dom wurde jetzt unter der Patrizierherrschaft weitergebaut, ja die Pläne waren sogar imposanter und die Ausführungen kostspieliger als zuvor.

Ein Teil des Geldes floss auch in den Aufbau einer Universität. Im Heiligen Römischen Reich Deutscher Nation nördlich der Alpen gab es bisher nur drei Universitäten: in Prag, in Wien und in Heidelberg. Alle drei waren von den jeweiligen Landesfürsten gegründet worden. In Köln war alles ganz anders. Die Geschlechter fühlten sich stark genug, beim Papst um die Erlaubnis einer eigenen Universität anzufragen. Zwar gab es hier schon die sogenannten Generalstudien der Franziskaner und Dominikaner, aber eine Hochschule in städtischer Regie wäre doch etwas ganz Neues, noch nie Dagewesenes – also genau das Richtige für die stolzen Patrizier.

Und sie hatten tatsächlich Erfolg: Im Mai 1388 genehmigte der Papst der Stadt Köln, eine Universität nach dem Vorbild der Sorbonne in Paris zu gründen. Im folgenden Jahr am Dreikönigstag fand die festliche Eröffnung statt. Der päpstliche Privilegienbrief wurde feierlich verlesen, die Stadt verpflichtete sich zur Unterhaltung und zum Schutz der Hochschule, und die erste Vorlesung wurde gehalten. Das Thema dieser Vorlesung war die Bibelstelle Jesaja 60,1: »*Auf! Werde licht, Jerusalem! Siehe, es kommt dein Licht: die Herrlichkeit des Herrn ging strahlend auf über dir.*«

Schnell hatte die neue Universität eine ganze Reihe guter Professoren. Das hatte unter anderem zwei Gründe: Zum einen war in Heidelberg die Pest ausgebrochen und zahlreiche Dozenten und auch Studenten suchten hier in Köln Zuflucht. Zum andern gab es wieder einmal nicht nur einen Papst, sondern auch einen Gegenpapst. Auf die Seite des zweiten hatte sich die Pariser Sorbonne geschlagen, so dass alle Anhänger des regulär gewählten Papstes dort nicht mehr lehren konnten. Viele von ihnen wandten sich nach Köln.

Im Laufe der nächsten Jahrhunderte entwickelte sich die Kölner Uni zunächst zu einem angesehenen Zentrum der Scholastik, später jedoch zu einer immer konservativer werdenden Schule, deren Professoren auch noch stolz darauf waren, keine Neuerungen in die Lehre aufzunehmen. Spätestens im siebzehnten Jahrhundert war der einstmals gute Ruf restlos ruiniert, so dass die Franzosen sie dann ohne allzu großen Protest von Seiten der Stadt einfach schließen werden.

Aber so weit sind wir noch nicht. Zurück ins vierzehnte Jahrhundert! Auch wenn Köln einen unglaublichen Aufschwung nahm – wissenschaftlich und wirtschaftlich – gab es dennoch Leute, die mit der Art und Weise, wie die Stadt regiert wurde, nicht zufrieden waren. Und solcher Unmut wurde immer lauter von den Kaufleuten und Handwerkern geäußert, die durch die gute wirtschaftliche Entwicklung der Stadt zu einem gewissen Reichtum gelangt waren und nun auch an der Herrschaft teilhaben wollten. Hier taten sich besonders die einflussreichen Mitglieder der Weberzunft hervor.

Die Patrizier versuchten die aufgebrachten Gemüter zu beruhigen und spalteten den Stadtrat in einen sogenannten »engen« und einen »weiten« Rat auf. Der »enge Rat« blieb der politisch einflussreichere und war – wen wundert es – den Geschlechtern vorbehalten, während im »weiten Rat« nun auch Handwerker aufgenommen wurden. Aber auch diese Reform konnte die Unzufriedenen nicht lange aufhalten.

Die nun folgenden Ereignisse, die unter dem Namen »Weberaufstand« in die Geschichte eingingen, weisen die typischen Merkmale eines klassischen Theaterstücks auf: Nehmen Sie also Platz, verfolgen Sie das Geschehen auf der Bühne und urteilen Sie selbst, ob es sich um eine tragische Komödie oder eher um eine komische Tragödie handelt.

Vorhang auf zum ersten Akt! Eine Gruppe von Handwerkern, vorwiegend Weber, rottet sich zusammen und gibt lautstark ihren Unmut kund. Immer heftiger fordert sie eine Kontrolle der unübersichtlichen Verflechtungen von Schöffenkollegium, Rat und Richerzeche. Auf ihr Betreiben – und zwar erst auf ihr Betreiben hin – wird ein Patrizier hingerichtet, dem die Veruntreuung städtischer Gelder nachgewiesen wurde. Mit diesem zweifelhaften Erfolg gegen den patrizischen Filz begnügen sich die meisten Handwerker – nicht aber die Weber. Sie sind noch nicht zufrieden gestellt; sie misstrauen dem Rat wie eh und je.

Zu Pfingsten 1369 geht es weiter: Von ihrem Zunfthaus zieht ein Trupp Weber zum Rathaus hinüber und fordert die Hinrichtung eines Straßenräubers, dessen Prozess ihnen zu lange dauert. Nicht gerade die feine Art! Das finden zumindest die

Schöffen und lehnen einen vorzeitigen und übereilten Urteilsspruch ab. Doch solch hehren Widerstand werden sie nicht allzu lange leisten, denn als die Weber daraufhin mit der Stürmung des Gefängnisses drohen, geben die Schöffen den Angeklagten heraus. Nun verliert der arme Kerl seinen Kopf auch ohne Urteilsspruch.

Dieses war der erste Streich, doch der zweite folgt sogleich. Wieder ist Sonntag, wieder ziehen die Weber vor das Rathaus. Vom Erfolg der letzten Woche beflügelt, haben sie sich eine Reihe von Forderungen ausgedacht, die sie nun durchsetzen wollen.

Zunächst verlangen sie die Einkerkerung von drei städtischen Abgeordneten, die auf dem vergangenen Landfriedenstag in Aachen angeblich die Kölner Interessen nicht so vehement vertreten haben, wie sie es hätten tun sollen. Nach einer gewissen Überredungszeit begeben sich diese drei freiwillig in das Gefängnis. Danach fordern die Weber die Inhaftierung von acht Ratsmitgliedern – der Grund tut hier weiter nichts zur Sache – und auch diese begeben sich in ihre Zellen.

Weil sie gerade so schön in Fahrt sind, geht es nun Schlag auf Schlag weiter: Als nächstes geht es der Richerzeche an den Kragen: Sie wird aufgelöst und ihre Einkünfte eingezogen. Auch die Schöffen bleiben nicht ungeschoren: Sie werden von den Beratungen und Beschlüssen des Rates ausgeschlossen. Erst als all diese Forderungen der Weber angenommen sind, geben sie ihre Belagerung auf und die Ratsherren können nach Hause gehen. Damit haben die Weber zumindest eine gewisse Entflechtung des patrizischen Klüngels erreicht.

Ist es verwunderlich, dass der Stadtrat in der Folgezeit alles tat, was die Weber wollten? Sie besaßen nun die Mehrheit im Rat, zumindest im »weiten Rat«, und viele der anderen Zünfte waren mit dieser Entwicklung durchaus zufrieden, hatte man den selbstherrlichen Geschlechtern doch endlich die Stirn geboten. Die Zeit der Weberherrschaft war angebrochen.

Der dritte Akt bringt uns die Katastrophe. Das Bühnenbild kann weitgehend unverändert übernommen werden. Das politische Leben in Köln scheint sich nun auf der Straße vor dem

Rathaus abzuspielen. Die Weber haben es verstanden, sich sehr schnell unbeliebt zu machen – nicht nur bei den Patriziern und ihren Anhängern. Sehr schnell verfallen sie in den gleichen Hochmut, den sie zuvor den Geschlechtern vorgeworfen hatten. Da ist zunächst einmal die Sache mit der Weineinfuhrsteuer, die angeblich zur Deckung des Haushaltes unbedingt nötig sei. Von einer ähnlich gearteten Tuchsteuer, die die Weber getroffen hätte, ist natürlich nie die Rede. Auch die direkte Vermögenssteuer ist unter den Grundbesitzern nicht sehr beliebt.

Die Arroganz und politische Kurzsichtigkeit der Weber muss so gravierend gewesen sein, dass sich schon wenige Monate nach ihrem Aufstand gegen das Regiment der Patrizier eine Koalition gegen die Weberzunft bildete – aus eben diesen Patriziern und einem großen Teil der Handwerkerschaft.

Ob es überhaupt Versuche gab, den Konflikt politisch aus der Welt zu schaffen, oder ob solche Versuche nur erfolglos blieben, sei dahingestellt – jedenfalls waren die Weber wohl nicht willens, ihre neu gewonnene Macht wieder aufzugeben oder sie auch nur mit anderen zu teilen. Das Ergebnis ist wieder einmal eine regelrechte Schlacht innerhalb der Kölner Stadtmauern. Von dem Waidmarkt, wo *»eyn groiss slachtunge was«*, geht es *»up den Kriech mart* (auf den Griechenmarkt), *dae geschiede des gelychen«*. Die Niederlage der verhassten Weber ist blutig und vollständig. Viele Weber werden auf offener Straße erschlagen, die anderen samt ihren Familien aus der Stadt vertrieben und ihr Besitz beschlagnahmt.

Nach diesem Intermezzo ist wieder alles beim alten: Die Geschlechter regieren, und das gemeine Volk schaut ihnen dabei zu, wenn es dazu überhaupt Zeit und Lust hat.

Und nun zu etwas ganz anderem: Aus dem Osten über das Mittelmeer und Italien kamen nicht nur all die exotischen Kostbarkeiten, die der Orient zu bieten hatte; im Jahre 1349 kam etwas nach Köln, auf das die Bewohner gern verzichtet hätten: Wie überall in Deutschland und im übrigen Europa grassierte plötzlich die Pest. Viele Menschen starben innerhalb kürzester Zeit.

In diesem Punkt gab es keinen Unterschied zwischen arm und reich; alle mussten mit dem Schwarzen Tod rechnen.

Ihm fiel eines Tages auch Richmodis von der Aducht in ihrem Haus am Neumarkt zum Opfer, eine junge Frau aus der herrschenden Klasse der Patrizier. Wie in solchen Zeiten üblich, wurden die Leichen eiligst begraben; Richmodis auf dem Friedhof von St. Aposteln. Um sie zu ehren, hatte man sie mit ihrem Schmuck bestattet, was die Begehrlichkeiten der beiden Totengräber weckte, zwei armen Teufeln, die sich weiter wohl nichts dabei dachten, als sie sich des Nachts daran machten, das frische Grab wieder zu öffnen. Dass der Teufel selbst sie für dieses kleine Vergehen holen würde, hatten sie nicht geahnt. Als sie den Sarg aufstemmten und die darin Liegende plötzlich die Augen aufschlug und sich aufrichtete, glaubten sie nämlich, gerade diesen gesehen zu haben und machten sich schleunigst aus dem Staub.

Richmodis aber kümmerte sich nicht weiter um die entsetzt Davonstürzenden, stieg aus ihrem Grab, tastete sich über den stockfinsteren Neumarkt zu ihrem Haus – sie hatte es ja nicht weit – und klopfte an die massive Eingangstür. Nur langsam kam Leben in das Haus, und schließlich steckte ihr Mann seinen Kopf durch ein kleines Fenster im Treppenhaus und erkundigte sich, ziemlich ungehalten ob der nächtliche Ruhestörung, was denn da unten los sei. Richmodis erwiderte ihm, dass sie es sei, doch ihr Mann – Mengis war sein Name – hielt das ganze für einen schlechten Scherz, den sich hier jemand mit seiner Trauer machte. Eher würden seine beiden Pferde den engen Treppenturm hinauflaufen, als dass sie seine Richmodis sei. Das hätte er besser nicht sagen sollen, denn tatsächlich standen beide Pferde kurz darauf oben im Turm. Sie wissen ja, wie solche Geschichten ausgehen: Und wenn sie nicht gestorben sind …

Falls Sie die Geschichte für erfunden halten, was soll's! Wen interessiert schon, ob sie wahr ist oder nicht? Das ist auch gar nicht wichtig. Gehen Sie einmal zum Neumarkt und schauen Sie sich die beiden Pferdeköpfe am Richmodisturm an. Leider schweigen die Quellen darüber, wie die Tiere wieder vom Turm herunter gekommen sind.

Richmodis kleiner Spaziergang durch das nächtliche Köln gibt mir Gelegenheit, hier einmal einen kleinen Exkurs über das Kölner Nachtleben einzufügen. Ich befürchte nur, dass dieser Exkurs wirklich ziemlich klein bleiben wird; es gibt nämlich kein Nachtleben. Zumindest dann nicht, wenn wir dem Humanisten Hermann von den Busche glauben wollen, der seine Landsleute als *»besonnen, aufgeweckt, erfinderisch, fürsorglich, fleißig und arbeitsam«* beschreibt. Nach ihm ist das Volk *»maßvoll in seiner Lebensweise, sparsam und auf seinen Vorteil bedacht, es hält sein Geld zusammen und gibt es mit vollen Händen aus, wenn es die Klugheit gebietet«.*

Abgesehen davon, dass nach Sonnenuntergang die wichtigsten Straßen durch Ketten abgesperrt wurden – was einer Ausgangssperre gleichkam – waren die Straßen auch vollkommen dunkel, es sei denn, der Mond schien gerade. Nun wäre eine Straßenbeleuchtung zu dieser Zeit technisch durchaus möglich gewesen, aber der Rat hatte sie für Köln mit dem Argument untersagt, dass die *»gottgewollte Ordnung zerstört werde, die dem Tage das Licht, der Nacht aber die Dunkelheit«* zugedacht habe. Zu einem kleinen Entgegenkommen war die Stadt jedoch bereit; sie beschäftigte sogenannte Leuchtmänner, die die Menschen gegen Bezahlung mit Laternen durch die dunklen Straßen führten.

Nun ist das Urteil des Hermann von den Busche, der wie viele Gelehrte seiner Zeit seinen Namen gern latinisierte und sich Hermann Buschius nannte, viel zu positiv, als dass wir es ungeprüft übernehmen könnten. Andere Zeitgenossen wie der Konstanzer Buchhändler Johann Haselberg oder der Kölner Ratsherr Hermann von Weinsberg kommen durchaus zu anderen Urteilen. Auch der Historiker Leonard Ennen aus dem neunzehnten Jahrhundert schreibt: *»Leichtsinn, Bosheit und Gottvergessenheit machten sich breit. Der Sinn des Volkes stand stark auf Lust und Lebensgenuss. Die Zahl der Schenken und Badstuben, in denen Tag und Nacht das lockere Leben, der Sinnentaumel und die Zügellosigkeit wüste Genossen fand, stieg von Tag zu Tag.«*

Wahrscheinlich liegt Ennen näher an der Wahrheit als Hermann Buschius. Schon Zeitgenossen zählten allein am Rheinufer zweiundvierzig Kneipen mit Wein- und Bierausschank.

Eine Gruppe, die dort, oder in den anderen Wirtshäusern der Stadt, herumlungerte, waren die Handwerksgesellen; sie hatten es sich angewöhnt, nach einem langen Wochenende den Montag blau zu machen, um sich so vom anstrengenden Nachtleben auszuruhen. Neben den Gesellen taten sich besonders die Mönche bei Wirtshausschlägereien hervor. Auch bei Razzien in Badestuben und Bordellen wurden sie öfters erwischt.

Das Rotlichtviertel befand sich damals auf dem Berlich, vom Rat der Stadt nicht nur geduldet, sondern unter seiner Schirmherrschaft stehend. Über den Bordellen prangte das Stadtwappen, und der Gewinn aus dem *Schanthaus* floss zum Teil in die Stadtkasse.

Aber nicht nur auf dem Berlich waren *lijchte und undoechtige Dyrnen* anzutreffen, die als eine Art Berufsabzeichen ein rotes Kopftuch tragen mussten; sie machten sich überall in der Stadt breit, so dass die Leiter der Gymnasien – Bursen hießen sie damals – sich über diese *gemeynen Frauwen* beschwerten, da sie die Schüler vom Lernen abhalten würden. Die Schüler hatten offenbar weniger dagegen, auf diese Art abgelenkt zu werden, später zählten sie als Studenten oder gar als Professoren der Universität zu den bevorzugten Kunden der Bordelle. Den Studenten – ein bunter Haufen aus nahezu ganz Europa – wurde ohnehin ein loser Lebenswandel nachgesagt. In Köln sah sich der Rat mehrmals genötigt, gegen das studentische Baden im Rhein einzuschreiten, weil dabei die Regeln des Anstandes massiv verletzt würden.

Als das leichte Leben in Köln nach Meinung der Ratsherren ausuferte, versuchten sie dagegen zu steuern. Als erstes sollten die Auswärtigen an die Leine genommen werden: »*Da viele Leute, Manns- und Frauenpersonen, aus welschen, deutschen und anderen Ländern, ferner Pflastertreter und Lediggänger hier in dieser Stadt auf Geilerei und Faulenzerei ledig gehen, die noch gesund sind und arbeiten können, so gebieten die Herren vom Rat, dass solche gesunden Leute innerhalb von drei Tagen sich zur Arbeit stellen – Wer von ihnen solches nicht tut, soll aus der Stadt gejagt werden.*«

Ob diese Verordnung von durchschlagendem Erfolg war, darf mit Recht bezweifelt werden. Auf jeden Fall wurde Köln dadurch nicht tugendhafter.

Jetzt aber zurück zur Pest. In den allermeisten Fällen gab es, anders als im Fall Richmodis, nach einer Ansteckung mit der Pest kein happy end. Auf dem Höhepunkt der Epidemie – wenn man in diesem Zusammenhang nicht von einem Tiefpunkt reden sollte – forderte der Schwarze Tod täglich mehr als hundert Opfer in Köln. Viele sahen in ihm eine Geißelung Gottes für den eigenen unmoralischen und unchristlichen Lebenswandel. (Übrigens kein antiquierter Gedanke; mit dem Aufkommen von Aids in den achtziger Jahren unseres Jahrhunderts tauchten ähnliche Vorstellungen wieder auf. Jetzt bezogen sie sich aber nicht auf den eigenen Lebenswandel.)

Solche Menschen trachteten danach, Buße zu tun, und zogen als Flagellanten durch die Stadt und das Land, sich ständig mit Peitschen schlagend, um so der Strafe Gottes zu entgehen.

Andere wiederum suchten die Schuld für die Seuche nicht bei sich oder den Umständen, sondern sie suchten und fanden ihre Sündenböcke in den Juden. Schnell verbreitete sich das Gerücht von der Brunnenvergiftung durch die Juden. Die Frage nach dem Motiv für eine solche Tat stellten sich wohl die wenigsten. Und da man gerade schon dabei war, gab man den Juden auch gleich noch die Schuld an Missernten, Erdbeben und Preissteigerungen.

In dieser aufgeheizten und aggressiven Atmosphäre kam es wieder einmal zu einem Massaker. Es war die Bartholomäusnacht des Jahres 1349. Viele Juden wurden auf offener Straße niedergemetzelt, andere fielen dem Brand zum Opfer, der auf einmal im Judenviertel ausbrach. Auch das Rathaus, das direkt neben dem jüdischen Gettho lag, wurde durch ihn beschädigt, vielleicht sogar ganz zerstört. Nur wenige Juden konnten entkommen. Erzbischof Walram von Jülich, dessen Aufgabe eigentlich der Judenschutz gewesen wäre, hielt sich zum Zeitpunkt der Hetzjagd in Paris auf, um, wie er sagte, der armen Diözese die Kosten seiner Hofhaltung zu ersparen.

Erst zwanzig Jahre später trauten sich die ersten Juden wieder zögernd nach Köln, allerdings nur einige wenige Familien. Und sie wurden nicht etwa mit offenen Armen empfangen; sie mussten zunächst einmal eine Art Aufnahmegebühr bezahlen, des Weiteren jedes Jahr eine Abgabe entrichten, die vom Rat jährlich neu festgelegt wurde. Nein, beliebt waren die Juden nicht, und man schämte sich dafür auch nicht, man duldete sie nur, weil man sie brauchte, besonders die finanzkräftigeren unter ihnen, die man auf jede nur erdenkliche Art und Weise zur Ader ließ.

Noch eine Randbemerkung zu diesem Thema: Die Flagellanten wurden von der Kirche zu Ketzern erklärt und verfolgt, die am Massaker gegen die Juden Beteiligten brauchten mit keiner Strafe zu rechnen. – Stop! Das stimmt nicht ganz. – Der Erzbischof und der Rat der Stadt Köln hatten sich nämlich darauf geeinigt, dass das jetzt herrenlose Vermögen der Juden je zur Hälfte unter ihnen aufgeteilt werden sollte. Jedem, der sich an den Plünderungen beteiligt hatte und seine Beute nun nicht herausgab – die Betonung liegt auf der Herausgabe des Plünderungsgutes, nicht auf der Beteiligung an den Morden –, wurde mit der Todesstrafe gedroht. Soviel dazu.

Nur ungefähr zwei Generationen später, im Herbst 1424, werden endgültig alle Juden aus Köln vertrieben. Der Rat verweigerte ihnen schlichtweg *up ewige tzyden* den Aufenthalt in Köln. In seinem Rechtfertigungsschreiben an den damaligen Kaiser Sigismund war der Rat sich nicht zu schade, wieder die Anschuldigung der Brunnenvergiftung zu erheben, diesmal ergänzt mit der Behauptung, die Juden hätten versucht, Christen zum hebräischen Glauben zu bekehren. Außerdem sagte er ihnen Verbindung zu den böhmischen Hussiten nach, mit denen sich der Kaiser gerade herumschlug.

Fast vierhundert Jahre lang war daraufhin den Juden der Aufenthalt in der Stadt Köln verboten. Viele der Vertriebenen, immer noch unter dem oft zweifelhaften Schutz des Erzbischofs stehend, siedelten sich in Deutz an, wo im Laufe der Jahre eine ansehnliche jüdische Gemeinde entstand. Für einen Besuch in der Stadt brauchten sie fortan eine Sondergenehmigung und mussten darüber hinaus noch einen sogenannten Leibzoll zahlen, eine Abgabe, die sonst nur für Vieh Gültigkeit hatte.

Dass Juden des öfteren noch über den Rhein nach Köln kamen, dafür sorgten die Kölner selbst. Zwar wollten sie sie nicht mehr in ihren Mauern wohnen lassen, aber auf ihre ärztlichen Fähigkeiten wollte und konnte man doch nicht ganz verzichten. So kam es manchmal vor, dass ein wohlhabender Kölner seinen jüdischen Arzt aus Deutz kommen ließ, der sich dann ein Visum besorgen musste und in Köln nur in Begleitung eines Stadtdieners seiner Tätigkeit nachgehen durfte.

Kaum waren die Juden endgültig fort, ließen die Kölner deren Synagoge, die direkt an das Rathaus anstieß, niederreißen und dort die neue, noch heute stehende Rathauslaube errichten, ganz im Stil der gerade modernen Renaissance.

Wir haben im vorigen Kapitel gesehen, wie sich Köln zu einem Touristenzentrum entwickelte. Als Tourist kam auch ein liebeswunder italienischer Dichter nach Köln, um hier seinen Liebesschmerz zu vergessen. Tatsächlich tat er eher alles, um diesen Schmerz möglichst lange genießen zu können, aber das geht nur ihn etwas an. Uns interessiert seine Sicht von Köln, kam der Dichter – von Francesco Petrarca ist hier die Rede – doch aus den großen und berühmten oberitalienischen Städten. Um es kurz zu machen, Petrarca ist des Lobes voll. »*Man ist erstaunt, in diesem Barbarenland eine derart städtische Bildung anzutreffen. Welch ein Stadtbild, welche Würde bei den Männern, welche Anmut bei den Frauen!*« Er bewundert den »*wunderschönen, obgleich unvollendeten Dom*«, die noch zahlreichen Reste der antiken Gebäude und die Reliquien der heiligen drei Könige als auch Ursulas und ihrer elftausend Jungfrauen.

Besonders im Vergleich mit seiner italienischen Heimat kommt Köln gut weg: »*Während dort* (in Rom) *der Senat über Krieg und Frieden entscheidet – hier schöne Jünglinge und Jungfrauen Tag und Nacht dem Herrn in immerwährender Eintracht Loblieder singen. Bei uns ist Waffengeräusch und Seufzer der Gefangenen, hier Ruhe und Frieden und frohes Scherzen; dort ein kriegerischer, hier ein friedlicher Triumph.*« Petrarca hatte wohl einen außerordentlich glücklichen Zeitpunkt für seine Reise gewählt, denn dass der von ihm geschilderte Zustand nicht der Normalzustand in Köln war, ist uns bei der bisherigen Lektüre dieses Buches klar geworden. Und in der weiteren Zukunft sieht es auch nicht besser aus.

Ausführlich berichtet Petrarca von einem Erlebnis, das ihn wohl ziemlich fesselte. Am Johannistag war es in Köln Brauch, sich im Rhein zu waschen, da die Reinigung an diesem Tage all das Unheil des kommenden Jahres mit hinwegwaschen würde. Besonders die Frauen schienen sich dieser Sitte zu unterwerfen und Petrarca beobachtete sie dabei: »*Das ganze Ufer war nämlich von einer wunderschönen riesigen Prozession von Frauen eingenommen. Wie war ich erstaunt! Gute Götter, welch eine Schönheit! Welch ein Anstand! Hier müsste sich jeder verlieben können, dessen Herz noch frei ist.*«

Das ist doch einmal ein versöhnlicher Schluss für dieses Kapitel.

kapitel 8

Die Handwerker an der Macht

Nach dem Ende der Webertyrannei – der Dom nahm langsam Gestalt an – kam Köln für kurze Zeit zur Ruhe. Aber es war eine trügerische Ruhe, denn mit der Wiedererrichtung der reaktionären Geschlechterherrschaft war der grundlegende Konflikt zwischen den Patriziern und den politisch einflusslosen Kaufleuten und Handwerkern ja nicht beseitigt.

Wie zu dieser Zeit allgemein üblich, war die Handwerkerschaft in Zünften organisiert. Diese Zünfte waren gleichzeitig Kontrollbehörde, Sozialversicherung, Freizeitverein und noch einiges mehr: Sie kontrollierten den Herstellungsprozess und Handel mit den Handwerksgütern, sie regelten Ausbildung, Arbeitszeiten und Lohnhöhe, sie legten Menge und Qualität der Erzeugnisse fest, sie kümmerten sich im Todesfall um die Hinterbliebenen und verschafften ihnen ein, wenn auch bescheidenes, Auskommen, und zu festlichen Anlässen traten die Zünfte geschlossen auf. Abends traf man sich, um gemeinsam ein Bier zu trinken und über Gott und die Welt zu plaudern. Aus diesem geselligen Beisammensein entwickelten sich im Laufe der Zeit die sogenannten Gaffeln.

In ihrer Entwicklung standen jedoch nicht die Handwerker an der Spitze, sondern die Kaufleute, das heißt die nicht patrizischen Kaufleute. Sie trafen sich hin und wieder zu Geschäftsessen, bis sich regelmäßige Tischgesellschaften bildeten, die sich Gaffeln nannten. Ob der Name sich von der großen Tranchiergabel ableitet, mit der sich die einzelnen Mitglieder bei Tisch bedienten, sei dahingestellt. Geredet wurde natürlich meistens über Politik – und so wurden aus diesen geselligen Runden immer häufiger politische Debattierclubs, die sich später sogar als politische Interessenvertretungen verstanden.

Was die Kaufleute vorgemacht hatten, übernahmen die Handwerker sehr bald, und so entstanden neben den Zünften, die ja vom Rat der Stadt kontrolliert wurden, die Gaffeln – oder wie sie am Anfang auch noch genannt wurden: die Ämter. Mit diesen immer selbstbewusster auftretenden Gaffeln mussten sich nun die Patrizier auseinandersetzen.

Die Geschlechter hatten es aber nicht nur mit den politischen Sprachrohren der Zünfte und Kaufmannsgesellschaften zu tun, zunächst einmal waren sie mit sich selbst beschäftigt. Unter ihnen herrschte nämlich keine Einigkeit. Es bildeten sich zwei Fraktionen, die der »Greifen« und die der »Freunde«. Die »Greifen« wollten die Macht der Richerzeche und des Schöffenkollegiums einschränken und den Einfluss des weiten Rates steigern, während die anderen als »Freunde« des engen Rat auftraten. Mit heutigen Begriffen könnte man die Greifen vielleicht als links und die Freunde als rechts einordnen, besser jedoch als konservativ und reaktionär.

Zunächst konnten sich die Greifen durchsetzen. Die Richerzeche wurde endgültig aufgelöst und vier Jahre später versank auch das Schöffenkollegium in Bedeutungslosigkeit. Aber dann ging ihr Anführer Hilger Quarttermart von der Stessen einen Schritt zu weit: Im Januar 1396 berief der maßlos ehrgeizige Hilger den weiten Rat ein, ohne den engen Rat zu konsultieren. Das bedeutete einen offenen Affront gegen die Freunde. Diese wehrten sich, indem sie die willkürlich anberaumte Sitzung des weiten Rates sprengten und alle Greifen, derer sie habhaft werden konnten, gefangennahmen. Viele Greifen wurden zu lebenslänglichen Freiheitsstrafen verurteilt; sieben wurden im Bayenturm in Holz und Eisen geschmiedet, sechs *»ihr Leben lang unten im Turmverließ von St. Kunibert zusammen an eisernen und in einen Stein gegossenen Ketten mit eisernen Fesseln an den Beinen«* eingekerkert.

Wie tief der Riss zwischen den beiden patrizischen Parteien war, zeigt die Anordnung, dass künftig kein Ratsherr sich für die

Verurteilten einsetzen dürfe, anderenfalls drohte ihm die Turmhaft. Hilger Quarttermart konnte sich gerade noch durch Flucht nach Siegen seiner Gefangennahme entziehen; die Freunde erreichten sogar die Verhängung der Reichsacht über ihn beim deutschen König Wenzel.

Nun trat Konstantin von Lyskirchen, der Chef der Freunde, an die Spitze der Stadtregierung. Konstantin war bei den Handwerkern alles andere als beliebt; in welchen Quellen man auch nachschaut, überall wird er als hochfahrender, arroganter Choleriker beschrieben.

Die Atmosphäre in der Stadt war explosiv. Was hatten die Handwerker und Kaufleute von der neuen Regierung zu erwarten? Ließen die »Freunde« und Konstantin mit sich reden oder waren sie ähnlich autoritär wie die geschlagenen Greifen? Genügend Gesprächsstoff also für die Gaffeln. Und was man von Konstantin zu erwarten hatte, wurde auch sehr bald nur allzu klar.

Am Abend des 18. Juni 1396, es war ein Sonntag, diskutierten wieder einmal die Gaffeln und Ämter die neue Lage, als eben jener Konstantin von Lyskirchen hoch zu Ross in voller Rüstung vor ihnen erschien, ihre Versammlung auflöste und sie wie kleine Kinder schlafen schickte. Sie würden schon schlafen gehen, wenn sie die Zeit für gekommen hielten, wurde ihm geantwortet. Die Reaktion des Cholerikers können Sie sich vielleicht ausmalen, aber die Zünfte blieben bei ihrer Antwort. Konstantin musste abziehen, ohne etwas erreicht zu haben. Ganz im Gegenteil: Jetzt nämlich wurden die Handwerker aktiv, sie schlichen dem davon reitenden Patrizier nach, warfen ihn vom Pferd und setzten ihn gefangen. Daraufhin bemächtigten sie sich in seinem Haus des Stadtbanners (was das Stadtbanner in der Privatwohnung Konstantins zu suchen hatte, ist nicht ganz ersichtlich) und zogen zum Versammlungshaus der »Freunde«, wo sie die dort Anwesenden verhafteten. Das war's! Das war die Revolution! Damit endete die Herrschaft der Geschlechter und die der Handwerker und Kaufleute begann.

Bevor wir uns mit dem neuen Regime auseinandersetzen, lassen Sie mich noch ganz kurz den weiteren Lebensweg der beiden Kontrahenten Hilger und Konstantin verfolgen. Nachdem sowohl der Erzbischof als auch der König die neue Kölner Regierung anerkannt hatten und sie keine Anstalten machte, die verhängte Acht gegen Hilger aufzuheben, beteiligte der sich an einer Konspiration, um seine verlorene Macht auf gewaltsame Weise wieder zu erlangen. Eineinhalb Jahre nach dem Umsturz kam er ohne Begleitung verkleidet in die Stadt, wurde aber trotzdem erkannt und im Schaafentor eingesperrt. Sein Prozess endet mit dem Todesurteil und am 26. Januar 1398 wurde Hilger Quarttermart von der Stessen auf einem Kohlenwagen zur Hinrichtungsstätte gekarrt und dort enthauptet.

Konstantin von Lyskirchen auf der anderen Seite hatte ein weniger tragisches Schicksal: Er wurde trotz seiner Inhaftierung während des Umsturzes der erste Bürgermeister der neuen Stadtregierung. Offenbar hatte er neben seinem Jähzorn noch andere, flexiblere Charaktereigenschaften.

Was taten nun die Handwerker und Kaufleute mit ihrer neuerworbenen Macht? Als erstes ließen sie eine Verfassung ausarbeiten. Am 14. September 1396 wurde dann der sogenannte »Verbundbrief« verkündet. Danach wurde die gesamte Bürgerschaft in zweiundzwanzig Gaffeln eingeteilt, die, ähnlich wie die Zünfte, nach Berufsgruppen gegliedert waren. Die größeren Berufsgruppen hatten jeweils eine eigene Gaffel, wie zum Beispiel die Wollenweber, die Schmiede und die Brauer. Kleinere, verwandte Zünfte wurden zu einer Gaffel zusammengeschlossen, wobei es aber auch hin und wieder zum Streit kam, wenn eine Berufsgruppe nicht mit einer anderen in einer Gaffel vereint sein wollte.

Aus diesen Gaffeln wurde der neue Rat beschickt, der nun nicht mehr in einen engen und einen weiten Rat unterteilt war. Der neue Rat bestand aus 49 Mitgliedern, 36 davon wurden von den Gaffeln gestellt. Nicht jede Gaffel stellte die gleiche Anzahl Abgeordneter, die Wollenweber als die größte stellten vier, die anderen schickten je nach Größe entweder zwei oder gar nur einen Mann in den Rat. Die noch fehlenden dreizehn Mitglieder des Rates wurden von den Vertretern der Gaffeln aus der übrigen Bürgerschaft hinzugewählt.

Um den Rat kontrollieren zu können, wurde ihm eine Aufsichtsgruppe an die Seite gestellt, die »Vierundvierziger«, wie sie genannt wurden. Zu diesen »Vierundvierzigern« gehörten je zwei Vertreter aus jeder Gaffel, die bei allen wichtigen Angelegenheiten zu den Ratssitzungen hinzugezogen werden mussten. Mit den wichtigen Angelegenheiten war die Außenpolitik gemeint und natürlich jede größere Ausgabe aus der Stadtkasse.

An die Spitze der Stadtregierung traten zwei Bürgermeister, die vom Rat gewählt wurden. All diese neuen Ämter – Ratsherren, Vierundvierziger und Bürgermeister – wurden jeweils auf ein Jahr gewählt, und die aus dem Amt Scheidenden konnten erst nach zwei Jahren erneut gewählt werden.

Eine der wichtigsten Aufgaben, vor die sich der neue Rat gestellt sah, war das Erreichte zu sichern; nicht so sehr nach innen, sondern viel eher nach außen. Zunächst gelang es, den deutschen König Wenzel von den neuen Verhältnissen zu überzeugen und sie sich von ihm bestätigen zu lassen. Dass diese Amtshandlung mit elftausend Gulden vergütet wurde, trug bestimmt zu der wohlwollenden Haltung des Königs bei. Auch der Erzbischof – Friedrich von Saarwerden hatte das Amt in diesen Jahren inne – stimmte der neuen Verfassung zu, schließlich war er ja immer noch offiziell das Stadtoberhaupt und ganz übergehen konnte man ihn deshalb nicht. Seine Einwilligung kostete jedoch nur achttausend Gulden.

Manchmal wird der Verbundbrief als die erste demokratische Verfassung Kölns angesehen. Das ist natürlich Unsinn – zumindest wenn wir unser heutiges Demokratieverständnis zugrunde legen. Zwar konnte jedes Gaffelmitglied in den Rat gewählt werden und auch Bürgermeister werden (die Wahl in den Rat musste sogar unter Strafandrohung angenommen werden), aber fragwürdig wird die ganze Sache, wenn wir uns anschauen, wer nicht Mitglied einer Gaffel, und damit vom politischen Leben von vornherein ausgeschlossen war.

Da sind zunächst einmal die Frauen, auch wenn es in Köln einige kleine Frauenzünfte wie die Seidmacherinnen gab. Weiter können keine Personen unehelicher Geburt Gaffelmitglieder werden, keine Nichtfreien, Leibeigene, keine Bettler – und davon gab es eine ganze Menge –, keine aus der kirchlichen Gemeinschaft Ausgeschlossenen und keine Nichteingesessenen, also die Immigranten. Die gesamte städtische Unterschicht war nicht an der Stadtpolitik beteiligt. Ebenfalls ausgeschlossen waren alle Angehörige sogenannter unehrlicher Berufe wie zum Beispiel Henker, Abdecker, Totengräber, Zöllner, aber auch Wucherer und sogar die Ehebrecher – natürlich nur die ertappten.

Hinzu kommt die große Zahl der Bauern, die innerhalb der Stadtmauern ihre Felder bewirtschafteten. Zwar gab es fünf sogenannte Bauernbänke – die Vertretung der Bauern beim Stadtrat – die zur Erledigung bestimmter Aufgaben im Bedarfsfall herangezogen wurden, aber die gleiche Stellung wie die Gaffeln nahmen sie nicht ein. Von den etwa vierzigtausend Einwohnern Kölns waren nur ungefähr sechstausend Gaffelgenossen und damit mit allen politischen Rechten ausgestattete Vollbürger.

Obwohl der Verbundbrief selbstverständlich versuchte, die Kaufleute und Handwerker nicht nur an der Macht zu beteiligen, sondern ihnen auch ein Übergewicht in der Herrschaftsstruktur der Stadt zuzuschreiben, konnte er nicht verhindern, dass schon bald wieder die Patrizier, die ja jetzt auch Mitglieder der Gaffeln waren, über diese wieder in den Rat und zu einflussreichen Stellungen gelangten. Denn natürlich schickten die Gaffeln meistens ihre einflussreichsten und auch wohlhabendsten Mitglieder in den Rat. Dass Konstantin von Lyskirchen zu den ersten Bürgermeistern der neuen Regierung gehörte, unterstreicht, wie schnell sich zumindest einige Patrizier den veränderten Verhältnissen angepasst hatten.

Aber egal ob nun Patrizier oder Handwerker und Kaufleute, die neuen Ratsherren schotteten sich möglichst dicht von den gewöhnlichen Kölnern ab. Da ja im Verbundbrief festgelegt war, dass alle Ratsherren nach einem Jahr aus ihrem Amt scheiden mussten und frühestens nach zwei Jahren wieder gewählt werden durften, hielt man sich an diese Regelung und wählte tatsächlich alle drei Jahre die gleichen Mitglieder wieder in den Rat, so dass drei Gruppen von Ratsherren in einem dreijährigen Wechsel jeweils die Regierungsgeschäfte übernahmen. So entstand eine Führungsclique, die mehr und mehr den Kontakt zu den einfachen Leuten verlor – wenn sie ihn denn je gehabt hatte.

Dass diese neue Führungsschicht, die ja zumindest teilweise die alte war, wiederum Unmut erzeugte, ist nur allzu verständlich; besonders, da die Finanzpolitik dieser Regierung ziemlich einseitig war. Köln war zwar, was Wirtschaft und Handel anging, immer noch allen anderen Städten im Reich voraus, dennoch hatte es sehr unter den häufigen Querelen und Kriegen dieser Zeit zu leiden. In den diversen Kriegskassen verschwanden ungeheure Summen; Veruntreuungen und eine immense Misswirtschaft sorgten ebenfalls für leere Kassen. Der Rat versuchte nun, die städtischen Finanzen durch die Erhöhung der Verbrauchssteuern zum Beispiel auf Wein, Bier, Fleisch und Brot zu sanieren. Eine Methode, die natürlich zunächst einmal die kleinen Leute zur Kasse bat. Immer heftiger wurde der Vorwurf, dass die Reichen sich nicht an der Beseitigung der Finanzmisere beteiligten, bis er schließlich 1481 in einem Aufstand gipfelte. Noch konnte der Rat diese Rebellion niederschlagen, die Anführer wurden wie üblich hingerichtet, viele andere aus der Stadt verbannt.

Nur eine Generation später musste sich die herrschende Clique noch einmal der beständig wachsenden Kritik stellen. Wieder tobte ein Aufstand in Köln – die Steinmetzen glaubten die Ungerechtigkeiten nicht mehr ertragen zu können, sie prangerten die Missstände öffentlich an und sofort schlossen sich ihnen weitere Zünfte an. Die aufgebrachte Menge wollte es nicht beim verbalen Protest belassen; sie besetzte die Stadttore und das Zeughaus, in dem unter anderem die städtischen Waffen lagerten. Danach wurden die Ratsherren nach Hause geschickt und eine Gruppe von 178 Vertrauensleuten bestellt, die die Stadt zukünftig regieren sollte. Die beiden Bürgermeister wurden ohne viel Federlesen enthauptet. Statt, wie üblich, den Leuten auf Melaten den Kopf abzuschlagen, mussten sich die beiden Stadtoberhäupter, und mit ihnen noch acht weitere Delinquenten, wegen des zu erwartenden Schauspiels – schließlich ging es hier der creme de la creme an den Kragen – auf dem Heumarkt dem städtischen Henker beugen. Diese Hinrichtung hatte ihren ganz speziellen Unterhaltungswert.

Die neue Regierung erarbeitete sofort Bestimmungen, die die Rechte und Einflussmöglichkeiten der Bürger und die persönlichen Freiheitsrechte des Einzelnen sicherstellten. Sie wurden im »Transfixbrief« schriftlich festgehalten. Mit dem »Verbundbrief« blieb der »Transfixbrief« die gültige Kölner Verfassung bis in die Franzosenzeit, etwa dreihundert Jahre später.

Wie schon erwähnt, war Köln damals immer noch die erste unter den deutschen Städten. An die vierzigtausend Einwohner reichte keine andere Stadt heran. Natürlich war Köln eine lebhafte Stadt. Der Hafen kochte über vor Geschäftigkeit: Schiffe wurden ausgeladen, umgeladen, Waren wurden gestapelt, transportiert, kontrolliert, verkauft, mit Sicherheit auch gestohlen, am Fiskus vorbei geschmuggelt; Menschen schrien, keuchten unter schweren Lasten, überprüften Frachtpapiere, lungerten herum und bettelten.

Da ist zum Beispiel dieses Schiff mit seiner Weinladung, das, gerade aus dem Elsass kommend, festgemacht hat. Wein ist für Köln das wichtigste Handelsgut und die Weinsteuer die größte Einnahmequelle der Stadt. Noch bevor die Fässer mit ihrem kostbaren und manchmal auch nicht ganz so kostbaren Inhalt entladen werden können, kommen schon ein paar städtische Röder an Bord; sie zählen die Fässer und errechnen die Menge des angelandeten Weins. Diese Zahlen werden mit einem heißen Eisen auf die Fässer gebrannt. Erst danach darf mit dem Löschen der Ladung begonnen werden. Mit Kränen, die durch Menschen in einem Laufrad angetrieben werden, wird Fass auf Fass aus dem Schiffsbauch auf den Kai gehievt, auf Ochsenkarren verladen und zur Salzgassenpforte befördert, wo der Weinakzisemeister seinen Amtssitz hat. Jeder Schluck Wein, der in die Stadt eingeführt werden soll, muss dieses Tor passieren, damit kein Steuergroschen dem Stadtsäckel entgeht. Hier an der

Salzgassenpforte muss der Handelsherr nun, entsprechend der aufgebrannten Zahlen, seinen Obolus entrichten. Wahrscheinlich wird er sich dabei mehr oder weniger laut über den Klerus beklagen, der für seine eigenen Weinimporte von jeder Steuer befreit ist, denn unserem Kaufmann ist natürlich nicht entgangen, dass diese dreisten Pfaffen ihren Wein nicht nur bei der Heiligen Messe verwenden, sondern ihn auch weiterverkaufen und auf ihm diese Weise erhebliche Konkurrenz machen. Aber auch der Akzisemeister kann das Lamento nur beipflichtend über sich ergehen lassen; wie gern würde die Stadt auch vom kirchlichen Wein ihren Anteil abschöpfen, aber den gewitzten Klerikern ist einfach nicht beizukommen. Nicht, dass die Stadt es nicht versucht hätte, sie ist aber dabei bisher immer kläglich gescheitert.

Während unser Kaufmann nun den Wein in seine Lagerräume verfrachtet, dankt er innerlich Gott, dass der es heute nicht regnen lässt, denn dann wäre das Vorwärtskommen auf diesen ungepflasterten Gassen die reine Plackerei. Und was dann alles an einem vorbei geschwemmt wurde – da sollte man lieber nicht genauer hinschauen. Wie oft hatte er sich im Rat schon dafür eingesetzt, dass die Leute nicht mehr all ihren Müll gedankenlos auf die Straßen kippen, aber er brauchte sich ja nur in den engen Gassen umzusehen, um zu erkennen, dass es bisher nichts genutzt hat.

Auf der anderen Seite ist der katastrophale Zustand der Wasserversorgung – seit der Frankenzeit hatte sich hier nichts Nennenswertes getan – nicht sein Problem. Von dem schlechten Wasser profitiert er sogar, denn es zwingt die Menschen zu den Mahlzeiten Wein und Bier zu trinken, das Wasser ist ungenießbar. Aber auch der Wein ist oft von so schlechter Qualität – die Kölner nannten ihn spöttisch den *»soore Hungk«* (den sauren Hund) – dass die Leute immer öfter Bier trinken. Das stört unseren Handelsherren, weil es seinen Gewinn schmälert. Aber er selbst genehmigt sich selbst und seiner Familie zum Essen ja nicht dieses saure Gesöff, das er seinen Kunden andreht.

Und nun noch ein kleines Ereignis am Ende dieses Kapitels: Heute wird Köln so oft als tolerante Stadt gegenüber Schwulen gerühmt (oder auch geschmäht – je nach Standpunkt). Wie weit selbst diese Tradition zurückreicht, zeigt ein Vorfall aus dem Jahre 1484: Der Kölner Rat beauftragte in diesem Jahr einen Untersuchungsausschuss – ja, auch so etwas gab es damals schon – Recherchen darüber anzustellen, ob an dem Gerücht etwas Wahres sei, dass einige Kölner *»mit der unsprechlichen stummen sunden befleckt sullen syn«*. Es sollte den Homosexuellen an den Kragen gehen. Als sich aber herausstellte, dass auch Ratsherren, zumindest einer, in solche Affären verwickelt waren, wurden die Nachforschungen mit der Begründung eingestellt, dass *»junge Gesellen«* nicht auf falsche Gedanken gebracht werden sollen. Ob das ein frühes Beispiel für eine wünschenswerte Toleranz im Umgang mit Andersdenkenden ist, beurteilen Sie bitte selbst.

Hier kamen sie also noch einmal davon. Aber wie verunsichert die spätmittelalterliche Gesellschaft in Köln – und nicht nur hier – war, zeigt, mit welcher Rigorosität sie mit allen Randgruppen umging, mit allem, was nicht normal war, was nicht gut und richtig war. Judenpogrome, Verfolgung Andersgläubiger, die Hexenverbrennungen oder auch nur das alltägliche Herabsetzen und Ausstoßen der Bettler, des fahrenden Volkes oder der aus Not in die Kleinkriminalität Geratenen, oder wie in diesem Fall die Diskriminierung der Schwulen – überall das gleiche Bild. Leider ist das ein Phänomen, das nicht nur auf das Mittelalter beschränkt ist; im Grunde bietet unsere Moderne kein anderes Bild.

kapitel 9

Wieder Ärger mit dem Erzbischof

Während die Bauarbeiten am Dom nur noch zögerlich voran gingen, hatten die Zünfte nach der Erringung der Macht nichts Eiligeres zu tun, als ihre neu gewonnene Macht nach außen hin zu demonstrieren. Für alle Zeiten sollte ein Symbol für das neue bürgerliche Selbstbewusstsein geschaffen werden. Und was war dazu besser geeignet, als dem Rathaus einen quasi sakralen Charakter zu geben; die Errichtung eines Ratsturmes sollte es sein, nicht irgendeines Turmes, sondern ein in seiner Art noch nie dagewesenes Bauwerk, ein Monument städtischer Freiheit. Geld war ja genug da: das konfiszierte Vermögen der verurteilten Patrizier. Im Jahre 1414 war der Turm dann fertig; mit seinen 61 Metern Höhe überragte er sogar die allerdings noch unvollendeten Türme des Domes, geschmückt war er mit Figuren aus der Kölner Geschichte.

Nachdem das Rathaus, und mit ihm auch der Ratsturm, im Zweiten Weltkrieg sehr schwer beschädigt worden war, versuchte man in der Zeit danach nicht nur den Turm zu erneuern, sondern auch seine Figuren wieder zu erschaffen. Dabei kam es zu einem kleinen Eklat: Geplant waren 124 steinerne Zeugen der Geschichte Kölns, allerdings 119 männliche und nur fünf weibliche Zeugen. Das wollten sich die Ratsfrauen aller Fraktionen nicht bieten lassen, doch mit ihrem Protest stießen sie nicht überall auf Gegenliebe. Dass die Frauen in früheren Zeiten weniger Gelegenheiten hatten, sich politisch zu betätigen, sei eben Pech für die Frauen, aber kein Grund, das Figurenprogramm für den Turm zu revidieren; so äußerte sich ein Jurymit-

glied. Damit gaben sich die Frauen natürlich nicht zufrieden und am Ende standen dreizehn Frauen mehr auf den Sockeln, als ursprünglich geplant.
Nach diesem kurzen Abstecher in die Moderne nun aber wieder zurück ins fünfzehnte Jahrhundert: Das »Hochhaus des Mittelalters« – wie der Ratsturm manchmal auch genannt wird – hatte nicht nur Image-Aufgaben zu erfüllen, es war auch Waffenkammer, Archiv und Sitz der Rentkammer, die man mit der heutigen Stadtkämmerei vergleichen kann. Gleichzeitig wurde es als Brandwache genutzt. Zu seiner Einweihung kommt auch der gerade eben erst frisch gekrönte deutsche König Sigismund von Aachen herüber. Er bestieg den neuen Ratsturm bis zum Nachtwächterposten, genoss den Blick über die Stadt unter ihm, und war von Köln und seinen Bewohnern so beeindruckt, dass er ihnen all ihre Privilegien bestätigte und einige sogar noch erweiterte, ohne, wie sein Bruder Wenzel einige Jahre zuvor, dafür Geld zu nehmen; zumindest sagen die Quellen nichts dergleichen.

Nur ein Jahrzehnt später, als der Rat beschlossen hatte die Juden *»up ewige tzyden«* auszuweisen, wurde das Judenviertel abgerissen und der so entstandene freie Raum zur weiteren Ausdehnung des Rathauskomplexes genutzt. Auch dafür war wieder genug Geld da, man hatte die Juden natürlich nicht mit all ihrem Besitz aus der Stadt vertrieben.

Der neue prunkvolle Turm war ja ganz schön, aber er reichte dem Rat noch nicht: Ihm fehlte noch etwas weniger Symbolträchtiges, etwas mehr Handfestes. Und so entschloss man sich, ein repräsentatives Tanzhaus zu errichten. Auch hier musste es etwas noch nie Dagewesenes sein. Man hatte zwar den Hansasaal im Rathaus, aber der reichte schon lange nicht mehr für die gestiegenen Ansprüche der Kölner, und auch der Kaiser, der Reichsadel und die vielen hochgestellten Besucher der Stadt beklagten ständig das Fehlen eines repräsentativen Festhauses. Für dieses Vorhaben kaufte die Stadt einige kleinere Grundstücke auf und ließ die Gebäude darauf niederreißen. Eines von ihnen gehörte vor einigen Generationen dem Geschlecht derer von Gürzenich, und dieser Name ging jetzt auf das neue Tanzhaus über.

Praktisch veranlagt, wie die Kölner nun einmal sind, schlugen sie mit dem Bau gleich zwei Fliegen auf eine Klappe: Während im Obergeschoss ein prächtig geschmückter, riesiger Festsaal entstand (der größte im ganzen Reich, wahrscheinlich sogar im ganzen Europa nördlich der Alpen), war das Erdgeschoss als Kauf- und Lagerhaus geplant.

Die ersten, die *»dat groisse koestliche dantzhuys«* nutzten, waren die Kölner Ratsherren selbst. Seit 1451 fanden hier die jährlichen Bürgermeister-Essen statt, die jeweils nach den Wahlen von den soeben Gewählten gegeben wurden.

Die Gästeliste des Gürzenich weist sehr bald immer illustere und prominentere Namen auf. Der Gipfel ist erreicht, als die Stadt im Jahre 1473 Kaiser Friedrich III. und seinen Sohn Maximilian zu einem Empfang willkommen heißt. Da der Kaiser und sein Sprössling mehrere Wochen im Köln bleiben werden, kommt es in dieser Zeit zu mehreren gesellschaftlichen Veranstaltungen im Gürzenich. In einer Chronik heißt es, dass die Stadt *»des Sonntags vor dem dreizehnten Tag nach Weihnachten dem Kaiser und seinem Sohn zu Ehren einen Tag machen ließ auf dem Gürzenich, was auch der Kaiser begehrt hatte, um die schönen Frauen von Köln zu besehen. Und des Kaisers Sohn Herzog Maximilian hatte den ersten Tanz mit einer Jungfrau vom Sankt Ursula Stift«.* Maximilian war zu diesem Zeitpunkt vierzehn Jahre alt. Leider müssen wir für einen Augenblick die ausgelassene Gesellschaft allein lassen, um uns einem etwas ernsteren Thema zu widmen.

In diesem Kapitel müssen wir uns nämlich noch einmal um den Erzbischof kümmern. Wir haben ihn zuletzt verlassen, als er sich nach der Schlacht bei Worringen 1288 schmollend nach Bonn zurückzog. Schmollend ist wohl nicht ganz der richtige Ausdruck – er kochte vor Wut. Er dachte gar nicht daran, seinen Anspruch auf die Stadtherrschaft aufzugeben. Allerdings war er auch nicht dumm, und sah sehr wohl, dass seine Erfolgsaussichten trübe waren. Doch diese Einsicht hinderte ihn nicht, wann immer sich eine Möglichkeit bot, zu sticheln, aufzuhetzen, zu intrigieren und – wenn es sein musste – auch Krieg zu führen. Er tat alles, um den Kölnern das Leben zu erschweren.

Ein Beispiel: Im Jahr 1355 bestätigte Kaiser Karl IV. der Stadt Köln alle ihre alten Privilegien; dazu gehörten unter anderem das Stapelrecht, die Zollfreiheit, Kompetenzen in der Rechtsprechung, die Ermächtigung, Steuern zu erheben, das Recht, nicht für Schulden Dritter haften zu müssen – dabei wurde in erster Linie an den Erzbischof gedacht – und eine Art Verfügungsrecht über eine Bannmeile rund um die Stadt. Sie können sich vielleicht vorstellen, mit welcher Genugtuung das kaiserliche Schreiben in Köln aufgenommen wurde, und wie sich der Erzbischof in Bonn die Haare raufte. Doch er hatte nicht vor, klein beizugeben, schließlich war er ja nicht irgend ein unbedeutender Fürst. Der Kaiser war zu dieser Zeit gerade mit eigenen Plänen beschäftigt, zu deren Verwirklichung er auf die Mithilfe zumindest der sieben Kurfürsten angewiesen war – und der Kölner Erzbischof war einer von diesen Kurfürsten.

Vier Wochen später wurden all die schönen Privilegien widerrufen. Man habe sie aus Vergesslichkeit und Unkenntnis bestätigt, lautete die Entschuldigung. Eins zu null für den Erzbischof. Wen wundert es, dass dieser Kaiser in seiner Residenz oben auf dem Prager Hradschin den Kölnern nicht in angenehmster Erinnerung blieb.

Doch dies ist nur ein harmloses Beispiel für das Verhältnis zwischen der Stadt und ihrem Oberhirten. Oft ging es mit heftigeren Mitteln zur Sache. Immer wieder gab es Gelegenheit, sich Knüppel zwischen die Beine zu werfen. Der Erzbischof hatte nach der Schlacht bei Worringen nämlich nicht alle seine Rechte in der Stadt verloren, besonders das Münzrecht und die Gerichtshoheit waren ihm verblieben – und an ihnen entzündete sich jetzt so mancher Streit. Hatte die Stadt auch nach und nach große Teile der Rechtsprechung für sich beansprucht, die hohe Gerichtsbarkeit – also das Recht, über Leben und Tod zu entscheiden – tastete sie aber nicht an. Sie war Aufgabe der Schöffen und des Burggrafen, die sie im Auftrag des Erzbischofs ausübten, und auf letzteren waren sie vereidigt.

Das war auch der Grund, warum Schöffen nicht in den Rat gewählt werden durften, denn ein Loyalitätskonflikt wäre wahrscheinlich unvermeidlich geworden. Auch anderen Personen, die nur in den Verdacht gerieten, dem Erzbischof nahe zu stehen, wurde die Ratsfähigkeit abgesprochen; so zum Beispiel 1451 den Salz- und Kornmessern. So manche Reiberei zwischen dem erzbischöflichen Schöffenkollegium und dem Rat der Stadt wurde in dieser Zeit nicht nur verbal ausgefochten.

Als eines Tages der Rat doch die hohe Gerichtsbarkeit des Erzbischofs – den sogenannten Blutbann – in Frage stellte und den Burggrafen verhaftete, reagierte Erzbischof Friedrich von Saarwerden äußerst ungehalten. Sofort ließ er den Rhein und alle nach Köln führenden Straßen sperren, und Köln war von einem Tag auf den anderen von der Außenwelt abgeschnitten. Die Stadt reagierte prompt und marschierte mit einem Aufgebot gegen Bonn; die Dörfer und Gehöfte am Wegesrand hatten leider Pech, an ihnen demonstrierten die Kölner ihre Macht, denn gegen das Heer des Erzbischofs rechneten sie sich keine Chancen aus. Die Kölner waren eben Handwerker und Kaufleute, keine Soldaten, was sie allerdings nicht daran hinderte, mal eben über den Rhein zu setzen und das erzbischöfliche Deutz zu zerstören. Trotzdem war bald klar, dass keine der beiden Seiten den Streit militärisch für sich entscheiden konnte. Schließlich einigte man sich, und alles blieb beim alten.

Damit war jedoch Friedrichs Nachfolger – Dietrich von Moers – überhaupt nicht einverstanden. Ihm reichte es nicht, den Blutbann gesichert zu haben, er klagte alle gerichtlichen Privilegien ein, die der Rat mit der Zeit an sich gezogen hatte. Um seinen Forderungen Nachdruck zu verleihen, befahl er seinen Soldaten, sämtliche Kölner Kaufleute auszuplündern, wo immer man sie anträfe. Wieder brach ein offener Krieg aus, wieder wurde Deutz zerstört, und diesmal erging es auch der kleinen Stadt Mühlheim nicht besser.

Der Herzog von Berg hatte sein Städtchen Mühlheim befestigt und sich dann mit dem Erzbischof verbündet; zwei gute Gründe, kurzen Prozess zu machen. Eine feindliche Festung unmittelbar vor Köln konnten und wollten die Stadtväter ohnehin nicht dulden. Doch auch dieser Krieg endete wie der vorherige: Alles blieb beim alten.

Haben Sie eine Ahnung, wie es weiter geht? Richtig! Der nächste Krieg ließ nicht lange auf sich warten. Doch der sollte eskalieren. Aber fangen wir von vorne an.

Als im Jahre 1463 Ruprecht von der Pfalz zum Erzbischof von Köln gewählt wurde, hatte er zuvor diverse Versprechen abgeben müssen: So sagte er dem Domkapitel und den Landständen seines Erzstiftes zu, ohne ihre Zustimmung keine neuen Schulden zu machen, ohne ihre Zustimmung keine Kriege zu führen oder einen Rat aus geistlichen und weltlichen Räten zu bilden, eine Art Mitregierung. Hier ging es also nicht um die Auseinandersetzung mit der Stadt Köln, sondern um die Angelegenheiten im Bistum. Allein, es dauerte nicht lange, und schon kam es zu einem folgenschweren Konflikt zwischen dem Erzbischof einerseits und dem Domkapitel und den Landständen auf der anderen Seite. Die Ursache lag in der Finanzpolitik Ruprechts. Der Streit verschärfte sich, bis schließlich das Domkapitel Hermann von Hessen zum Administrator wählte, gewissermaßen als Aufsicht und als Gegenspieler zu Erzbischof Ruprecht von der Pfalz. Damit gab es de facto zwei Kölner Erzbischöfe: Ruprecht und Hermann.

Sofort schlug sich die Stadt Köln auf die Seite Hermanns, aber auch Ruprecht blieb nicht ohne Bundesgenossen: Er bat Karl den Kühnen, den Herzog von Burgund, um Hilfe, den mächtigsten Fürsten seiner Zeit in Europa. Und der ließ sich nicht lange bitten; jede Gelegenheit ergriff der, um seine Macht noch weiter auszubauen. Da ihm schon nahezu das gesamte Gebiet von der Schweiz bis zu den Niederlanden gehörte, sah er im Kölner Erzstift, und vor allem in der Stadt Köln selbst, eine mögliche fette Beute, einen weiteren Schritt zu einem starken eigenständigen Reich zwischen Deutschland und Frankreich.

In dem Bemühen um Frieden in dieser sogenannten Stiftsfehde kam Kaiser Friedrich zu dem schon oben geschilderten Besuch nach Köln. Der Winter und Frühling 1473/74 sah nicht nur mehrere Bankette und Bälle im Gürzenich, er sah auch die angestrengten Versuche des Kaisers, Frieden zu stiften. Als jedoch der starrsinnige Ruprecht von der Pfalz alle Schlichtungsversuche in den Wind schlug, beschlossen Friedrich III. und der

Vertreter des Papstes, der ebenfalls in Köln anwesend war, die Seite Hermanns von Hessen zu unterstützen. Der offene Krieg war damit unvermeidlich geworden.

Als sich nun auch das erzbischöfliche Neuß gegen seinen Stadtherren wandte, marschierte der kühne Karl mit seinem Heer an den Rhein. In Köln herrschte große Aufregung – Carolus ante portas! Aber Köln blieb verschont, sei es, weil Karl sich nicht an die bisher uneingenommenen Mauern von Köln wagte, sei es, dass er es von Anfang an auf das kleinere Neuß abgesehen hatte. Jedenfalls begann im Sommer 1474 die Belagerung von Neuß. Der Rat in Köln reagierte sofort: Dem Erzbischof wurde offiziell der Krieg erklärt, einige Bauten vor den Kölner Mauern wurden geschliffen, um bei einer eventuellen Belagerung dem Feind keinen Stützpunkt zu bieten. Ferner wurden vom Rat Lebensmittel angekauft, Brunnen gebohrt und eine fünfprozentige Kriegssteuer erhoben. Gleichzeitig gingen Hilferufe der Stadt an andere Städte und Fürsten, auch an den inzwischen wieder abgereisten Kaiser. Aber wie bei allen seinen Handlungen ließ sich Kaiser Friedrich, der große Zauderer, auch mit seiner schon zugesagten Hilfe viel Zeit.

Nachdem der Rat alles Nötige für die Sicherheit Kölns in die Wege geleitet hatte, konnte er daran gehen, auch an die Neußer zu denken. Diese wehrten sich inzwischen schon über ein halbes Jahr lang tapfer und erfolgreich gegen den Burgunderherzog und seine Belagerungsarmee. Um die Neußer zu entlasten, schickte der Kölner Rat ein eigenes Aufgebot von dreitausend Fußsoldaten und zweihundert Reitern an den Niederrhein. Da sich diese kleine Armee wohl vor Karl dem Kühnen fürchtete – und das wahrscheinlich zu Recht – zog sie auf der rechten Rheinseite nach Norden und ließ sich schließlich Neuß gegenüber am Rheinufer nieder, in gebührendem Abstand zu Karl.

Was die Kölner dort zu bewirken erhofften, wird nicht ganz klar. Militärisch gesehen hatte das Kölner Aufgebot wohl keinen großen Nutzen für die eingeschlossene Stadt auf der anderen Rheinseite, doch psychologisch dürfte ihre Anwesenheit nicht zu unterschätzen gewesen sein. In hohlen Kanonenkugeln schossen die Soldaten Durchhalteparolen nach Neuß: Sie mögen aushalten, denn der Kaiser könne nicht mehr weit sein, und bald würde er die Stadt entsetzen. Aber der Kaiser, der inzwischen wieder in Köln residierte, ließ sich, wie gesagt, Zeit. In Zeitlupentempo rückte sein Heer näher; fünf Tage brauchte es für die kurze Strecke von Köln nach Zons; das ist eine Durchschnittsgeschwindigkeit von ungefähr fünf bis sechs Kilometer pro Tag – ein Spaziergänger ist schneller.

Während in Neuß die Menschen auf die Hilfe des Kaisers warteten, war in Paris der Kölner Bürger Heinrich von Geisbüsch eifrig dabei, ein Bündnis mit dem König von Frankreich gegen Karl den Kühnen auszuhandeln. Es gelang ihm tatsächlich, ein Übereinkommen zwischen dem deutschen Kaiser und dem französischen König zustande zu bringen. Damit hatten sich Karls mächtigste beiden Gegner zusammengetan und das bedeutete das Ende des Krieges, denn angesichts dieser Koalition kapitulierte Karl, gab die nun schon ein Jahr dauernde Belagerung auf und zog sich mit seinem Heer in seine Erblande zurück.

In Köln war der Jubel groß; wieder gab es rauschende Feste im Gürzenich, während die Bedingungen für einen Frieden ausgehandelt wurden. Erzbischof Ruprecht hatte nun, da von Karl keine Hilfe mehr zu erwarten war, keine Chance mehr, seinen Titel zu verteidigen. Er starb fünf Jahre später in seiner Haft auf Burg Blankenstein in Hessen. Hermann von Hessen blieb vorerst Administrator des Erzstifts und wurde nach dem Tod Ruprechts dessen rechtmäßiger Nachfolger.

Für Köln hatte der Neußer Krieg zwei wichtige Folgen. Die eine war die, dass die Stadt die Söldner, die sie nach Neuß entsandt hatte, nicht bezahlen konnte; es war einfach kein Geld mehr da. Also beschloss der Rat ein Zwangsdarlehen bei den betuchteren Bürgern aufzunehmen. Bei einer Verweigerung drohte die Turmhaft. Man kann sich leicht vorstellen, dass diese Maßnahme nicht auf ungeteilte Gegenliebe stieß, denn eine Zwangsabgabe der Besserverdienenden ist eben nicht jedermanns Sache.

Die zweite Folge des Neußer Krieges war wesentlich erfreulicher. In einem feierlichen Akt versicherte der Kaiser am 19. September 1475 der Stadt Köln, dass diese fortan *»allein Uns und dem Reich unmittelbar zugehörig«* sein sollte. Dieses Privileg habe Köln sich *»in Anerkennung der frommen und nützlichen Dienste insbesondere jetzt wider den Herzog von Burgund, Unseren und des Reiches Feind und Widersacher«* verdient. Damit war Köln endgültig zu einer reichsunmittelbaren Stadt geworden, die Ansprüche des Erzbischofs auf die Stadtherrschaft wurden ein für alle Mal zurückgewiesen. Was seit der Schlacht von Worringen mit wenigen Abstrichen Realität war, wurde nun rechtlich festgeschrieben.

Die Erzbischöfe fanden sich aber auch mit der von höchster Stelle bestätigten Unabhängigkeit der Stadt nicht ab. Sie gingen den einzigen Weg, der ihnen noch offen stand: Sie klagten beim Reichskammergericht. Vielleicht haben Sie schon von der sprichwörtlichen Langsamkeit eben dieses Gerichtes gehört; jedenfalls gelang es dem Reichskammergericht den Prozess »Erzbischof von Köln gegen die Stadt Köln« etwa dreihundert Jahre zu verschleppen. Erst die Franzosen machte dem Streitfall 1794 auf ihre Weise ein Ende.

Köln hatte nun seine Freiheit Kaiser Friedrich III. zu verdanken, ihm und seinem Sohn Maximilian würden die Kölner allzeit in Zuneigung verbunden bleiben. In den Jahren nach der Neußer Belagerung ließen sich Vater und Sohn zwischendurch immer wieder in Köln sehen; einer der wohl eindrucksvollsten Besuche war der von 1486, als Maximilian mit dem gesamten Reichsadel von seiner Krönung zum deutschen König in Aachen nach Köln kam. In einem Triumphzug vom Weyertor *»die Bach heraf over den Heumart, over den Aldenmart bis an den Doim«* ritt der frisch gekürte König zur traditionellen Verehrung der Gebeine der Heiligen Drei Könige. Im Dom wurde Maximilian als Mitglied in das Domkapitel aufgenommen, auch dies eine traditionelle Zeremonie für einen deutschen König. Nach dem offiziellen Teil dieses Tages folgte am Abend ein Bankett, dass der Erzbischof für seinen König gab. Während Maximilian sich bis in den frühen Morgen mit den schönen Kölner Jungfrauen amüsierte, hatte sich sein immerhin schon über siebzigjähriger Vater bereits zurückgezogen.

Bei einer anderen Aktivität seines Sprösslings nahm der alte Kaiser jedoch sehr wohl Anteil. Zu Ehren des jungen Königs sollte auf dem Alter Markt ein mehrtägiges Turnier ausgetragen werden. In der Literatur ist nicht ganz eindeutig, ob der Platz zu diesem Zweck mit frischen Stroh oder mit Mist ausgelegt wurde. Sie werden vielleicht einwenden, dass dies doch ein ziemlich nebensächliches Detail sei. Damit liegen Sie jedoch nicht ganz richtig, denn Maximilian nahm gegen das Verbot seines Vaters an diesem Turnier teil, wurde prompt schon im ersten Treffen aus dem Sattel gehoben und landete eben in jenem besagten Mist oder frischem Stroh. Sie werden einsehen, dass der symbolische Gehalt dieses Bildes sehr wohl von der tatsächlichen Beschaffenheit des Untergrundes abhängt. Der alte Kaiser nahm den Sturz jedoch gelassen und rief lachend den Dienern zu, die dem Gestürzten zu Hilfe eilten, man solle den König liegen lassen. Natürlich folgte an diesem Abend wieder ein glänzendes Fest mit Tanz.

Maximilian, der später die Tochter jenes Karls des Kühnen von Burgund heiratete und damit Burgund und die Niederlande erbte, geriet daraufhin in einen fundamentalen Konflikt mit Frankreich, das ebenfalls Ansprüche auf die burgundische Erbschaft erhob. Die daraus resultierende Feindschaft sollte die hohe Politik der kommenden Jahrhunderte bestimmen.

In Köln kümmerte man sich jedoch nur am Rande um die hohe Reichspolitik, hier war man eher daran interessiert, dass Maximilian mit den selbstbewussten Städten in den Niederlanden – gemeint ist in erster Linie das heutige Belgien – überhaupt nicht zurecht kam. Die Städte wollten ihre Unabhängigkeit, und Maximilian wollte seine Herrschaft über sie partout nicht aufgeben. Einmal hielt ihn die Stadt Brügge elf lange Wochen gefangen.

Im Gegensatz zu den Städten in seinen eigenen Ländern war Maximilians Verhältnis zu Köln immer ungetrübt. In den Jahren 1505 und 1512 hielt er im Gürzenich sogar zwei Reichstage ab. Da zu diesen Gelegenheiten alles anreiste, was irgendwie politisch bedeutend war oder Rang und Namen hatte, übernahm

Köln die Unterbringung der Gäste und sorgte für Wein und Licht. Dabei kam es bei einem Bankett zu folgender Begebenheit: Die versammelten Fürsten genossen zwar den von der Stadt gestellten Wein, für ihre Verpflegung waren sie aber selbst verantwortlich; jeder wurde von seiner eigenen Mannschaft bekocht. Aber nach und nach gesellten sich immer mehr Fürsten zu den Tischen, an denen die Kölner Ratsherren mit ihren Frauen saßen. Das kulinarische Gefälle war offensichtlich enorm, denn schon bald mussten die Bürgerfrauen aufstehen, um den hohen Herren ihren Platz zu überlassen, *»weil die Fürsten die Speisen genießen wollten, die ein würdiger Rat hatte kochen lassen; denn die waren meisterlich und wohl zubereitet«*. Wer weiß, was die Fürsten sonst alles zu essen bekamen.

Das gewöhnliche Volk übrigens lebte damals – nicht nur was das Essen anging – ziemlich einfach: Brot, Mehl, Rüben, Kohl, Obst und Milch waren die Hauptbestandteile der Nahrung. Fleisch konnten sich die meisten nur selten leisten, Kartoffeln und Mais waren noch unbekannt. Auf der anderen Seite wurde zu Festen der Begüterten aufgetischt, was Stall und Küche hergab. So wird von einem Essen der Kölner Ratsherren berichtet, bei dem an nichts gespart wurde: Salmklöße, Bratforellen, Hechte und andere Fische, verschiedenste Brote, Gemüse, Pfannkuchen und Handkäse, dazu edle Weine aus dem Elsass und dem Rheingau. Auch wenn das nicht der Speisezettel eines gewöhnlichen Wochentages ist, kann man sehen, dass gewisse Kölner es sich durchaus gut gehen ließen.

Auch Maximilians Nachfolger, sein Enkel Kaiser Karl V., bewahrte das gute Verhältnis zu Köln. 1520 feierte er hier seine Wahl und Krönung zum deutschen König. Sein Bruder Ferdinand wurde sogar im Kölner Dom zum König gewählt, weil der traditionelle Wahlort Frankfurt am Main inzwischen zum ketzerischen Mönch aus Wittenberg übergegangen war. Und damit sind wir auch schon bei dem Thema, das uns im nächsten Kapitel beschäftigen wird.

kapitel 10

Papst oder Luther?

Während sich die Arbeiten am Dom nur noch lustlos dahin schleppten, waren die Fronten in Köln klar – alles wie gehabt: Die Stadt und der Kaiser auf der einen und der Erzbischof auf der anderen Seite. Aber nun sollte ein Mann die klaren Fronten durcheinander bringen, so, wie er ganz Europa durcheinander brachte.

Was war passiert? Weit entfernt vom Rhein hatte im Oktober 1517 in Wittenberg ein Mönch namens Martin Luther der katholischen Kirche den Fehdehandschuh ins Gesicht geschlagen. Das halbe Abendland diskutierte plötzlich die Thesen dieses Mönches und konnte sich nicht einigen, ob er nun Recht habe oder nicht.

In Köln allerdings war die Lage schnell geklärt: Die Professoren der Universität kamen nach kurzem Überlegen und Abwägen zu dem Schluss, dass Luthers Schriften ärgerliche Ketzereien enthielten, sie seien gottlos und verdammenswürdig, deshalb zu verbieten und öffentlich zu verbrennen. Als im November 1520 der frischgewählte Kaiser Karl V. in Köln seinen Antrittsbesuch machte, beeilte sich der Rat, vor den Augen des Kaisers Luthers Schriften verbrennen zu lassen. Karl, als christlicher, das heißt, katholischer Kaiser natürlich der schärfste Gegner Luthers, dankte dem Rat diese Geste, indem er die Privilegien Kölns bestätigte. Eine seltene Einigkeit zeichnete sich ab: Kaiser, Erzbischof und Stadt gegen den ketzerischen Mönch und seine Anhänger. Eine solch unkölnische, wenn nicht gar unnatürliche Koalition konnte nicht lange gut gehen. Aber zunächst einmal waren sich alle einig; genießen wir also den Frieden in der Stadt, bevor es mit den Querelen wieder losgeht.

Der Papst hatte die Schriften Luthers verdammt, also verdammte sie auch der Kölner Rat. Der Kaiser hatte Luther geächtet, also ging auch der Rat rücksichtslos gegen die neue Lehre vor. Nicht nur Luthers Schriften wurden verbrannt, auch die, die in den Verdacht gerieten, mit seiner Lehre zu sympathisieren.

Da war zum Beispiel der Lehrer und Prediger Adolf Clarenbach. Er wurde wegen lutherischer Umtriebe in das Hahnentor eingeliefert. Zu dieser Zeit wurde das Hahnentor als Gefängnis genutzt und stand in dem Ruf, dass die Insassen dort von Gespenstern und anderen Spukgestalten heimgesucht würden. Jedenfalls sollen dort Gefangene in den Morgenstunden des öfteren wahnsinnig oder gar erwürgt aufgefunden worden sein. Auch Clarenbach sei eines Nachts in seiner Zelle der Teufel erschienen, aber der fromme Prediger habe sich nicht in seinem Gebet stören lassen. Der Teufel, nicht gewohnt auf solche Art ignoriert zu werden, verschwand daraufhin zornig und ließ auch in Zukunft die Gefangenen im Hahnentor in Ruhe.

Leider sollte diese gute Tat dem Prediger nichts nützen; nach elfmonatiger Verhandlung endete er auf dem Scheiterhaufen. Zusammen mit ihm wurde Peter Fliesteden, ein Student aus Pulheim, auf Melaten verbrannt. Abgesegnet waren beide Todesurteile vom damals regierenden Erzbischof Hermann V. aus dem Grafenhaus von Wied. Und damit sind wir bei der zentralen Figur der damaligen Ereignisse.

Obwohl sie versuchten, Luthers Lehre zu unterdrücken, wo sie nur konnten, wurden die Katholischen ständig weiter zurückgedrängt; immer mehr Menschen sahen trotz aller Mahnungen und Warnungen der Obrigkeit in Luther den Mann, der endlich mit der papistischen Unordnung und Sittenlosigkeit aufräumte. Kaiser Karl musste nach und nach immer mehr Territorien abschreiben, bis nur noch Süddeutschland und die geistlichen Fürstentümer zum katholischen Bekenntnis standen. Auch Schweden, Dänemark, England, die Niederlande und die Schweiz zählten zu den Abtrünnigen.

Und in dieser Situation kommen auch Hermann von Wied, katholischer Erzbischof von Köln, erste Zweifel an der katholischen Heilslehre. Immer öfter dachte er, Luther könnte mit seiner Kritik an der Kirche vielleicht doch Recht haben. Das ist auf den ersten Blick nichts Ungewöhnliches, folgte er damit doch offensichtlich dem Zeitgeist. Ein moderner Historiker vermutet allerdings, die Gründe für den dann erfolgten erzbischöflichen Glaubenswechsel seien in der starken Beeinflussbarkeit des Kirchenfürsten und in seiner höchst lückenhaften theologischen Bildung zu sehen.

Aber bei Hermann lag der Fall noch etwas anders – der Glaubenswechsel hatte nicht nur eine persönliche, sondern auch eine politische Dimension. Hermann war Erzbischof von Köln, also einer der höchsten Funktionäre der katholischen Kirche und gleichzeitig einer der höchsten Fürsten des deutschen Reiches. Beide Funktionen durften unter gar keinen Umständen in protestantische Hände fallen, aber nun drohte mit Hermann von Wied der erste Kirchenfürst in Deutschland die Seiten zu wechseln.

Zu jener Zeit waren Papst und Kaiser sich nicht in vielen Dingen einig, eigentlich verband sie bloß eine Gemeinsamkeit: Die Überzeugung, das katholische Glaubensbekenntnis sei das einzig selig machende. Hermann von Wied hatte also zwei starke Gegner: Papst und Kaiser. Und wen wundert es, dass auch die Stadt Köln sich gegen ihren Oberhirten wandte. Die vertraute Konstellation ist also wieder hergestellt.

Lassen wir für ein Weilchen Kaiser, Papst und Erzbischof links liegen und machen einen kleinen Ausflug an das andere Ende des Reiches. In Preußen, dem heutigen Ostpreußen, regierte schon seit einigen hundert Jahren der Deutsche Ritterorden mit einem Hochmeister an der Spitze. Preußen war also ein geistlicher Staat, ein katholischer – ähnlich wie das Erzbistum Köln. Eines Tages kam der Hochmeister des Ordens auf die Idee, wenn er das Glaubensbekenntnis wechsele und sich den Lutheranern anschließe, könne er aus dem geistlichen einen weltlichen Staat machen und seine Familie – die Hohenzollern – an dessen Spitze stellen. Gesagt – getan: 1525 wird Preußen ein weltliches Herzogtum, ein lutherisches. Kaiser Karl hat zu dieser Zeit andere Sorgen; er treibt sich gerade irgendwo im Mittelmeerraum herum und bekriegt den französischen König – eine seiner Lieblingsbeschäftigungen. Er hat zur Zeit kein Interesse an dem fernen Preußen; außerdem gehört Preußen nicht zum Heiligen Römischen Reich Deutscher Nation und fällt damit nicht in seine Zuständigkeit.

Ob sich Hermann von Wied ein Beispiel an jenem Hohenzollernfürst nahm, als er zum lutherischen Glauben übertrat und im Erzbistum Köln evangelische Ordnungen einführte? Wir wissen es nicht, aber wenn er auf einen ebenso unkomplizierten Ablauf wie dort spekuliert hatte, dann sah er sich getäuscht. Weder Kaiser noch Papst konnten einen lutherischen Erzbischof dulden. Sofort wurde Hermann in Rom exkommuniziert und für abgesetzt erklärt. Als auch noch der Kaiser seine Truppen zusammenzog, bekam der abtrünnige Erzbischof kalte Füße – er dankte ab und zog sich nach Wied auf sein Altenteil zurück. Damit war die so genannte Kölner Reformation beendet.

Doch auch mit den nächsten Oberhirten der Kölner Diözese hatte die katholische Kirche wenig Glück. Sie schwankten ständig zwischen der Reformation und der Gegenreformation hin und her. Und wie sehr die Kirchenfürsten der damaligen Zeit eher weltliche Herrscher als geistliche Seelsorger waren, zeigen die Beispiele des Johann Gebhard von Mansfeld und des Grafen Salentin von Isenburg. Der erste, Graf von Mansfeld, war vier Jahre lang Erzbischof von Köln, aber bis zu seinem Tod hatte er weder die Priester- noch die Bischofsweihe bekommen. Der zweite, Graf von Isenburg, überlegte es sich schon nach knapp einem Jahr als Erzbischof, dass er doch lieber heiraten wolle, um so seine Familie vor dem Aussterben zu bewahren. Immer häufiger musste der Papst einen Nuntius nach Köln schicken, um wieder Ordnung in das Erzstift zu bringen, bis es ihm schließlich zu lästig wurde und er eine ständige Nuntiatur einrichtete.

Bevor wir zu dem wohl unrühmlichsten Kandidaten auf dem Kölner Bischofsstuhl kommen, wollen wir erst noch einen Blick in die Stadt werfen die wir zuletzt nach der Verbrennung von Clarenbach und Fliesteden verlassen hatten.

So eindeutig katholisch, wie es auf den ersten Blick schien, war die Bürgerschaft nun auch wieder nicht, selbst wenn Köln, und besonders seine Universität, in dieser Zeit den zweifelhaften Ruf genoss, ein Bollwerk der Reaktion zu sein. Von allen größeren Reichsstädten blieben nur Köln und Aachen beim alten Glauben, alle anderen hatten sich ganz, oder doch zumindest teilweise, vom Papst ab- und Luther zugewandt.

Werden in Köln zunächst noch die Anhänger der neuen Lehren verfolgt und manchmal auch hingerichtet, werden die Verfolgungen ab den dreißiger Jahren des sechzehnten Jahrhunderts oft nur noch halbherzig geführt. Dies gilt vor allem für die Wiedertäufer, die im westfälischen Münster ihr Himmelreich auf Erden errichtet hatten. So wird zum Beispiel gegen den bekannten Juristen und Wiedertäufer Gerhard Westerburg ein Haftbefehl erlassen, aber nicht vollstreckt, so dass Westerburg ganz gemächlich seine Sachen packen und die Stadt verlassen kann. Noch 1565 wird eine Versammlung von Wiedertäufern ausgehoben. Viele der Versammelten können fliehen, 57 werden festgenommen, jedoch nur einer von ihnen hingerichtet.

Dies zeigt uns, dass in Köln sehr wohl Nichtkatholiken lebten, und das nicht nur in kleinen Grüppchen. Auch dass der Rat 1562 beschloss, alle Ratsherren hätten katholisch zu sein, deutet darauf hin, dass die Protestanten in der Stadt sogar schon in die hohen Ämter drängten. Und nun ließ sich neben den Wiedertäufern noch eine andere Gruppe von Reformierten in Köln nieder: Calvinisten aus den Niederlanden.

Nachdem Kaiser Karl V., der Herrschaft müde geworden, seine Macht und Titel an Sohn Philipp und seinen Bruder Ferdinand übertragen hatte – übrigens der einzige deutsche Kaiser, der freiwillig abdankte – fielen die Niederlande an Spanien. Damit begann ein achtzigjähriger Krieg um die Unabhängigkeit der Niederlande. Doch es ging nicht nur um die politische Unabhängigkeit, sondern auch um die religiöse Überzeugung. Hier hatten sich nämlich schon seit geraumer Zeit die Anhänger Calvins ausgebreitet. Der allerkatholischste König Philipp II. von Spanien – der eben erwähnte Sohn Kaiser Karls – war jedoch der Meinung, wie die Spanier hätten auch die Niederländer gefälligst fromme Katholiken zu sein.

Da die Calvinisten strenge Verfechter des zweiten Gebotes sind, das da lautet: »*Du sollst dir kein Bildnis machen von Gott, deinem Herrn*«, begann der zu erwartende Aufstand mit einem Bildersturm. In vielen Kirchen wurden die Bilder von den Wänden gerissen und zerstört. Philipp schickte ob dieser Gotteslästerung die Inquisition. Von nun an loderten die Scheiterhaufen an Maas und Schelde. Wer konnte, versuchte zu fliehen, und was lag für die Exulanten näher als Köln, der gute, alte Handelspartner.

Immer mehr Calvinisten retteten sich nach Köln, und der Rat geriet immer heftiger in eine Zwickmühle: Wie konnte er, ohne die so wichtigen Handelspartner zu vergrätzen, noch treu altgläubig zu Kaiser und Papst stehen? Außerdem drohte der spanische Statthalter in den Niederlanden, der Herzog von Alba, den Kölnern mit Strafmaßnahmen, falls diese die Flüchtlinge aufnehmen sollten. Zunächst versuchte der Rat noch so zu tun, als ob die ganze Sache ihn überhaupt nichts angehe. Schließlich waren viele der Zugewanderten tüchtige Unternehmer, und oft auch ziemlich wohlhabend. Die Stadt hatte also – wirtschaftlich gesehen – nur Vorteile von diesen Leuten. Aber bald schon nahm der Druck der katholischen Verbündeten zu, und der Rat sah sich genötigt, 1570 ein Edikt zu verkünden, das sich an alle Fremden wandte, die seit weniger als vier Jahren in der Stadt wohnten. Sie sollten nachweisen, dass sie ihre Heimat nur im Einverständnis mit ihrer Obrigkeit verlassen und sich in Köln beim katholischen Glauben gehalten hätten. Anderenfalls hätten sie die Stadt binnen drei Wochen zu verlassen.

Nun begann ein schärferes Vorgehen gegen die Calvinisten. Ein Jahr nach dem Edikt wurde eine geheime Predigtzusammenkunft aufgelöst, ihre Mitglieder verhaftet und abgeschoben. Damit befand sich Köln wieder im Trend der Zeit; fast zur gleichen Zeit wurden nämlich die Hugenotten in Paris während der Bartholomäusnacht massakriert. Aber weder schien die neue Härte gegen die Protestanten den gewünschten Erfolg gezeigt zu haben, noch konnte oder wollte der Rat die Ansiedlung calvinistischer Flüchtlinge in den folgenden Jahrzehnten gänzlich verhindern.

Vor dem Weyertor wuchs der sogenannte Geusenfriedhof, ein Friedhof ausschließlich für Protestanten, da diese innerhalb der Stadtmauern nicht beerdigt werden durften. Und zur gleichen Zeit mussten sich alle Bürger, die in eine der Gaffeln aufgenommen werden wollten, einer Religionsprüfung unterziehen. Man kann sich des Eindrucks nicht erwehren, dass der Rat der Stadt Köln sein Mäntelchen ganz schön in den Wind hing.

Während es in Köln bei der Verfolgung der Protestanten manchmal nur bei Lippenbekenntnissen blieb, und es manchmal tatsächlich zu Ausweisungen kam, lebte in Bonn Gebhard II. Truchsess von Waldburg. Er war dreißig Jahre alt und gerade zum Erzbischof von Köln gewählt worden. Dieser Posten schien ihm gar sehr zu gefallen, bot er ihm doch die Möglichkeit, einem angenehmen Leben in Müßiggang und Luxus zu frönen – wäre da nicht das Problem mit dem Zölibat gewesen. Und der Zölibat war ein Problem für Gebhard, denn er hatte sich in eine schöne Frau verliebt, in die Stiftsdame Agnes von Mansfeld.

Das erzbischöfliche Schloss in Brühl soll Schauplatz nicht nur sittsamer Tête-à-Têtes der beiden gewesen sein. Während einer berüchtigten Orgie zu Bonn soll es zu Ausschreitungen gekommen sein, die sich nicht hinter denen des Borgia-Papstes in Rom zu verstecken brauchten. Natürlich war der Erzbischof und seine Geliebte das Klatschthema in Köln. Besonders an Agnes ließ man kein gutes Haar; ein Gassenhauer spottete sogar, dass sie Bischöfin in Köln werden wolle. So ganz aus der Luft gegriffen war diese Einschätzung der schönen, aber angeblich moralisch so verworfenen Frau allerdings nicht, aber folgen wir dieser Geschichte Schritt für Schritt:

Im Dezember 1577 wird Gebhard vom Domkapitel zum Erzbischof gewählt – dass es bei der Wahl nicht ganz korrekt zugegangen ist, ist in dieser Zeit nichts Besonderes, dass Gebhard noch nicht einmal zum Priester geweiht war, ist auch nichts Außergewöhnliches und dass er *»nicht gescheit und nicht gebildet«* gewesen sei, wie der päpstliche Nuntius nach Rom berichtete, ist für einen Bischof dieser Zeit auch nichts Unrühmliches. Eine seiner ersten Amtshandlungen ist die Aufforderung an die Stadt Köln, die Protestanten zu überwachen und auszuweisen.

Im Frühjahr 1579 lernt er Agnes kennen, mit der er alles andere als eine geheime Beziehung pflegt. So kommt es zu Gerüchten über einen bevorstehenden Glaubensübertritt, damit er seine Agnes heiraten könne, was er ja als katholischer Erzbischof auf keinen Fall tun konnte. Gleichzeitig beginnt er seine Armee aufzurüsten. Im November 1582 beruhigt er noch die Kölner Ratsherren, dass seine Rüstungen sich nicht gegen die Stadt richten, aber in Köln glaubt man dieser Zusicherung nicht so recht; seine Boten wirft man in den Kerker.

Noch einen Monat später beschwört ihn der Papst, er möge jeden Schritt unterlassen, der ihn aus dem Schoß der Mutter Kirche vertreiben könnte. Aber es ist bereits zu spät! Am 19. Dezember 1582 tritt Gebhard zum evangelischen Glauben über und sagt sich von der Finsternis des Papsttums los. Damit ist der Weg frei für eine Heirat, die 1583 zu Maria Lichtmess in Bonn stattfindet. Aber anders als sein Vorgänger Salentin verzichtete Gebhard für diese Heirat nicht auf das Bischofsamt und die damit verbundenen Einkünfte. Stattdessen lässt er noch an seinem Hochzeitstag eine Armee aufstellen – er weiß sehr wohl, dass seine Gegner sein Spiel nicht einfach mitspielen werden. Er selbst allerdings geht erst einmal auf Hochzeitsreise nach Dillenburg und Arnsberg. Den erzbischöflichen Silberschatz nimmt er anstandslos mit.

Während Gebhard also seine Flitterwochen genießt, hat sein Bruder in Bonn alle Hände voll zu tun. Der Statthalter der allerkatholischsten Könige von Spanien in den Niederlanden, Alexander Farnese, der Nachfolger des Herzogs von Alba, ist nämlich der erste, der versucht, dem ganzen Spuk ein Ende zu machen. Aber er holt sich vor dem stark befestigten Bonn eine blutige Nase. Damit hat der »Truchsessische« oder »Kölnische Krieg« begonnen.

Inzwischen ist in Köln ein neuer Erzbischof gewählt worden, denn Gebhard ist natürlich nicht mehr tragbar. Ernst von Bayern ist der Neue, und sofort marschiert dieser gegen seinen Kontrahenten. Aber auch er kann Bonn nicht bezwingen.

Der arme Ernst von Bayern – Köln ist ihm als Erzbischof ohnehin versperrt und in Bonn sitzt der Ketzer. Was bleibt ihm da als Residenz? Da fällt sein Blick auf das kleine aber befestigte Deutz – hier sammelt er seine Bayern um sich. Doch auch das kleine Deutz sollte ihm nicht bleiben. Im August 1583 überfällt ein truchsessischer Haufen das Dorf, reibt die bayrische Besatzung auf und steckt es in Brand.

Die Kölner Bürger schauen von der sicheren Rheinseite zu und ihre Trauer und Bestürzung hält sich in Grenzen, denn Deutz war ja ohnehin schon lange ein lästiger Konkurrent. Als es drüben wieder ruhig ist, setzten ein paar Boote mit Handwerkern über den Rhein, doch nicht etwa um beim Wiederaufbau zu helfen, im Gegenteil: Sie reißen alles ein, was noch stehen geblieben ist, damit feindliche Truppen hier niemals mehr einen Stützpunkt errichten können.

Im Dezember fällt schließlich die Godesburg nach langer Belagerung, im Mai 1584 kann Ernst endlich in Bonn einreiten, nachdem die truchsessische Besatzung zuerst meuterte und dann kapitulierte. Im Dezember 1585 ist Bonn dann wieder in der Hand des verheirateten Ex-Erzbischofs, bis drei Jahre später die gesammelte spanisch-bayrische Macht Bonn zurückerobern kann. Als letztes fällt die Festung Rheinberg in die Hände der Katholischen.

Damit ist dieser Krieg beendet, in dem Köln, obwohl treu katholisch, stets neutral blieb. Die Neutralität hinderte Köln aber nicht daran, beide Seiten mit Rüstungsmaterial zu beliefern. Kölns größte Sorge war, dass zeitweilig kein Weinnachschub den Rhein herunter kam, und das ausgerechnet zur Karnevalszeit.

Gebhard Truchsess von Waldburg spielte nie wieder eine politische Rolle; er verbrachte den Rest seiner Tage in Straßburg, wo er eine Pfründe als Domdechant genoss, seine Agnes trauerte nach seinem Tod an der Saar weiter um ihren geliebten Erzbischof.

In diesen Wirrungen der Reformation und Gegenreformation schliefen die Arbeiten am Dom endgültig ein. Die Spendenfreudigkeit hatte in letzter Zeit doch enorm abgenommen. Die

Bürger hatten sich schon seit langer Zeit nur noch um ihr Geschäft und ihren Gewinn gekümmert, und die ganze Geistlichkeit mit ihrer Verschwendungssucht, ihrer Bauwut und ihren Zänkereien konnte ihnen ohnehin gestohlen bleiben. Und trotzdem bot der Dom den Zeitgenossen einen atemberaubenden Anblick. Sechzig Meter hoch ragte der südliche Turm in den Himmel, auch die Glocken hingen schon. Der hölzerne Baukran auf dem halbfertigen Südturm blieb bis weit ins neunzehnte Jahrhundert hinein das eigentliche Wahrzeichen Kölns. Auf allen Stadtansichten fällt er sofort ins Auge.

Angeblich soll kein Geld mehr für den Weiterbau aufzutreiben gewesen sein. Was davon zu halten ist, lässt sich daran ersehen, dass gleichzeitig der Rathauskomplex um den Löwenhof erweitert wurde und auch für den Bau der Rathauslaube gaben die Bürger die stolze Summe von über hunderttausend Gulden aus. Nicht nur die Stadt investierte in ihr Rathaus, auch die Privatleute ließen ihren Reichtum in immer bessere und teurere Häuser fließen; so baute sich zum Beispiel der Ratsherr Wilhelm Peter Terlaen von Lennep das Haus »Zum St. Peter« am Heumarkt, auch die Häuser »Zur Brezel« und »Zum Dorn« am Alter Markt entstanden, als am Dom nicht mehr weiter gebaut wurde. Geld war augenscheinlich doch vorhanden, nur gab man es eben jetzt lieber für profane und vor allem für eigene Zwecke aus.

Das Heilige Köln scheint seinem Ende entgegenzugehen. Es lebe das weltliche, das unheilige Köln!

Aber noch wollten die Erzbischöfe ein Wörtchen mitreden. Mit dem Amtsantritt Ernsts von Bayern wurde im Kölner Erzbistum endlich mit der Gegenreformation Ernst gemacht. Auch in der Stadt wurde das Leben für die Protestanten nun immer schwieriger. Systematisch verschärfte der Rat die Auflagen für ihr Verbleiben in der Stadt und die Steine, die man ihnen in den Weg legte, waren bald nur noch reine Schikane. So ist es nicht weiter verwunderlich, dass sie in großer Zahl wieder die Stadt verließen; viele wanderten bloß über den Rhein und ließen sich in Mülheim nieder, einer Stadt, die den Herzögen von Berg gehörte und die sie in Konkurrenz zu Köln immer stärker ausbauten.

Mit dem Zuzug der aus Köln Vertriebenen erlebte Mülheim nun einen sagenhaften wirtschaftlichen Aufschwung. Die Kölner sahen es mit Neid. Hatten sie eigentlich vor der militärischen Macht oder der wirtschaftlichen Potenz Mülheims Angst? Auf jeden Fall ließen sie keine Ruhe, bis sie schließlich beim Kaiser erreicht hatten, dass dieser eine weitere Befestigung des Städtchens verbot. Doch darum scheint sich der Herzog von Berg nicht weiter gekümmert zu haben. Erst mit seinem Tod ein paar Jahre später, der einen großen Erbfolgestreit nach sich zog, konnte die kaiserliche Anordnung ausgeführt werden: Das Befestigungswerk wurde geschleift. Ein Jahr danach kamen die Kölner und zerstörten auch die neueren Wohnhäuser, so dass Mülheim wieder in seinen alten Zustand zurückfiel; ein kleines unbefestigtes Dorf, das für Köln weder Gefahr noch Konkurrenz darstellte.

kapitel 11

Dreissig Jahre Krieg

Seit der Anerkennung Kölns als Reichsstadt durch den alten Kaiser Friedrich war der Rat stets bestrebt, in allen größeren Auseinandersetzungen möglichst neutral zu bleiben. Auf keinen Fall wollte man das Erreichte aufs Spiel setzen. Das gilt auch ganz besonders für den nun anstehenden Krieg, den längsten und grausamsten jener Zeit: den dreißigjährigen Krieg.

Schon die Tatsache, dass Kölns bevorzugte Handelspartner die protestantischen Niederlande und das von Rom abgefallene England waren, zwang die Stadt zur strikten Neutralität. Was an der Moldau mit dem Prager Fenstersturz von 1618 als ein religiös-politisch motivierter Aufstand von Protestanten gegen den katholischen Kaiser begann, entwickelte sich sehr schnell zu einem skrupellosen Machtkampf aller möglichen europäischen Kräfte, der sich in ganz Deutschland austobte.

Nur eine Stadt blieb weitgehend verschont: unser Köln. Lag es nun an der vorsichtigen Politik der Kölner, die bald mit diesen und bald mit jenen verhandelten, oder lag es an den, auch im Zeitalter großer Kanonen, noch immer für unbezwingbar gehaltenen Stadtmauern, jedenfalls blieb Köln von den direkten Kriegshandlungen und -misshandlungen verschont. Dieses Glück hatte das Umland nicht. Nacheinander verwüsteten die Spanier, die Schweden und schließlich die Kaiserlichen das Rheinland. Namentlich das Bergische Land litt unter den plündernden und mordenden Landsknechten; unter anderem in Mülheim, Flittard und Schweinheim erlebten die Menschen am eigenen Leibe, was eine zügellose Soldateska zu leisten im Stande war. In Holweide tat sich zum Beispiel der kaiserliche General Piccolomini nicht gerade rühmlich hervor. Dagegen lebte es sich hinter den dicken Mauern Kölns wie in Abrahams Schoß. Dieser Ansicht waren zumindest viele, die sich nun vor den Marodierern nach Köln retteten. Kein Wunder, dass sich die Stadt bald nicht mehr vor Flüchtlingen retten konnte.

Natürlich stellte die große Zahl der Flüchtlinge für die Stadt ein Problem dar, aber nicht die reichen Flüchtlinge waren das Problem: Da waren zum Beispiel die Fürstbischöfe von Osnabrück, von Worms und von Würzburg, oder die vielen Mönche und Nonnen – Klarissen, Karmeliterinnen und Ursulinen ließen sich jetzt hier nieder; die Letzteren gründeten eine Mädchenschule, die heute noch besteht. Zu all diesen gesellte sich auch noch eine andere Prominente: Maria von Medici, die Mutter des französischen Königs. Vom allmächtigen Kardinal Richelieu aus Frankreich verbannt, verbrachte sie hier ihren Lebensabend. Ihr, wie den übrigen Flüchtlingen, die Geld hatten, versuchte man eben dieses mit überhöhten Mieten, Wucherpreisen und ähnlichem aus der Tasche zu ziehen.

Auch mit den Bauern aus dem Umland, die sich bei Gefahr mit ihren Familien und Erntevorräten in Sicherheit brachten, wurde man fertig. In ihrem und im eigenen Interesse setzte die Stadt sogar eine kaiserliche Armee unter Druck, indem sie damit drohte, den Nachschub für sie einzustellen, falls sie nicht sofort mit den Plünderungen aufhörte. Die dicken Mauern und die gefüllten Vorratskammern verliehen ein ordentliches Selbstbewusstsein.

Nein, das Problem waren die Habenichtse, die die Stadt bevölkerten und von denen man keinerlei Nutzen hatte – sie lagen einem nur auf der Tasche. Überall auf den freien unbebauten Flächen und zum großen Teil in den Mauerbögen unter den Wehrgängen hausten sie. Um ihrer Herr zu werden, wurde ein Werkhaus gegründet, wahrscheinlich die früheste städtische Form der Armenarbeit in Deutschland. Zusätzlich wurden sie kurzer Hand zum Festungsbau abkommandiert. Schließlich mussten die Anlagen gerade jetzt immer im besten Zustand gehalten werden.

Ansonsten lief das Leben in Köln seinen gewohnten Gang. Man machte das, was man am besten konnte, nämlich Geschäfte, und zwar mit allen Seiten. Spanier, Schweden, Kaiserliche, Bayern, Hessen, Franzosen und was sich sonst noch alles auf dem Kriegsschauplatz tummelte; alles wurde verpflegt, versorgt und ausgerüstet. Keinen ließ man im Stich, wenn er nur zahlen konnte.

Das hatte nicht nur zur Folge, dass so unterschiedliche Berufe wie die Brauer und Schnapsbrenner, die Schneider, Tuchmacher und Schuster und natürlich auch alle Arten der Rüstungsmacher, Harnischfeger und Kanonengießer einen ungeheuren Aufschwung erlebten. Das hatte auch zur Folge, dass der Kölner Handel selbst in den dunkelsten Jahren des Krieges relativ reibungslos lief. Alle achteten die Neutralität und ließen Kölner Waren passieren. Man kann mit Fug und Recht behaupten, dass Köln im dreißigjährigen Krieg die deutsche Stadt war, die am wenigsten zu leiden hatte.

Nur einmal konnte sich Köln nicht aus der kriegerischen Konfrontation heraus halten: Die Schweden hatten gerade unter ihrem König Gustav Adolf einen unvergleichlichen Siegeszug durch ganz Deutschland beendet, da zog im Dezember 1632 ein schwedisches Heer von Siegburg heran und griff Deutz an. Hatten die Kölner bisher immer darauf geachtet, dass hier am anderen Rheinufer keine starke Festung entstehen konnte, so änderten sie im Laufe des Krieges ihre Meinung. Sie verständigten sich mit dem Erzbischof, und mit seiner Zustimmung besserten sie die Befestigungsanlagen aus, und stationierten städtische Soldaten in Deutz.

Das war die Lage der Dinge, als nun der schwedische General Baudessin mit seinem Heer vor Deutz erschien. Offensichtlich hatte er aber wenig Mühe mit den Kölner Soldaten, denn er besetzt sofort den kleinen Ort; und zwar ohne nennenswerte Schwierigkeiten, wie es scheint. Von der anderen Rheinseite begann nun eine wilde Schießerei über den Fluss. Alles, was die Kölner Kanonen hergaben, wurde nach drüben gefeuert.

Zwei Tage lang mussten die Schweden diese Kanonade über sich ergehen lassen, dann kam es zu einer Katastrophe, deren

Umstände nicht ganz klar sind. Fest steht nur, dass die Deutzer Pfarrkirche, in der Pulvervorräte gelagert wurden, in die Luft flog und einen großen Teil des Ortes mit sich riss. Unklar ist, ob die Schweden noch in der Stadt waren, oder ob sie sich nach der Plünderung und angesichts der ununterbrochenen Kanonade nicht schon zurückgezogen hatten. Weiter ist unklar, ob die Kirche durch eine Kugel vom anderen Flussufer getroffen wurde, oder ob die Kölner einen Angriff riskierten, über den Fluss setzten, die Schweden vertrieben und während dieser Kämpfe ein Funken in das Pulver flog. In diesem Fall ist auch umstritten, ob dieser Funke durch Zufall oder absichtlich an das Pulver gelangte. Ein Augenzeuge berichtete: *»Am folgenden Tag, dem 22. Dezember, lagen kölnische Wachschützen auf dem Kirchhof und warfen – ich weiß nicht, aus welchem Grunde – Feuer in die Pfarrkirche.«* Wie auch immer es wirklich gewesen sein mag, die Zeche für diese einzige direkte Beteiligung Kölns an dem Krieg zahlte das kleine Deutz.

Köln hatte wieder einmal Glück gehabt. Aber schauen wir uns an, wie die Stadt sich auf einen doch nicht so ganz abwegigen Angriff vorbereitet hatte. Wie hatte sie ihre Verteidigung organisiert?

Grundsätzlich galt schon seit einigen Jahrhunderten die allgemeine Wehrpflicht. Alle männlichen Einwohner über achtzehn Jahren unterlagen dieser Wehrpflicht. Bis zum siebzigsten Lebensjahr musste man sich als Kölner Bürger der Verteidigung der Stadt zur Verfügung stellen. Zunächst war die Verteidigung nach Wohnorten organisiert. Jeder wusste, an welchem Mauerabschnitt er gebraucht wurde. Als dann die Gaffeln das politische Ruder übernahmen, wurde auch das Militär gaffelweise gegliedert. Nachdem man jedoch feststellen musste, dass die Gaffelmitglieder über das ganze Stadtgebiet verstreut wohnten, und eine Mobilmachung sich so inakzeptabel in die Länge zog, kehrte man wieder zu der guten, alten räumlichen Aufteilung zurück. So schuf man acht Standquartiere, jeweils besetzt mit einem Regiment unter einem Oberst, die jeweils für den Mauerabschnitt zuständig waren, der ihrem Wohngebiet am nächsten lag.

Regelmäßig wurden Übungen abgehalten, um immer für den Ernstfall gerüstet zu sein. Dazu schlossen sich die Bürger zu Schützengilden zusammen, die auch, wie im Mittelalter üblich, soziale und karitative Aufgaben übernahmen. Diese Schützengilden überholten sich mit dem Aufkommen des Söldnerwesens. Ihrer eigentlichen Aufgabe verlustig, entwickelten sie sich zu den Traditions- und Trachtenvereinen, die wir heute kennen. Und auch im Karneval spielen sie noch immer eine Rolle.

Apropos Karneval: In diesem Zusammenhang müssen wir unbedingt noch zwei weitere militärische Einrichtungen aufzählen. Ähnlich wie heute die Besucher bei Staatsempfängen eine besonders herausgeputzte Abteilung der Bundeswehr abschreiten müssen, gab es auch in Köln eine Ehrengarde. Sie hatte die hohen Besucher in die Stadt zu geleiten; in der Wehrverfassung der Stadt spielte sie jedoch keine Rolle.

Anders die »roten Funken«. Nach dem dreißigjährigen Krieg musste auch Köln seinen Beitrag zur Verteidigung des Reiches leisten. Das zu diesem Zweck aufgestellte Kontingent von Berufssoldaten trug als Uniform die bekannten roten Röcke, weißen Hosen und schwarzen Stiefel. Abgesehen von ihren Einsätzen als Polizei oder als Zollfahndungstruppe in der Stadt führten die roten Funken ein ziemlich friedliches Leben. Zu militärischen Einsätzen kam es kaum.

Jeder Bürger hatte für seine militärische Ausrüstung selbst aufzukommen. Neben dem – im Falle eines Falles – lebensschützenden Harnisch, meistens eigenhändig gefertigt, konnten sich die Kleinbürger oft nicht mehr als einen Spieß für die Stadtverteidigung leisten. Diese Spießbürger stellten sicherlich das größte Kontingent. Zu ihnen gesellten sich die Armbrustschützen – später natürlich auch die Schützen mit Feuerwaffen – und die berittenen reichen Bürger. Das ganze Arsenal an Waffen und Munition war zunächst in den Torburgen untergebracht, eine Zeitlang auch in den oberen Stockwerken des Ratsturmes, bis sich die Stadt ein eigenes Zeughaus zulegte (in dem heute das Stadtmuseum untergebracht ist).

Wenn wir uns mit der Kölner Geschichte im dreißigjährigen Krieg beschäftigen, kommen wir um einen Namen nicht herum: Jan von Werth. Jedes Kind in Köln weiß, dass Jan von Werth ein Knecht war, der in die schöne Magd Griet verliebt war. Doch der Griet gefiel zwar der junge Bursche, aber sie hatte höhere Ziele; sie hoffte auf einen reichen Bräutigam, und gab Jan deshalb einen Korb. Tief getroffen verließ Jan die Stadt und wurde Soldat. Schnell machte er Karriere und bald schon war er General. Als siegreicher Feldherr kam er eines Tages zurück nach Köln und traf unter dem Eigelsteintorbogen zufällig eine Magd, die dort Äpfel verkaufte. Natürlich war es seine Griet. Es entspann sich folgender Dialog: *»Griet, wer et hätt gedonn!«* – *»Jan, wer et hätt gewoss!«* So weit die Geschichte von Jan und Griet.

Selbstverständlich ist Ihnen gleich aufgefallen, dass es sich hierbei nur um eine Sage handeln kann. So schön geradlinig verläuft die wirkliche Historie selten. Schauen wir uns jetzt also einmal den realen Jan von Werth an. Geboren wurde er in einem kleinen Dorf bei Neuß als Sohn eines einfachen Bauern. Wie seine vielen Geschwister wuchs auch er in ärmlichen Verhältnissen als Analphabet auf. Schon vor Ausbruch des Dreißigjährigen Krieges ließ er sich von einem spanischen Reiterregiment anwerben. Er nahm als einfacher Soldat am Jülich-Clevischen Erbfolgekrieg teil, und dann bewährte er sich in der Schlacht am Weißen Berg vor Prag, der ersten großen Schlacht in diesem dreißig lange Jahre dauernden Morden. Ein paar Jahre später war er Rittmeister. Er wechselte von den Spaniern zu den Bayern, wurde bei denen Chef eines Reiterregiments, besiegte die Schweden bei Nördlingen, wurde dafür vom Kaiser in den Freiherrenstand erhoben, griff dann Frankreich an und drang mit seinen Reitern bis kurz vor Paris vor, musste sich aber wieder zurückziehen, als die Franzosen eine Gegenwehr organisierten. Nun hatte Jan etwas Zeit und besuchte Köln. Hier verbrachte er den Winter und kaufte für seine Mutter ein Haus in der Gereonstraße.

In der Zwischenzeit waren die Franzosen zum Gegenangriff übergegangen und hatten unter anderem die Festung Ehrenbreitstein bei Koblenz besetzt. Im Besitz dieser Burg kontrollierten sie den Rhein, die Lebensader Kölns; dagegen mussten die Kölner etwas unternehmen. Natürlich war Jan von Werth der Held, dem es gelang, die Franzosen aus Ehrenbreitstein hinauszuwerfen. Die Dankbarkeit der Kölner – sie schenkten ihm eine wertvolle goldene Kette – und ihre Verehrung für diesen Feldherren kannte keine Grenzen, obwohl Jan, der einen Teil seiner Kriegsbeute in Immobilien in der Stadt anlegte, nie ein Kölner Bürger war.

Aber im Jahr darauf wandte sich das Blatt: Er geriet in Gefangenschaft, und fiel ausgerechnet in die Hände der Franzosen, denen er so übel mitgespielt hatte. Vier Jahre dauerte seine Haft, danach wurde er zum General der Kavallerie befördert. Trotzdem wechselte er noch vor Ende des Krieges vom bayrischen in den kaiserlichen Dienst, wo seine militärische Karriere, vom Kaiser mit einer Herrschaft in Böhmen beschenkt, endete.

Die Kölner haben »ihren« Helden am Alter Markt mit einem Standbild geehrt. Was Jan von Werth allerdings zu einem Kölner Helden macht, bleibt offen.

Seit 1636 trafen sich in Köln des öfteren die verschiedenen Kriegsparteien, um einen Frieden auszuhandeln. Auch der Papst schickte einen Bevollmächtigten, der sein Domizil im Karmeliterkloster am Waidmarkt aufschlug. Aber der Kaiser und die Franzosen konnten sich nicht einigen, und so platzte dieser Friedenskongress. Später wurde er dann doch wieder aufgenommen, diesmal in Münster und Osnabrück. Und diesmal war auch wirklicher Frieden das Ergebnis. Alle Beteiligten hatten bis zum Umfallen gekämpft, jetzt hatten sie gar keine andere Wahl mehr, als jedem auch nur annähernd genehmen Frieden zuzustimmen.

Wir brauchen nicht alle Bestimmungen des Westfälischen Friedens aufzulisten, es genügt, sich mit denen auseinanderzusetzen, die mittelbar oder unmittelbar Köln betreffen. Da gab es zum Beispiel den Artikel, der Kölns Katholizismus bestätigte. Damit waren die Kölner zufrieden.

Überhaupt nicht zufrieden waren sie damit, dass sie über

siebzigtausend Reichstaler als Abfindung an das schwedische Heer zahlen mussten. Und dann gab es die Bestimmungen, die den Niedergang des Kaisertums und den Aufstieg der Fürsten festschrieben. Das ließ zumindest befürchten, dass die allein dem Kaiser unterstehenden Reichsstädte mit in den Abgrund gerissen würden. Der Rat der Stadt sah nur eine Möglichkeit, er verweigerte seine Unterschrift. Aber das war nur eine schwache Geste – den Verfall des Reiches, und mit ihm der freien Reichsstädte, konnten die Kölner damit nicht aufhalten.

Während der Krieg noch überall im Land tobte, beschäftigte die Kölner noch ein anderes Problem; ein Problem, das jedoch kein spezifisch kölnisches war: die Verfolgung der Hexen. Aber Köln hielt sich – wie im Krieg – auch in dieser Angelegenheit weitgehend zurück. Die Hexen in anderen Städten hatten weitaus mehr zu befürchten als in unserem Köln. Schon aus prinzipieller Opposition zum Erzbischof stellte sich der Rat oft quer und verweigerte eine Zusammenarbeit. Viele Hexen, beziehungsweise Frauen und auch Männer, die der Hexerei angeklagt waren, übergab man nicht dem bischöflichen Gericht, sondern man entzog ihnen lediglich die Aufenthaltserlaubnis und ließ sie so entkommen.

Das bedeutet nicht, dass in Köln keine Hexen verbrannt wurden. Auf dem Höhepunkt des Hexenwahns, in den Jahren 1627 bis 1630, verloren vierundzwanzig Frauen ihr Leben auf dem Scheiterhaufen. Die bekannteste unter ihnen dürfte wohl Katharina Henot gewesen sein. Sie war die Tochter eines kaiserlichen Postmeisters, ihr Bruder Stiftsherr von St. Andreas; eine Frau aus gutbürgerlicher Familie also. Angeklagt von einer Franziskanernonne aus dem Kloster am Römerturm, konnte sie sich nicht mehr aus der unerbittlichen kirchlichen Gerichtsbarkeit befreien. Trotz Folter legte sie kein Geständnis ab, was aber nicht ihre Unschuld nahe legte, sondern nur ihre Verstocktheit und Uneinsichtigkeit. Wer trotz Folter seine Sünden nicht zugab, der konnte ja nur mit dem Teufel im Bunde sein; woher sollte er sonst die Kraft haben, die unerträglichen Schmerzen zu ertragen.

Treibende Kraft im Kampf gegen das Hexenunwesen war neben dem Erzbischof – Ferdinand von Bayern ist es in diesen Jahren – der Kölner Juraprofessor Peter Ostermann. Seine Veröffentlichungen gaben der Hysterie wieder neuen Schwung.

Auf der anderen Seite tat sich vor allem Friedrich von Spee hervor. Dieser Jesuit war kurz nach dem Tod der Katharina Henot nach Köln versetzt worden, wo er schon seine Schul- und Studentenjahre verbracht hatte. In Köln schrieb er sein Buch über die Hexenprozesse, in dem er verlangte, dass jeder zunächst einmal für unschuldig zu gelten habe, bis seine Schuld nachgewiesen sei. Dieser heute so selbstverständliche Rechtsgrundsatz brauchte damals aber noch viel Zeit, bis er sich endgültig durchsetzten konnte.

Spees Schrift erschien 1631 ohne die Genehmigung seines Ordens. Der Jesuit wurde, als seine Autorenschaft ans Licht kam, nach Trier strafversetzt. In den darauffolgenden fünfzehn Jahren fanden in Köln keine Hexenverbrennungen mehr statt. Ein schöner Erfolg, könnte man meinen! Aber die lange Untätigkeit an dieser Front hatte andere Gründe: In der Stadt bezichtigte sich nämlich eine Frau der Hexerei – normalerweise ein Akt, der das sofortige Todesurteil nach sich zog. Aber diese Frau beschuldigte nicht nur sich selbst, sondern auch noch eine Reihe angesehener Bürger, darunter auch einen hochadeligen Domherren. Alle sollten am berüchtigten Hexentanz teilgenommen haben. Es herrschte helle Aufregung! Spätestens zu diesem Zeitpunkt war auch dem Letzten klar, dass der Hexenwahn jeden ins Verderben stürzen konnte, auch die politisch Einflussreichen. Und diese handelten jetzt: Die Frau wurde in einem Schnellverfahren zum Tode verurteilt, und während die Flammen noch ihr Werk taten, verschwanden die Prozessakten auf Nimmerwiedersehen. Für einige Jahre war das den Kölnern eine Lehre.

kapitel 12

Von nun an gehts bergab

Von nun an ging es tatsächlich bergab. Und zwar auf allen Gebieten. Die Befürchtung, dass mit der weitgehenden Entmachtung des Kaisers im Westfälischen Frieden von Münster und Osnabrück gleichfalls ein Niedergang der freien Reichsstädte verknüpft wäre, sollte sich nur allzu bald als richtig erweisen. Köln verlor seinen mächtigen Schutzherren, auch wenn der Kaiser weiterhin nominell oberster Stadtherr in Köln blieb. Gleichzeitig gewann der Erzbischof – ebenso wie alle anderen deutschen Reichsfürsten – an Macht dazu. Er war jetzt nahezu unabhängig von Kaiser und Reich. Köln sollte seine Unabhängigkeit noch öfters unangenehm zu spüren bekommen.

Aber bleiben wir zunächst noch in der Stadt. Auch hier war bei weitem nicht alles zum besten bestellt. Das Zunftwesen, das seit dem Mittelalter den Handwerkern Sicherheit und Geborgenheit in einer sozialen Gemeinschaft geboten hatte, entartete immer mehr zu einem starren und traditionsverhafteten Kontrollsystem, das jeden Fortschritt im Keim erstickte. Der Übergang von den kleinen Handwerksbetrieben zu größeren und effektiveren Manufakturen wurde in vielen Sparten verhindert. Auch eine Mechanisierung des Handwerks kam für die Zunftoberen überhaupt nicht in Frage. So verboten sie zum Beispiel den Betrieb von mechanischen Webstühlen in Köln.

Parallel zu dieser Fortschrittsfeindlichkeit lässt sich eine andere Entwicklung feststellen, die die Kölner Wirtschaft empfindlich traf. Nach der Entdeckung Amerikas durch Christoph Kolumbus wandte sich der Handel nach und nach dem Atlantik zu. Zunächst Spanien und Portugal, dann England und die Niederlande – das waren die grossen Handelsmächte dieser Zeit. Ein Zeichen für die Verlagerung des Handels war der Niedergang der Hanse und mit ihr der Niedergang Kölns als einer ihrer Hauptorte.

Und der Gang der Dinge barg noch einen dritten Nachteil für Köln: Nach dem dreissigjährigen Krieg versuchten die absolutistischen Fürsten Europas ihre eigene Wirtschaft zu fördern, in dem sie den Import in ihre Gebiete erschwerten, um so die heimischen Erzeugnisse besser absetzen zu können. Köln aber war von je her vom Export abhängig, und mit den nun entstehenden grossflächigen Wirtschaftsräumen konnte es als einzelne Stadt nicht mehr mithalten. Dazu war der Rahmen, in dem es planen konnte, viel zu klein.

Nur in zwei Wirtschaftszweigen konnte sich Köln im siebzehnten und achtzehnten Jahrhundert hervortun: Da war zum einen die neue Mode des Tabak Rauchens und des Tabak Kauens. In der daraufhin entstehenden Tabakindustrie spielten Kölner Betriebe von Anfang an eine grosse Rolle. Die zweite Sparte mit erfreulichen Aussichten war die Herstellung von Duftwässern. Ein nach Köln eingewanderter Italiener begann hier mit der Produktion seines *aqua mirabilis*, dem er bald darauf seinen Wohlstand und seine Einbürgerung verdankte. Über die engen Stadtgrenzen hinaus bekannt wurde das Wunderwasser allerdings erst mehr als eine Generation später, als französische Soldaten in Köln einquartiert waren. Um den fürchterlichen Gestank in der heruntergekommenen Stadt ertragen zu können, hielten sich ihre Offiziere Taschentücher mit eben jenem Wunderwasser getränkt vor die Nasen. Das nun *eau de cologne* genannte Wasser begann seinen Siegeszug durch die Welt.

Abgesehen von diesen beiden Ausnahmen – Tabak und Parfum – müssen wir uns für die nächsten hundertfünfzig Jahre also immer eine Stadt vor Augen halten, in der die wirtschaftliche Rezession an allen Ecken und Enden zu spüren war. Nach einigen Schätzungen lebte etwa ein Drittel der Kölner Bevölkerung von der Bettelei. Um die grosse Schar der Bettler besser beaufsichtigen zu können, sahen sich die Stadtväter zeitweise sogar genötigt, offizielle Bettelgenehmigungen auszugeben und sogenannte Bettelvögte zu ihrer Kontrolle einzusetzen. Selbst wenn die oben genannte Zahl stark übertrieben sein sollte, das Ausmass des Elends in der Stadt kann sie doch veranschaulichen.

Genauso hoffnungslos sah es bei den Finanzen der Stadt aus. Die Ausgaben der städtischen Kassen beliefen sich zum Beispiel im Jahre 1700 auf 92.677 Reichstaler, die Schuldenlast betrug über 1,4 Millionen Reichstaler. Die Stadt war quasi bankrott. Bereits siebzehn Jahre zuvor hatten die Kölner Stadtsoldaten – die Roten Funken – gemeutert, da sie schon seit über vier Monaten keinen Sold mehr bekommen hatten. Als alles Hinhalten nicht mehr helfen wollte, bewaffnete der Rat die Bürgerwehren der Gaffeln. Diese fielen über die Soldaten her und es kam zu einigen Todesfällen. Das Ergebnis war, dass die Anführer der Meuterer das damals moderne Spiessrutenlaufen über sich ergehen lassen mussten und die Soldaten mit einer zweimonatigen Soldzahlung abgespeist wurden. Dass im Jahr darauf die Gehälter der Bürgermeister und Rentmeister beträchtlich erhöht wurden, tut in diesem Zusammenhang nichts zur Sache.

Nicht nur Wirtschaft und Finanzen lagen darnieder, auch mit der Kultur ging es den Bach runter. Beginnen wir mit der Religion: Die ständigen Schikanen gegen die Protestanten führten oft dazu, dass gerade die wirtschaftlich regen Anhänger Luthers der Stadt den Rücken kehrten und sich in einem weniger intoleranten Klima niederliessen. Noch im Jahre 1787, zwei Jahre vor Ausbruch der Französischen Revolution, wollte der Rat einen Antrag genehmigen, in dem die Protestanten um den Bau einer Schule und um die Duldung einer stillen Messe baten. Etwa drei- bis vierhundert Protestanten gab es in der Stadt, das war ungefähr ein Prozent der Bevölkerung. Der Rat hatte mittlerweile die wirtschaftlichen Nachteile seiner religiösen Halsstarrigkeit erkannt und wollte deshalb dem Gesuchen stattgeben. Als aber Gerüchte von einer solchen Genehmigung laut wurden, kam es beinahe zu einer offenen Rebellion der ach so guten katholischen Bürger. Der Rat gab sofort kleinlaut nach, und alles blieb beim alten. In ganz Deutschland wurde über das geistig so beschränkte Köln gespottet.

Wie nach dem dreissigjährigen Krieg das Wirtschaftsleben in den fürstlichen Staaten aufblühte, so konzentrierte sich auch das kulturelle Leben nun an den Fürstenhöfen. Alle Künstler von Rang der damaligen Zeit standen in den Diensten der Kaiser, Könige und Fürsten. Maler, Bildhauer, Musiker, Philosophen, Wissenschaftler, alles trieb sich in Wien, Berlin, München, Bonn, Düsseldorf und anderen Residenzen herum. Für Köln blieb nichts übrig. Von der grossen Vergangenheit auf diesem Gebiet konnte nichts in diese Zeit hinüber gerettet werden. Zwar standen noch die romanischen Kirchen und der halb fertige gotische Dom; doch in welchem Zustand? Kaum jemanden regte es auf, wenn wieder einmal irgendwo ein Kirchturm einstürzt. Aber selbst das Wahrzeichen der Stadt, der Dom, *»verfiel zur malerischen Ruine inmitten seiner Anbauten von kleinen Kirchen und Verkaufsbuden, umrankt von Gesträuch und Schlingpflanzen, die überall aus den Ritzen des Gesteins wucherten«*. In den Kirchen hingen auch noch die Gemälde von Stefan Lochner und Kollegen, Namen wie Albertus Magnus, Meister Eckart und Thomas von Aquin hatten nach wie vor ihren guten Klang, aber das war alles mehrere hundert Jahre vorbei; es kam nichts nach. Es war ja schon ein kulturelles Ereignis erster Güte, als ein sechsjähriger Knabe namens Ludwig van Beethoven ein Konzert in Köln gab. Seine eigentliche Wirkungsstätte aber war Bonn und später Wien, nicht Köln.

Eine der wenigen Instanzen, die sich auch weiterhin in Köln um Musik und Theater verdient machten, war der Jesuitenorden mit seinen Schulen. Leider wurde der im achtzehnten Jahrhundert vom Papst aufgelöst, und damit ging Köln auch noch der letzte Rest an kulturellem Engagement verloren.

Die einst so gerühmte Universität versank ebenfalls in Apathie, Schlendrian und Dogmatismus. Die Lehrmethoden waren nach wie vor die mittelalterlichen; keine Spur von Modernität, geschweige denn von der Aufklärung, der geistigen Strömung jener Zeit, die überall Fuss fasste, nur nicht in Köln. Während hier die Professoren ihr Einkommen genossen, liessen sie junge Magister ihre Vorlesungen halten. Sicher ein verlockendes Ziel für einen ehrgeizigen Jungakademiker, aber die Eignung mancher Dozenten liess doch sehr zu wünschen übrig.

Dennoch gab es auf dem kulturellem Gebiet eine rühmliche Ausnahme: das Zeitungswesen. Eine ganze Reihe von wöchentlichen Nachrichtenblättern erschien in Köln. Besonders die »Gazette de Cologne«, die in der Modesprache französisch erschien, hatte auch über Köln hinaus viele Leser und entwickelte sich zur vielleicht ersten überregionalen Zeitung in Deutschland.

Allerdings lebten die Zeitungsleute damals nicht immer ungefährlich. Als der Herausgeber der Gazette in seiner Berichterstattung über den Schlesischen Krieg nicht das Gefallen des alten Fritz fand, beauftragte dieser seinen Vertreter in Köln, den Zeitungsmann zur *»Raison zu bringen«*; was dieser recht handgreiflich verstand. Einige Tage lang musste die »Gazette de Cologne« ohne ihren Herausgeber auskommen, der leider die Bekanntschaft von ein paar Schlägern gemacht hatte.

Abgesehen von den wenigen genannten Ausnahmen bot Köln im siebzehnten und achtzehnten Jahrhundert ein erbärmliches Bild. Das sieht nicht nur aus der zurückschauenden Perspektive von heute so aus, auch Zeitgenossen haben es so gesehen, was sich an den Aussagen einiger prominenter Kölntouristen ablesen lässt. Waren die Reiseberichte bis zu den Glaubenskriegen fast ausschliesslich positiv, manchmal sogar geradezu euphorisch, so sind sie in dieser Zeit durch die Bank eher kritisch und abschätzig.

Der englische Theologe John Wesley zum Beispiel besuchte nach eigenem Bekunden *»die hässlichste und schmutzigste Stadt«*, die er je gesehen habe. Der Dom sei ein *»Ruinenhaufen«*, ein *»riesiges missgestaltetes Ding, dem weder Symmetrie noch Anmut«* zukomme. Ein französischer Tourist wusste gleichfalls nichts Besseres zu berichten: *»Von aussen bietet Cöln einen prächtigen Anblick, doch alle Pracht schwindet, sobald man einen Fuss unter das Tor gesetzt hat. Die Strassen und die Bewohner sind gleich finster – Cöln ist in jedem Betracht die abscheulichste deutsche Stadt.«*

Auch der Mainzer Publizist und Politiker Georg Forster besuchte mit Alexander von Humboldt die Stadt und findet *»Scharen zerlumpter Bettler«* und ein *»finsteres, trauriges Kölln«* vor.

Diese und ähnliche Stimmen brachten den bemitleidenswerten Zustand der Stadt auf den Punkt. Die Frage ist nur, wer für die derart krassen Missstände verantwortlich war. Dass die wirtschaftliche Entwicklung in dieser Zeit gegen Köln war, haben wir schon gesehen. Aber reicht das allein aus, um den tiefen Fall zu erklären? Sicher war auch das rückständige Denken sowohl in den Führungsschichten als auch in der breiten Bevölkerung massgeblich beteiligt. Wahrscheinlich ist in der Kombination aus kleinkariertem, borniertem Denken und unglücklichen äusseren Umständen die Ursache für Kölns Dilemma zu suchen.

Die Kölner sahen sich als Opfer. Kaum jemand versuchte, den Verfall aufzuhalten; im Gegenteil: Man ergab sich in sein Schicksal und versuchte, das beste für sich herauszuschlagen. Kein Wunder, dass Korruption und Klüngelunwesen überhand nahmen. Natürlich standen die Politiker an der Spitze dieser Entwicklung. Öffentliche Gelder wurden veruntreut und städtische Ämter an den Meistbietenden verkauft. In der Bevölkerung wurden die Proteste gegen solche Zustände in der Stadtregierung immer lauter.

Und hier treffen wir auf einen Namen, der in den folgenden Jahren den Herren Politikern immens unangenehm aufstoßen wird: Nikolaus Gülich. Nikolaus Gülich war ein angesehener Kölner Kaufmann, der das Fass überlaufen sah, als der Rat eine Sondersteuer einführte, um die kommunale Verschuldung in den Griff zu bekommen. Nikolaus konnte nicht einsehen, dass er für die Unfähigkeit der Politiker zahlen sollte.

Während einer Versammlung seiner Gaffel kam es zu einem heftigen Schlagabtausch zwischen ihm und einem der Bürgermeister. Nach Gülich würde *»Köln wie Jerusalem scheitern und kein Stein auf dem anderen bleiben«*, wenn *»der Meineid, das Stehlen, das Säckeln«* nicht aufhörten. Seine Gaffelgenossen waren baff ob solch dreister Worte gegenüber der hohen Obrigkeit, obwohl er nur aussprach, was ohnehin alle dachten. Um es nicht bei diesem Wortgefecht zu belassen, setzte er sich nach der Sitzung hin und schrieb eine Liste, in der er alles aufführte, was in der Stadt im Argen lag. Diese Klageliste überreichte er im September 1680 dem Rat.

Da Gülich überall in der Bevölkerung rege Zustimmung fand, konnte der Rat den Beschwerdebrief nicht einfach unter den Tisch fallen lassen, so wie er es mit Sicherheit gern gemacht hätte. Er tat also das, was ein politisches Gremium in solch einem Fall eben tut: Er setzte einen Untersuchungsausschuss ein. An dieser Kommission sollten auch die Gaffeln beteiligt werden, und so kam Nikolaus Gülich gleichfalls in diesen Ausschuss.

Als erstes nahmen die Kommissionsmitglieder die Beschwerden und Anklagen aus der Bevölkerung entgegen. Die Vorwürfe reichten von Bestechlichkeit und Erpressung über Machtmissbrauch und Wahlbetrug bis hin zur Fälschung der Ratsprotokolle und Rechnungsbücher. Tumulte in der Bevölkerung führten der Kommission vor Augen, dass sie ihre Aufgabe nicht auf die leichte Schulter nehmen durfte. Das Ergebnis der Untersuchungen war schliesslich die Verurteilung der Bürgermeister der letzten vier Jahre; sie mussten hohe Geldstrafen zahlen und wurden für die weitere Zukunft von allen Ämtern ausgeschlossen.

Mit diesem Ergebnis hätte Nikolaus Gülich zufrieden sein können; und offensichtlich war er es zunächst auch. Die weitere Initiative ging von seinen Gegnern aus. Sie erreichten nämlich beim Kaiser, dass dieser nun eine eigene kaiserliche Untersuchungskommission einsetzte, die aber schon bald in Köln in Misskredit geriet, als ihre allzu offenkundige Sympathie für die verurteilten Bürgermeister zu Tage trat.

Zwei Jahre nach Gülichs Beschwerdebrief führte die Agitation gegen ihn jedoch zu seiner Verhaftung. Der Rat warnte alle Bürger vor dem Umgang mit dem *»obrigkeitsfeindlichen Rebellen«*. Aber der Rat hatte die Rechnung ohne den Wirt gemacht. Auf Verlangen der Bürgerschaft musste der *»Hochweyse Rath«* schon kurze Zeit später Nikolaus Gülich nicht nur aus der Haft entlassen, sondern ihn mit einer Eskorte von über vierhundert Roten

Funken auf einem Thron durch die Stadt zu seinem Gaffelhaus tragen lassen, um ihn für jedermann sichtbar als ehrenwerten Bürger zu rehabilitieren. Seine Anhängerschaft wuchs daraufhin ins Unermessliche, und mit dieser Macht im Rücken spielte sich Gülich jetzt als selbsternannter Hüter der Verfassung auf.

Während der Kaiser in Wien sich gegen die Türken wehren musste, stürzte Nikolaus Gülich mit den Gaffeln im Sommer 1683 den Rat und liess mehrere städtische Beamte verhaften. Von nun an herrschte ein ihm genehmer Rat und ihm genehme Bürgermeister in Köln. Er selbst ernannte sich zum Stadtsyndicus; das war das Amt, dessen Inhaber die Prozesse gegen die verhafteten Beamten leitete. Dass Gülich für dieses Amt nicht die notwendigen Kenntnisse besaß, schien niemandem als Hinderungsgrund aufgefallen zu sein. Sein schärfster Gegner, der Stadtsekretär Gereon Hesselmann, wurde nur einen Monat nach seiner Festnahme hingerichtet. Dieser Justizmord – selbst in der Bevölkerung wurde er als solcher gesehen – kostete Gülich viele Sympathien. Auch seine zur Schau getragene Selbstherrlichkeit machte ihn nicht gerade populär. Wie ein Diktator gebärdete er sich. Viele seiner Anhänger wandten sich wieder von ihm ab.

In der Zwischenzeit hatten seine Gegner noch einmal beim Kaiser interveniert, und wieder wurde ein kaiserlicher Untersuchungsausschuss gebildet. Aber diesmal tagte die Kommission nicht in Köln, sondern in Mühlheim, in Sichtweite auf dem anderen Rheinufer – zeitweilig sogar im weniger langweiligen Düsseldorf. Im August 1685 legte sie ihr Ergebnis vor: Der unrechtmässig entmachtete Rat und alle Beamten waren wieder in ihre Ämter einzusetzen. Die gesamte Stadt, die Gaffeln, der gegenwärtige Rat mit den beiden Bürgermeistern, Nikolaus Gülich und seine engsten Mitstreiter wurden aufgefordert, sich dem Spruch der Kommission zu unterwerfen. Anderenfalls drohe Acht und Bann. Während die Gaffeln sich unterwarfen, glaubte Gülich sich im Recht und verweigerte seine Zustimmung. Daraufhin wurde er als Landfriedensbrecher geächtet. Sein Spiel war verloren; nun verlor er auch noch die Reste seiner Anhängerschaft, zumal der von ihm versprochene Wirtschaftsaufschwung auf sich warten ließ.

Aus Angst, mit ihm in kaiserliche Vergeltungsaktionen hineingezogen zu werden, wurde er schließlich mit zwei seiner Mitarbeiter verhaftet und der kaiserlichen Delegation ausgeliefert. Das Todesurteil wurde auf der Mülheimer Heide vollzogen, nachdem Gülich zum wiederholten Male seine Unschuld und seine kaiserliche Gesinnung beteuert hatte. Für alle übrigen Kölner erließ Kaiser Leopold I. eine Generalamnestie.

Das wieder eingesetzte Establishment in Köln zeigte seinen ganzen Hass auf Gülich und seine Furcht vor weiteren Aufrührern, indem es sein Haus abreißen ließ und beschloss, dass dieser Platz nie wieder bebaut werden dürfe. Auch heute noch ist der Platz an den Obermarspforten unbebaut. Ein Brunnen plätschert hier vor sich hin – das heißt: wenn die Stadt gerade genug Geld hat, um ihre Brunnen plätschern zu lassen. Auf dem nun leeren Grundstück wurde 1686 eine sogenannte Schandsäule errichtet, die Nikolaus Gülichs Kopf in Bronze von einem Schwert durchbohrt zeigte. Sein wirklicher Kopf wurde auf einer Stange am Bayenturm zur Schau gestellt. Fast neunzig Jahre soll er dort zu sehen gewesen sein.

Noch heute tun sich viele mit der Figur des Nikolaus Gülich schwer. War er der Held der kleinen Leute, die er vor der Arroganz der Macht schützen wollte? War er gar ein tragischer Michael Kohlhaas, der in bester Absicht nur zu den falschen Mitteln griff? Oder muss man ihn als egozentrischen, machtbesessenen Usurpator sehen? Als die Franzosen etwa hundert Jahre später Köln besetzten, entfernten sie die Schandsäule und ernannten Gülich zu einem Vorkämpfer der französischen Revolution.

Wie auch immer wir diesen Menschen beurteilen, eines müssen wir dabei allerdings festhalten: Er war absolut erfolglos! Nach seinem Tod gab es wieder die alte Misswirtschaft in den herrschenden Kreisen. Diese konnten sich nun sogar noch hemmungsloser aufführen, hatten sie doch gerade demonstriert, dass der Kaiser ihre Machenschaften deckte. Ausserdem stand Gülichs Hinrichtung jedem möglichen Aufrührer als abschreckendes Beispiel vor Augen.

Erstaunlicherweise hat sich einer in diesem Hin und Her zwischen Kaiser, etabliertem Stadtregiment und den gülichen Rebellen heraus gehalten. Richtig: der Erzbischof! Wir haben schon gesehen, dass er zu den eigentlichen Gewinnern des dreißigjährigen Krieges gehörte. Wie die übrigen Reichsfürsten war seine neue Stellung nahezu unabhängig von Kaiser und Reich. Schauen wir uns einmal an, wie der Kölner Erzbischof seine neu gewonnene Unabhängigkeit nutzte.

Dazu müssen wir aber zunächst einen Abstecher nach Paris machen. Dort ist ein kleiner Knabe König von Frankreich: der vierzehnte Ludwig. Dass er später einmal als Sonnenkönig verehrt werden sollte, hat in seiner Jugend noch keiner geahnt. Er stand nämlich unter dem Pantoffel seines allmächtigen Ministers Mazarin. Gegen dessen absoluten Machtanspruch erhoben sich die grossen Adligen Frankreichs, zeitweise sogar so erfolgreich, dass Mazarin bei seinem Freund, dem Erzbischof in Bonn, Zuflucht suchen musste. Seit damals bestand ein freundschaftliches Band zwischen den Kölner Erzbischöfen und dem französischen Thron.

Die erste Bewährungsprobe für diese Freundschaft ließ nicht lange auf sich warten. Nach Mazarins Tod befreite sich der mittlerweile erwachsene »Louis Quatorze« von jeder Bevormundung und herrschte als absoluter König über seine Untertanen. Und zu solchen wollte er auch die reichen Holländer machen. Die waren jedoch ganz und gar nicht damit einverstanden und wehrten sich. So kam es zum Krieg zwischen Holland und Frankreich.

Natürlich wurden auch die unmittelbaren Nachbarn in diesen Krieg verwickelt. Im frankophilen Bonn war man nicht untätig geblieben und hatte eine Allianz von westdeutschen Fürsten auf die Beine gestellt, die offen den französischen König unterstützten. Auf der anderen Seite unterstützten der Kaiser und der Grosse Kurfürst von Brandenburg die Holländern unter ihrem energischen Führer Wilhelm von Oranien. Doch Ludwig wäre nicht Ludwig gewesen, hätte er für seine Ziele nicht halb Europa in den Krieg gestürzt. Um dem Kaiser und dem Brandenburger eine zweite Front aufzuzwingen, hetzte er die Ungarn, die Türken und die Schweden gegen die beiden.

Wir wollen aber unser Augenmerk auf Bonn und Köln richten. Erzbischof war zu dieser Zeit ein Bayer namens Max Heinrich – ein scheuer, schüchterner und etwas eigenbrötlerischer Mann, der seine Zeit lieber in der Alchimistenküche (oder sollten wir lieber Chemielabor sagen?) verbrachte, als sie mit Regierungsangelegenheiten zu verplempern. Diese schmutzige Arbeit überliess er liebend gern anderen, und es fanden sich auch zwei, die sie liebend gern übernahmen: das Brüderpaar von Fürstenberg, ein mit allen Wassern gewaschenes Pärchen. Sie waren es, die die Allianz mit Frankreich gegen das Reich betrieben, obwohl sie damit offen gegen jedes Recht verstießen. Der etwas einfältige Kurfürst war ihnen in keiner Weise gewachsen.

Als Wilhelm von Oranien im Laufe der Kriegshandlungen Brauweiler zu seinem Quartier machte wurde es im Rheinland für Franzosenfreunde gefährlich. Max Heinrich flüchtete sich nach Köln in das Pantaleonskloster, wo er sich ganz seinen chemischen Versuchen hingab. Es ist stark zu vermuten, dass er nicht nur vor dem Holländer floh, sondern vielmehr vor seinen eigenen Leuten, den raffinierten Fürstenbergs. Max Heinrich blieb nämlich, auch als die Gefahr vorüber war, in seiner einsamen Zelle. Für die nächsten elf Jahre führte der Erzbischof von Köln ein Einsiedlerdasein.

Unterdessen versuchten die Kriegsparteien sich zu einigen. Zu diesem Zweck trafen sich die Bevollmächtigten aller Beteiligten nicht weit vom experimentierenden Erzbischof im Karmeliterkloster am Waidmarkt. Die Fürstenbergbrüder fühlten sich als Gastgeber und nahmen ihre Aufgabe sehr ernst. Das verelendende Köln sah die prächtigsten Feste, die üppigsten Gelage und die glanzvollsten Bälle. Der Kongress tanzte – und Köln schaute zu.

Die beiden Fürstenbergs spielten nicht nur die perfekten Gastgeber, sie versuchten auch politisch zu dominieren. Doch da passierte etwas Unerwartetes: Einer der beiden Brüder wurde auf offener Strasse entführt und in seiner eigenen Kutsche aus der Stadt geschafft, ohne dass die Roten Funken am Stadttor eingegriffen hätten. Kurze Zeit später tauchte er als Gefangener des Kaisers in Wien wieder auf. Ein bittere Schlappe für das sich wie immer neutral verhaltene Köln. Nicht einmal mehr die Sicherheit der Teilnehmer an einem Friedenskongress konnte es gewährleisten. Die Entführung bedeutete gleichzeitig das Ende der Friedensverhandlungen. Erst vier Jahre später wurde in Nimwegen der Friede zwischen Frankreich und Holland geschlossen. Köln spielte dabei keine Rolle mehr.

Der nächste Krieg, in den Köln verwickelt wurde, folgte nur zehn Jahre später. Wieder war es der französische Ludwig, der anfing. Diesmal hatte es ihm die Pfalz angetan; wieder war der Erzbischof sein Parteigänger, wieder der Kaiser, der Brandenburger und die Holländer seine Gegner. Die Franzosen praktizierten in diesem Feldzug die Politik der verbrannten Erde. Nicht nur die Pfalz lag danach in Trümmern, auf der anderen Seite wurden auch die Schlösser in Brühl, Münstereifel, Zülpich, Lechenich und Kerpen zum Teil erheblich in Mitleidenschaft gezogen. Desgleichen erlebten Andernach und Ahrweiler ihre Zerstörung. Das Erzbistum hatte für seine Franzosenfreundlichkeit schwer zu büssen. Der gute alte Max Heinrich überlebte diese Schmach nicht lange; er starb noch im selben Jahr.

Sein Nachfolger, wieder ein Bayernprinz, war gerade sechzehn Jahre alt und wehrte sich mit Händen und Füssen gegen seine Wahl zum Erzbischof. Welcher Teenager sieht auch schon im Zölibat seine erhoffte Zukunft. Aber alle Tränen halfen nicht; gegen die grosse Politik hatte er keine Chance.

Joseph Clemens, das war sein Name, folgte der Politik seines Vorgängers. Im nun folgenden Spanischen Erbfolgekrieg hielt er sich wieder an die Franzosen. Und wieder stand der Kaiser auf der anderen Seite. Und wieder einmal blieb die Stadt Köln – wen überrascht es? – neutral.

Köln spielte in der großen Politik keine Rolle mehr. Nur noch einmal wird es in der Stadt interessant.

Wieder herrschte Krieg. Diesmal war es aber nicht Ludwig XIV., der ist schon seit einigen Jahrzehnten tot, diesmal war der alte Fritz in Preussen der Aggressor. Hatte Ludwig ein Auge auf das reiche Holland und die blühende Pfalz geworfen, so war Friedrich nicht bescheidener: sein Ehrgeiz richtete sich auf Schlesien, das aber zu Österreich gehörte.

Der Kriegsverlauf ist für die Kölner Geschichte ohne Belang. Köln war wie immer kaisertreu, wollte sich nichtsdestoweniger auch jetzt nicht einmischen. Es konnte jedoch nicht verhindern, dass Franzosen in der Stadt einquartiert wurden; diesmal kamen sie dem Kaiser zu Hilfe. Das stimmt nicht ganz. Der Mann an der Spitze des Reiches war zur Zeit nämlich eine Frau: Maria Theresia.

An die vierundzwanzigtausend Soldaten mussten in Köln untergebracht werden. Bei einer Einwohnerzahl von etwa vierzigtausend kann man sich die Belastungen der Kölner lebhaft vorstellen. Anstatt, wie früher, an Kriegen zu verdienen, war man nun gezwungen, diese Franzosen umsonst zu versorgen. Und dabei führten die sich nicht wie Verbündete auf. Da der französische Kommandeur und seine Offiziere nicht wegen jeder Kleinigkeit mit dem Rat verhandeln wollte, verlangte er dreist die Stadtschlüssel. Die Kölner kamen sich wie Besiegte vor. Übrigens waren das jene Offiziere, die das *eau de cologne* in ihren Taschentüchern benutzten, um dem Gestank zu entgehen.

Aber der Gipfel sollte noch kommen: Die Franzosen verlangten von der offiziell neutralen Stadt die Herausgabe ihrer Artillerie. Als der Rat sich rundheraus weigerte, dem zu entsprechen, brachen die Franzosen das Zeughaus auf und bedienten sich selbst. Die Kölner Proteste nahm man auf französischer Seite überhaupt nicht zur Kenntnis.

Und dann kam noch die Schmach dazu, dass im Frieden von Hubertusburg, der den Krieg beendete, Köln nicht einmal für die Einquartierung entschädigt wurde. Das tat weh!

Das waren also die Erfahrungen der Kölner mit den Franzosen. Sie wissen natürlich, oder ahnen zumindest, womit sich das nächste Kapitel beschäftigen wird.

Richtig: mit den Franzosen in Köln. In dieser Zeit scheint den Kölnern auch nichts erspart geblieben zu sein.

kapitel 13

Freiheit, Gleichheit, Brüderlichkeit

In Paris machten die Franzosen Revolution, sie stürmten die Bastille – das heißt, die Besatzung der Bastille ergab sich, bevor sie gestürmt werden konnte –, sie machten alle Menschen frei und gleich, sie verhafteten ihren König und ihre Königin, schlugen beiden den Kopf ab und gründeten eine Republik. Um die Feinde der Revolution zu vernichten, stand die Guillotine rund um die Uhr nicht still.

Aber die eigentlichen Feinde der Revolution waren nicht in Frankreich zu finden, sondern im übrigen Europa: Alle Kaiser, Könige und Fürsten fürchteten um ihren Thron, falls die revolutionären Ideen auch ihre eigenen Untertanen erfassen sollten. Also führte man Krieg gegen das revolutionäre Frankreich. Der Kaiser, der mittlerweile faktisch nur noch über Österreich herrschte, Preußen, England, Spanien, Portugal, Neapel – zeitweilig halb Europa – befand sich im Kriegszustand mit Frankreich.

Dreimal dürfen Sie raten, auf welche Seite sich Köln schlug. Selbstverständlich blieb es neutral! Aber irgendwie musste es sich doch zu einer Seite bekennen; das hier war schließlich kein purer Machtkrieg, sondern es ging auch um eine Ideologie. Die Frage war: Sollten die Menschen frei sein, oder sollten sie der Obrigkeit gehorchen?

Köln bekannte sich schließlich zu einem Standpunkt; zumindest ein bisschen: Als im ersten Revolutionsjahr auch in Köln von radikalen Elementen Aufstände und Krawalle angezettelt wurden – man trug die Kokarde in den französischen

Farben am Revers und sang Revolutionslieder –, da schlug der Rat diese Aufstände nieder und griff hart durch. Und als es immer mehr Flüchtlinge aus Frankreich an den Rhein verschlug, verweigerte man ihnen den Aufenthalt in Köln. Da man es sich trotzdem nicht ganz mit dem neuen Regime in Frankreich verderben wollte, übersah man geflissentlich viele der Emigranten in der Stadt. So konnte man später behaupten, man sei schon immer ein Sympathisant der Revolution gewesen.

Wenn Köln auch versuchte, sich aus diesem Krieg heraus zu halten, so konnte es nicht verhindern, dass die anderen Parteien es nicht heraus hielten. Als französische Truppen 1792 in Belgien einmarschierten und bis ins Rheinland vorstießen, musste Köln wieder einmal eine Besatzung hinnehmen. Kaiserliche Reichstruppen ersetzten die Roten Funken an den Stadttoren und auf der Mauer; ein Zeichen, wie wenig man den Kölnern in militärischer Beziehung zutraute. Aber noch konnten die Revolutionsarmeen zurückgeworfen werden, bevor ihr unaufhaltsamer Siegeszug durch ganz Europa einsetzte.

1794 war es dann soweit: Wieder stießen die Franzosen an den Rhein vor, doch diesmal ohne auf Widerstand zu treffen. Die preußischen und österreichischen Truppen hatten sich über den Rhein in Sicherheit gebracht, ebenso der Erzbischof, übrigens ein Bruder der gerade hingerichteten französischen Königin Marie Antoinette. Viele seiner Kleriker taten es ihrem Chef gleich.

In Köln traf sich der Rat zu einer Krisensitzung. Wie sollte man sich verhalten angesichts der Franzosen, die bereits von einer Erhebung in Müngersdorf aus die Stadt beobachteten? Sollte man sich auf die schon oft bewährten Mauern verlassen? Immerhin waren sie schon etwa sechshundert Jahre alt und einer modernen Belagerungsarmee auf keinen Fall mehr gewachsen. Außerdem hatten die Kölner Kaufleute und Handwerker keinerlei militärische Erfahrung. Die Roten Funken waren seltsamerweise seit dem Abzug der Reichstruppen wie vom Erdboden verschluckt.

Das Ergebnis dieser Krisensitzung war, dass der Bürgermeister sich in seine Kutsche setzte, und sich zum französischen Befehlshaber chauffieren ließ. Daraufhin rückte die französische Armee vor, und am Hahnentor übergab Bürgermeister von Klespe dem französischen General Championnet die Stadtschlüssel als offizielles Zeichen für die Kapitulation Kölns. Zum ersten Mal seit den Normanneneinfällen vor neunhundert Jahren wurde Köln von feindlichen Truppen eingenommen.

Das war am 6. Oktober 1794. Ein schicksalsschweres Datum für unsere Stadt! Am 6. Oktober 1794 hörte Köln auf, freie Reichsstadt zu sein. Welchen Status die Stadt in Zukunft einnehmen würde, das stand noch in den Sternen. Aber bleiben wir vorerst noch bei jenem 6. Oktober.

Bis zum Abend hatte man an die zwölftausend Soldaten in den Bürgerhäusern unterzubringen. Und hunderttausend Brote mussten abgeliefert werden. Dass später noch weitere Forderungen erhoben werden würden, war allen klar. Die Stimmung war unterschiedlich. Der Großteil der Bevölkerung sah die Fremden mit einer geballten Ladung von Misstrauen. Welche Besatzungstruppen werden schon freundlich begrüßt? Und außerdem war das arrogante Benehmen der Franzosen, die vor knapp dreißig Jahren als Verbündete in Köln einquartiert waren, noch nicht vergessen. Aber den meisten war auch klar, dass sie von den Errungenschaften der Revolution nur profitieren konnten. Die Mehrzahl derer, die nur zu verlieren hatten, war ohnehin mit den Reichstruppen über den Rhein geflohen.

Am Tag nach dem Einmarsch gab es die erste Proklamation: Der Volksvertreter Gillet, der Inhaber der höchsten zivilen Gewalt beim Heer, verkündete allen Kölnern, dass sie von nun an das Recht der freien Religionsausübung hätten und das Recht der freien Gewerbewahl. Mit einem Federstrich wurde damit das verknöcherte Zunftwesen vom Tisch gewischt. Jeder konnte in Zukunft den Beruf ausüben, den er sich aussuchte, kein Zunftmeister konnte ihn mehr daran hindern. Freie Bahn dem freien Unternehmertum!

Mit der Religionsfreiheit fiel das zweite mittelalterliche Überbleibsel. Endlich durften auch Protestanten frei und ungehindert in Köln leben. Unklar bleibt, warum es noch acht weitere

Jahre dauerte, bis tatsächlich die erste protestantische Messe in Köln gelesen wurde. Wahrscheinlich war die religiöse Intoleranz aus den sturen katholischen Köpfen nicht so schnell hinauszutreiben, wie es vielleicht wünschenswert gewesen wäre. Aber immerhin – besser langsam und spät als nie! Die allmählich aufblühende protestantische Gemeinde wählte sich aus dem enteigneten Kirchenbesitz die Antoniterkirche an der Schildergasse als ihre Kirche aus. Auch das zugehörige Kloster wechselte in protestantische Hände.

Das Recht der freien Religionsausübung erstreckte sich natürlich ebenso auf die Juden. Auch sie wurden zum ersten Mal seit über dreihundertfünfzig Jahren wieder in Köln zugelassen. Im ehemaligen Klarissenkloster an der Glockengasse trafen sie sich zu ihren Versammlungen, und hier bauten sie tatsächlich ein paar Jahre später ihre Synagoge. Einer der ersten Juden, der sich wieder in Köln ansiedelte, war der Bankier Salomon Oppenheim, dessen Bankhaus später enormen Anteil am Ausbau des europäischen Eisenbahnwesens haben sollte.

Die vollen Bürgerrechte erhielten Protestanten und Juden allerdings erst drei Jahre später, im Dezember 1797.

Am zweiten Tag nach dem Einmarsch, dem 8. Oktober, verkündete Gillet, dass der Rat und die Verwaltung der Stadt bestehen blieben und dass Personen, Eigentum und Gesetze von den Franzosen geachtet würden. Immerhin beruhigte das die skeptischen Kölner ein bisschen.

Am 9. Oktober, dem Tag drei nach dem Einmarsch, wird der Stadtrat zum Neumarkt kommandiert, wo die Franzosen einen Freiheitsbaum, das Symbol der Revolution, aufgepflanzt hatten. Unter den Tönen von Revolutionsliedern musste der altehrwürdige Rat den revolutionären Baum umschreiten. Der Neumarkt erhielt dazu einen neuen Namen: Place de la République.

Schlag auf Schlag folgte jetzt eine Neuerung auf die andere. Wie skeptisch die Kölner gegenüber diesen Neuerungen waren, zeigt folgende Notiz eines Bürgers: »*Fast täglich meldet der Trommelschlag der Stadt immer Neues, aber nur Schlimmes. Das einzige, was in unserem Elend uns tröstet, ist die überaus strenge*

Manneszucht. Man hört in der Stadt nichts von Diebstahl oder Raub, von Schändung. Um sechs Uhr abends müssen sämtliche Soldaten in ihren Quartieren sein und die Straßen sind sicher.« Wenigstens etwas Gutes!

Nachdem die politischen Verhältnisse nun vorläufig geklärt und die Truppen versorgt waren, machte sich Volksrepräsentant Gillet an das für ihn wohl dringlichste Problem. Ein zivilisierter Franzose wie er konnte es im verwahrlosten Köln kaum ausgehalten haben. Deshalb erging die Anordnung, dass die Straßen und Plätze sauber zu halten seien. Jeder Bürger musste jetzt den Abschnitt vor seiner Tür fegen – und zwar täglich. Auch die Schweine waren von den öffentlichen Straßen fernzuhalten. Sogar für eine Beleuchtung der nächtlichen Gassen sollten Rat und Bürger sorgen. Aber mit all diesen Anordnungen hatten die Franzosen wenig Erfolg. Wenn einem Kölner seine Nachlässigkeit bei der Sauberhaltung vorgeworfen wurde – und dazu gab es fast ständig Anlass –, konnte er immer entgegnen, der andere solle gefälligst erst einmal vor seiner eigenen Tür kehren. So konnte er erfolgreich allen Vorhaltungen seiner Mitbürger entgehen. Der Verordnung war offensichtlich kein Erfolg beschieden; Köln war und blieb ein Schweinestall.

Auch bei der Einführung der Assignaten, dem französischen Papiergeld, leisteten die Kölner auf ihre Weise Widerstand. In ihren Augen war das Geld nichts wert, und damit hatten sie nicht so ganz unrecht. Nicht einmal ein Jahr nach der Einführung hatten die Assignaten neun Zehntel ihres Wertes eingebüßt; noch ein weiteres knappes Jahr und die Kölner hatten ihr gutes, altes Geld wieder, den vertrauten Taler – zumindest vorläufig, bis dann ab dem Jahre 1800 die französischen Francs und Centimes auch in Köln galten.

In den ersten Jahren der Besatzung arbeiteten der Kölner Rat und die französische Militärverwaltung ganz gut zusammen. Wenn es zu Konflikten kam, dann betrafen sie Verstöße gegen die Assignatenbestimmungen und Beschwerden gegen die zu hohen Kosten, die Köln für die Besatzungstruppen aufbringen musste. Einmal machte sich sogar ein Bürgermeister nach Paris auf, um dort an höchster Stelle seine Beschwerden vorzutragen. Er argumentierte, dass Köln schließlich schon seit dem Mittelalter eine freiheitliche Verfassung habe und damit die Ideen der französischen Revolution schon lange vor Frankreich verwirklicht habe. Der Wohlfahrtsausschuss in Paris ging auf diese Argumentation zur Verwunderung der Kölner überhaupt nicht ein; er entschied, dass Köln als Teil des Deutschen Reiches besetzt worden sei und die Stadt keinerlei Privilegien zu erwarten habe.

Aber das war noch nicht genug der Demütigung: Eines der Ziele der französischen Revolution war die Ablösung des christlichen Glaubens durch die Vernunft. Also wurden Kirchen verstaatlicht, Klostergemeinschaften aufgelöst und Kleriker vertrieben. Diese Politik traf Köln ganz besonders hart, gab es hier doch an jeder Ecke mindestens zwei Kirchen und ein Kloster. Die ehemalige Jesuitenkirche in der Marzellenstraße wurde nun zum Tempel der Vernunft. Da hatten die Franzosen aber nicht mit den treu katholischen Kölnern gerechnet. Diese leisteten so hartnäckigen Widerstand gegen den Kult der Vernunft, dass sie damit zumindest eine Tolerierung des katholischen Gottesdienstes in Köln erzwangen.

Nichtsdestotrotz blieben die Kirchen und ihr Grundbesitz Eigentum des Staates. Mehr als hundert Kirchen und Klöster wurden verkauft oder abgerissen, als Kohlen- und Tabaklager genutzt, als Lazarett oder Kaserne zweckentfremdet. Als dann 1801 ein Konkordat zwischen dem Papst und der französischen Republik geschlossen wurde, verlor Köln auch noch sein Erzbistum. An dessen Stelle trat das neue Bistum Aachen. Das war der traurige Tiefpunkt für das Heilige Köln.

Und einen weiteren Schlag musste unsere Stadt hinnehmen. Als sich einige Professoren mit ihrem Rektor Ferdinand Franz Wallraf weigerten, einen Treueid auf die französische Republik zu leisten, wurden sie kurzerhand ihrer Ämter enthoben und die Hochschule geschlossen. Nach über vierhundert teils ehrenvollen, teils weniger ehrenvollen Jahren gab es in Köln keine Universität mehr. Erst nach dem Ersten Weltkrieg sollte sie wiedereröffnet werden.

Trotz all dieser nicht gerade populären Maßnahmen, trotz der vielen Demütigungen ist es erstaunlich, mit welcher Gleichgültigkeit und Anpassungsbereitschaft sich die Kölner auf die neuen Verhältnisse einstellten. Es dauerte nicht lange, und nirgendwo war mehr Trauer über die verflossenen reichsstädtischen Zeiten zu erkennen. Niemand – zumindest niemand, der ernst zu nehmen wäre – wünschte sich die alten Zustände wieder zurück. Dies macht deutlich, wie sehr die meisten Kölner in den Jahrzehnten vor der Revolution unter den Missständen in der Stadt hatten leiden müssen. Die Bürger arrangierten sich jetzt erstaunlich schnell mit den neuen Herren.

Das steigerte sich noch einmal, als in Frankreich Napoleon das Steuer in die Hand nahm; jetzt waren die Kölner geradezu begeistert.

Die erste Verordnung Napoleons schaffte eine neue Bürgermeisterordnung: Zukünftig gab es nur noch einen ehrenamtlichen Bürgermeister, jetzt *maire* genannt, und einen Munizipalrat, bestehend aus dreißig Mitgliedern.

Allerdings haben weder Bürgermeister noch Rat allzuviel zu sagen. Köln wird nämlich mit dem gesamten linksrheinischen Gebiet französisch und damit der Zentralregierung in Paris unterworfen. Die Kölner sind von nun an also Franzosen und Köln ist wieder einmal Grenzstadt.

Natürlich bekommen auch die Kölner Straßen und Plätze jetzt alle französische Namen, die Häuser werden einzeln durchnummeriert und zu Besteuerungszwecken neu geschätzt. Das Haus Nr. 4711 in der Glockengasse sollte weltberühmt werden. Übrigens wurde bei dieser Schätzung die baufällige Domruine auf nur etwa den fünfundzwanzigsten Teil dessen taxiert, was die Kirche St. Cäcilien mit ihrem Grundbesitz wert war.

Die Begeisterung der Kölner für ihren Napoleon trat ganz besonders während dessen Besuch im Herbst 1804 zu Tage.

Es ist schon fast dunkel, als der kleine Korse mit seinem Gefolge durch das Eigelsteintor in die Stadt reitet. (Nach anderen Quellen kommt er durch das Hahnentor.) Wie auch immer; die Kölner jedenfalls schirren in ihrem Enthusiasmus die Pferde seiner Kutsche aus und ziehen sie selbst bis zum Neumarkt, wo der Kaiser im Blankenheimer Hof für die nächsten vier Tage residieren wird. Die ganze Stadt ist festlich erleuchtet und an allen Ecken erschallt ein »Vive l'Empereur« nach dem anderen.

Schon ein paar Monate zuvor, als Napoleon sich per Volksabstimmung den erblichen Kaisertitel zuerkennen ließ, gab es in Köln angeblich nur eine Stimme, die dagegen war. Selbst der gefeuerte Rektor der Universität, Wallraf, ist mittlerweile zum Napoleonanhänger geworden, und er ist es auch, der die Feierlichkeiten anlässlich dieses Besuches organisiert.

Napoleon ist von der Hingabe der Kölner so angetan, dass er Köln in den Stand der *bonnes villes*, der guten Städte erhebt und ihr ein eigenes Wappen schenkt. Aus lauter Dankbarkeit führt Köln sogar ein »Fest des heiligen Napoleon« ein, das künftig jeweils im August begangen wird.

Köln erlebte nun schon seit zehn Jahren die Franzosenherrschaft, und vieles hatte sich in diesen zehn Jahren verändert. Aber mit den Neuerungen ist noch lange nicht Schluss. Jetzt wurde der ungeliebte Revolutionskalender wieder abgeschafft und der vertraute gregorianische erneut verbindlich eingeführt.

Die Franzosen kümmerten sich sogar um die Beerdigungen in Köln. Wurden die Toten bisher auf den jeweiligen Pfarrfriedhöfen in der Stadt bestattet, so wurde nun draußen vor den Mauern der Melatenfriedhof eröffnet, auf einem Gelände, das bis vor kurzem noch als Leprakolonie und Hinrichtungsstätte gedient hatte.

Das Gesundheitswesen, das bisher in kirchlichen Händen gelegen hatte, organisierten sie nun in städtischer Zuständigkeit – es entstanden Hospitäler, ein sogenanntes Tollhaus für Geisteskranke und ein Waisenhaus; bei den Maßeinheiten führten sie das Dezimalsystem verbindlich ein – Meter und Liter fanden durch die Franzosen ihren Einzug in Köln – und am Thürmchenswall nahmen sie einen neuen Hafen in Angriff,

Die bedeutsamste Neuerung der Franzosen war freilich die Einführung eines neuen Rechts: Die Kölner kamen jetzt in den Genuss eines Bürgerlichen Gesetzbuches (des *code napoléon*), eines Handelsgesetzbuches, eines Strafgesetzbuches, einer Zivil- und einer Strafprozessordnung. Dass die Kölner diese Errungenschaften auch als solche ansahen, beweist, dass sie sich auch in der Zeit nach dem Abzug der Franzosen weigerten, diese Gesetzbücher aufzugeben. Der *code napoléon,* den die Kölner zu ihrem »Rheinischen Recht« machten, war bis ins zwanzigste Jahrhundert gültig, teilweise sogar bis 1969.

Was hatte sich nun für den kleinen Mann auf der Straße geändert? Durch die Säkularisation und durch die Aufhebung des Zunftzwanges wurde das ohnehin schon ziemlich löchrige soziale Netz noch weiter abgebaut. Ehemals abgesicherte Handwerker und zunehmend auch ganze Familien rutschten jetzt in die Armut ab.

In diesem Zusammenhang muss gleichfalls die Kontinentalsperre genannt werden, mit der Napoleon versuchte, seinen Hauptgegner England wirtschaftlich in die Knie zu zwingen. Die Sperre hatte eine Umstrukturierung der Wirtschaft zur Folge, und damit auch die Begleiterscheinungen eines solchen Umbruches: Neben einer zunehmenden Arbeitslosigkeit blühte das Schmugglerwesen auf. Besonders lukrativ war für die Schmuggler, trotz des ständigen Kampfes mit den französischen Zöllnern, die Seide.

Ein Chronist meinte dazu: »*Für den müßiggängerischen köllnischen Pöbel konnte wirklich keine bessere Beschäftigung erdacht werden, als dass man ihm Gelegenheit gab zu schmuggeln. Dies Geschäft treibt er denn auch mit aller Anstrengung seiner physischen und geistigen Kräfte. Man sieht den ganzen Tag über kleine Kähne oder Nachen von einem Ufer zum anderen fahren ... Mehrere Jungen und Mädchen fahren täglich zwölf oder mehreremal mit der fliegenden Brücke nach Deutz, um jedesmal einige Karotten Schnupftabak herüberzuholen. Die Mädchen und Weiber haben sie unter den Röcken an Haken hängen oder verbergen sie auf andere Art.*«

Als Napoleon 1811 auf der anderen Rheinseite Mülheim besuchte, und der dortige Bürgermeister ihn zu beruhigen suchte, indem er behauptete, in Mülheim habe man sich noch nie mit Schmuggel abgegeben, dürfte das den Korsen nicht sonderlich überzeugt haben.

Von Mülheim aus wandte sich Napoleon zum zweiten Mal

nach Köln. Diesmal fiel sein Empfang merklich kühler aus als beim ersten Mal vor sieben Jahren. Den Grund erkannte er, als er sich inkognito ein paar Stunden in der Stadt umsah und das große Elend der Armen ihm nicht verborgen blieb. Spontan stiftete er zwölftausend Francs zur Linderung der größten Not.

Dabei lag die größte Not noch vor den Kölnern. Der Kaiser plante nämlich einen Feldzug gegen Russland; eine Armee von bisher noch nie dagewesenem Umfang sollte den Feind in den russischen Weiten bezwingen.

Dreihundert Kölner gehörten zu dieser *grande armée,* nur wenige kehrten in ihre Heimatstadt zurück. Und trotzdem verhielt sich Köln loyal; von dem Sturm, der sich nach der Katastrophe in Russland in Preußen erhob und der Napoleon endgültig entmachten sollte, merkte man hier in Köln nichts. Sogar noch nach seiner Niederlage in der Völkerschlacht bei Leipzig feierte man Napoleons Geburtstag, wie man es seit Jahren tat.

Kaum einen Monat nach der kaiserlichen Geburtstagsfeier standen die ersten Preußen vor den Toren. Major von Boltenstern mit seinem Bataillon Gardejäger und russischen Dragonern hatte mit einigen Kähnen den Rheinübergang gewagt, eine französische Schanze bei Riehl genommen und schickte sich nun an, das Eigelsteintor anzugreifen. Noch hatten die Franzosen keine Mühe, diese Vorhut zurückzuschlagen. Auf der Flucht zurück über den Rhein traf den Major, wie auch vielen seiner Soldaten, die tödliche Kugel.

Aber schließlich war es doch vorbei; am 14. Januar 1814 rückten die Franzosen ab. Der kommandierende General bedankte sich ausdrücklich bei den Kölnern für ihr faires Verhalten und verabschiedet sich von den Bewohnern: »*Adieu jusqu'à la belle saison!*« (»Auf Wiedersehen bis zum Frühjahr«). Noch war der Ruf Napoleons als genialer Feldherr so groß, dass an seinem Sieg nicht gezweifelt wurde. Daraus ist dann aber doch nichts mehr geworden. Jedenfalls verhinderte diese Zuversicht, dass hier die Politik der verbrannten Erde praktiziert wurde – zur Erleichterung der Kölner.

kapitel 14

Die arme Familie aus Berlin

Nach der manchmal schwierigen, aber immer aufregenden und immer Neues bringenden Zeit der Franzosen bricht nun für Köln die Zeit der Preußen an. Auch sie ist manchmal schwierig, aber selten aufregend, und viel Neues bringt sie auch nicht, zumindest nicht viel gutes Neues.

»Restauration« war das politische Schlagwort jener Jahre: Die alten Zustände sollten wieder hergestellt werden. Das Misstrauen der Kölner gegenüber den »Stinkpreußen«, den sogenannten »Litauern«, war groß. So groß, dass, als einen Tag nach dem Abzug der Franzosen preußische und russische Truppen kampflos in Köln einmarschierten, die Stadt mit den Preußen keinen Kontakt aufnahm, wohl aber mit den Russen. An den russischen Major von Klemmert wandten sie sich mit der Bitte um Wiederherstellung der alten Reichsfreiheit. Kein Kölner rechnete ernsthaft damit, Köln könnte wieder eine freie Stadt werden, aber man wird ja wohl einmal fragen dürfen.

Doch die politischen Entscheidungen wurden in Wien und nicht in Köln getroffen. Und an der Donau wurde Köln wie auch das gesamte Rheinland dem Königreich Preußen zugeschlagen. Eine erwartete, aber nichtsdestotrotz ziemlich enttäuschende Nachricht. Der Bankier Schaaffhausen brachte das kölnische Selbstwertgefühl gegenüber den ungeliebten Preußen auf den Punkt: *»Jesses, Maria, Joseph, do hierode mer äver in en ärm Famillich.«* (Für all diejenigen, die, wie der Lektor dieses Buches, diesen Seufzer nicht verstehen: »Jesus, Maria und Joseph, da heiraten wir aber in eine arme Familie.«)

Die so formulierte Abneigung sollte sich nur allzu bald als

berechtigt heraus stellen – hatte sich Köln als die rheinische Metropole doch Hoffnungen gemacht, dass sie auch in der Region die führende Rolle spielen könnte. Nachdem die Franzosen in ihrer Verwaltungsstruktur schon kaum auf die Wünsche der Kölner eingegangen waren, sollten die Preußen noch rigoroser über die kölnischen Interessen hinweg gehen.

Doch zunächst schien noch alles gut zu gehen. Als erstes kümmerten sich die neuen Herren um das Schulwesen, das unter den Franzosen arg vernachlässigt worden war. Das noch aus dem Mittelalter stammende *tricoronatum* wurde nun als Kölnisches Gymnasium in der Marzellenstraße wiedereröffnet, dessen Tradition das heutige Dreikönigsgymnasium fortführt. Wie bei vielen anderen Unternehmungen auf dem Bildungsgebiet hatte auch hier der alte Wallraf im preußischen Auftrag seine Finger im Spiel. Unterricht in Mathematik und Physik erteilte der Oberlehrer Georg Simon Ohm. Da ihm die Erforschung der »Ohmschen Gesetze« wohl wichtiger war als das Belehren der mehr oder weniger disziplinierten Schüler, gab er das Unterrichten jedoch schon bald auf, um sich ganz der Elektrizität widmen zu können.

Zehn Jahre nach dem ersten gesellte sich ein zweites, nun evangelisch-preußisch geprägtes Gymnasium hinzu, das heutige Friedrich-Wilhelm-Gymnasium. Und da aller guten Dinge drei sind, und da neben der humanistischen Bildung die praktische Ausbildung nicht vernachlässigt werden durfte, entstand kurz darauf die »Höhere Bürgerschule«, die für die Ausbildung der angehenden Kaufleute zuständig war. Aus dieser ging später das Gymnasium Kreuzgasse hervor.

Aber auch das vierte der klassischen Kölner Gymnasien soll hier nicht verschwiegen werden: die lateinlose Provinzial-Gewerbeschule mit ihrem mathematisch-naturwissenschaftlichen Schwerpunkt, das spätere Humboldt-Gymnasium. Auf dem Gebiet des Schulwesens konnten sich die Kölner also nicht über mangelnde Initiative bei den Preußen beklagen.

Die Ernennung des ersten Oberbürgermeisters war ebenso ganz im Sinne der Kölner. Mit Karl Josef von Mylius stand seit

1815 nicht nur ein Kölner an der Spitze der Stadt, sondern auch ein integerer Mann, der sich später als Landtagsabgeordneter für die Gleichheit aller vor dem Gesetz stark machte, diesem von den Franzosen übernommenen Rechtsgrundsatz.

Im Jahr der preußischen Machtübernahme 1815 wurde Köln Sitz des rheinischen Appellationsgerichts. Aus Platzgründen tagte dieses Gericht zunächst im Rathaus, bevor es ein eigenes Gebäude am später nach ihm benannten Appellhofplatz bezog.

Alles in allem war das erste Jahr der Preußen in Köln ziemlich vielversprechend. Die Kölner hatten allen Grund, hoffnungsfroh in die Zukunft zu schauen.

Das goldene Buch der Stadt, hätte es das damals schon gegeben, hätte in diesem Jahr eine Liste eindrucksvoller Namen enthalten; an der Spitze der Kölntouristen stand der gute alte Johann Wolfgang von Goethe, gefolgt vom Freiherrn von und zum Stein und natürlich von seiner Majestät König Friedrich Wilhelm III. von Preußen, dem neuen Stadtherrn.

Und schließlich, als Tüpfelchen auf dem »i« in diesem Jahr 1815, kam eines von Kölns berühmtesten Gemälden wieder zurück in die Stadt. Die Franzosen hatte die »Kreuzigung Petri« von Peter Paul Rubens, wie auch viele andere Kunstgegenstände, kurzerhand beschlagnahmt und nach Frankreich verfrachtet. Jetzt re-beschlagnahmte Marschall Blücher im Louvre das Rubensbild und ließ es wieder in St. Peter aufhängen, wohin es gehörte.

Auch das nächste Jahr zeigte kaum dunkle Wolken; die Preußen wollten scheinbar alles tun, um den Kölnern zu gefallen. Zunächst wurde Köln Sitz des Oberpräsidenten der Provinz Jülich-Kleve-Berg, zu der Köln nun gehörte. Dann wurde das Postwesen geregelt, das wie zu alten Reichszeiten wieder in die Hände derer von Thurn und Taxis kam. Doch Briefkästen wurden zuerst nur an *»vier schicklichen Stellen der Stadt«* angebracht.

Gleichwohl *das* Ereignis des Jahres 1816 war für die meisten Kölner zweifelsohne jenes erste Dampfschiff, das von Rotterdam den Rhein heraufkeuchte. *»Der Feuerherd ist oben mit Steinen zugedeckt, brennt beständig und verwandelt das siedende Wasser in Dämpfe, welche die Walze treiben, die an jedem ihrer*

Enden ein Rad mit acht Schaufeln hat. Bloß hierdurch in Bewegung gesetzt, kommt das Schiff bei der jetzigen starken Wasserhöhe gegen die heftigste Strömung schneller herauf, als es von Pferden gezogen werden könnte.« So schrieb die »Kölnische Zeitung«. Indessen war zwischen Preußen und Kölnern eben doch nicht alles eitel Sonnenschein, auch wenn die äußeren Ereignisse dies nahe legen. In der Bevölkerung war die Abneigung gegen den Soldatengeist ungebrochen. Schon 1815 hatten die neuen Machthaber damit begonnen, Köln zur stärksten Festung Westdeutschlands auszubauen. Für die Preußen war das Rheinland die *»Vormauer der Freiheit und Unabhängigkeit«* gegen das zum Erzfeind erklärte Frankreich, und die Festung Köln sollte die Wacht am Rhein übernehmen.

Da die mittelalterliche Stadtmauer für diesen Zweck nicht mehr ausreichte, legten die Preußen etwa siebenhundert Meter vor dieser Mauer einen Ring aus elf modernen Forts an, dazwischen kleinere Erdbefestigungen. Die Bebauung unmittelbar vor den Forts war natürlich verboten, da die Soldaten ein freies Schussfeld brauchten. Auch die Bebauung im weiteren Umkreis war streng reglementiert. Mit in die Festung wurde Deutz einbezogen, das die Preußen so stark ausbauten, dass Deutz bald eine reine Militärstadt war.

Während die mittelalterliche Mauer die Stadt in einem weiten Bogen umspannte, so dass es innerhalb der Mauern immer noch viele freie Flächen gab, schnürte der preußische Festungsgürtel Köln nun mehr und mehr ein – zumal jetzt in der Zeit der beginnenden Industrialisierung die Bevölkerungszahl schnell wuchs. Schon bald war kaum noch Platz, weder für Wohnungen noch für neue Industrieansiedlungen. Die Festung Köln drohte die Metropole Köln zu ersticken. Um dem zumindest teilweise zu entgehen, wurde schon Ende der zwanziger Jahre des neunzehnten Jahrhunderts der Stadtgarten zur Erholung der Bürger angelegt; wohlgemerkt außerhalb der Stadtmauer, innerhalb war kein Platz mehr.

Trug der preußische Militarismus nur zur unterschwelligen Abneigung der Kölner bei, mit ihrer Entscheidung, die neue rheinische Universität nicht nach Köln, sondern nach Bonn zu geben, verletzten die Herren in Berlin das Ehrgefühl der Kölner direkt und tief. Seit der Schließung ihrer Uni durch die Franzosen hatten sie sich – mit Ferdinand Franz Wallraf an der Spitze – immer wieder für die Wiedereröffnung eingesetzt. Und nun ausgerechnet Bonn, wo sich früher der Hof des Erzbischofs seinen Ausschweifungen hingegeben hatte.

Als sei dies nicht schon genug, ging Berlin noch einen Schritt weiter: Aus finanziellen Gründen legten sie die beiden preußischen Rheinprovinzen zu einer zusammen – und die neue Provinzhauptstadt wurde nicht Köln, sondern Koblenz machte das Rennen. Damit war Köln nichts als eine beliebige preußische Provinzstadt. Als dann auch noch Düsseldorf Sitz des Provinziallandtages wurde und eine Kunstakademie bekam, war das Maß voll: Von nun an konnten Kölner und Preußen nicht mehr zusammenkommen.

Musste man sich bei den Verwaltungsämtern schon mit der zweiten Garnitur begnügen, so trug es auch nicht zu einer Beruhigung der öffentlichen Meinung bei, dass die neu eingerichteten Verwaltungsposten hauptsächlich von preußischen Beamten besetzt wurden. Kölner wurden dabei oft übergangen, da es ihr *»lauer Charakter«* an der *»eigentlichen Tatkraft«* fehlen lasse. Sie sehen, die Vorurteile waren durchaus gegenseitig.

Erfolgreich waren die Kölner mit der Verteidigung der französischen Rechtsordnung, die sie kurzerhand zu ihrem »rheinischen Recht« machten. Die bürgerliche Freiheit, die Gleichheit aller Bürger vor dem Gesetz, die Trennung der drei Staatsgewalten, die Öffentlichkeit der Gerichtsprozesse und noch einiges andere mehr konnte sich gegen das reaktionäre und ständische preußische Recht durchsetzen. Den Preußen gelang es nicht, in ihrem Königreich ein einheitliches Rechtssystem aufzubauen.

Auch die Finanzen trübten das gegenseitige Verhältnis. Hier müssen wir noch einmal auf das Wort von der *»ärm Famillich«* zurückkommen. Wir haben die katastrophalen Verhältnisse in Köln vor der Franzosenzeit kennen gelernt, und dies sollte uns misstrauisch werden lassen, was die Fähigkeiten der Kölner betrifft, mit öffentlichen Geldern umzugehen. Die Finanzen der Stadt waren schon seit einigen Jahrhunderten nicht mehr geordnet.

Und jetzt sah es nicht anders aus. Die städtischen Kassen waren nicht nur leer, ein immenser Schuldenberg drohte die gesamte Stadt zu verschütten. In Berlin mussten schließlich Tilgungspläne für die Schulden erstellt werden, weil Köln selbst mit der Misere nicht mehr allein fertig wurde. Jahrelang tobte ein Streit zwischen Köln und Berlin, weil die Kölner meinten, dass der Stadt nicht genug Steuermittel zuflössen.

Es war für unsere Stadt auch nur ein schwacher Trost, dass 1821 das Erzbistum Köln wiedererstand. Papst Pius VII. unterstellt ihm die Bistümer Trier, Münster, und Paderborn. Hatten seit dem Mittelalter die Kölner Bürger immer wieder Schwierigkeiten mit ihrem Oberhirten, so sollten bald die protestantischen Preußen den Kölner Erzbischof kennenlernen. Davon jedoch später mehr.

Zunächst einmal bekam Köln noch seine erste Brücke seit der Römerzeit: die Deutzer Schiffsbrücke. Über zweiundvierzig Boote hatte man Holzplanken verlegt. In der Mitte ließ sich die Brücke für den Schiffsverkehr öffnen. (Nach anderen Aussagen hatte es schon vorher sowohl in Köln als auch in Mülheim eine solche Schiffsbrücke gegeben. Warum dann die neue als die erste seit der Römerzeit gezählt wurde, bleibt jedoch fraglich.)

Eine ganze Reihe von Rheinbadeanstalten wurden jetzt eröffnet, in denen laut Polizeiverordnung jeder die *»gehörigen Badekleider«* tragen musste und sich nur an bestimmten Plätzen an- und ausziehen durfte. 429 Laternen beleuchteten die Stadt und ihre Brücke. Eine ehemalige Klosterfrau verkaufte mit großem Erfolg ihr mit Melissengeist versetztes *»selbstgefertigtes Kölnisches Wasser«*. St. Kunibert stürzte während eines heftigen Sturmes ein. Paganini trug seine *»ausgezeichnetsten und berühmtesten Musikstücke«* im Schauspielhaus vor. Die erste Eisenbahn fuhr vom Thürmchenswall nach Müngersdorf, dann ein Jahr später schon bis Lövenich. Die letzte öffentliche Hinrichtung in Köln traf 1841 einen Stadtstreicher, der ein neunzehnjähriges Mädchen erstochen hatte. Und als Queen Victoria Köln besuchte, ließen die Stadtväter die Straßen, die die Königin benutzen würde, vorsorglich mit Kölnisch Wasser besprühen. Ob es in der Stadt immer noch so stank?

Äußerlich jedenfalls mauserte sie sich. Was wurde nicht alles gebaut: das Appellationsgericht am Appellhofplatz, ein zweites Theater in der Komödienstraße, das Regierungsgebäude und die Alte Wache in der Zeughausstraße, das Gefängnis am Klingelpütz, die Flora, der Zoo, das Wallraf-Richartz-Museum an der Rechtsschule, der Wasserturm und ... – diese Aufzählung ließe sich noch beliebig lange fortführen.

Das und noch vieles mehr prägte Köln in den ersten Jahrzehnten unter der preußischen Königskrone. Auf keinen Fall jedoch dürfen wir hier den Karneval vergessen. Die Franzosen hatten sich ziemlich rasch von der Harmlosigkeit des Kölner Karnevals überzeugen lassen. Wie harmlos er gewesen war, können wir daran ermessen, dass er in den beiden ersten Jahrzehnten des neunzehnten Jahrhunderts beinahe ganz einschlief. Eine Hungersnot 1817 und 1818 tat ihr übriges dazu.

Und diesem am Boden liegenden Karneval versuchten die Preußen dann noch restlos den Garaus zu machen; denn anders als die Franzosen vor ihnen waren sie überhaupt nicht von seiner Harmlosigkeit überzeugt. Also musste gehandelt werden, und zwar nach der Devise: Zuerst einmal verbieten. Aber so ganz ließen sich die Kölner ihren Karneval doch nicht nehmen, und so stimmten die neuen Herren schließlich zu, den Karneval wiederzubeleben, allerdings in einem neuen Gewand; nicht der ungezügelte Straßenkarneval sollte es werden, sondern ein wohl organisierter und kontrollierbarer Frohsinn, von dem keinerlei Gefahr ausgehen konnte.

1822 gründete sich also mit behördlicher Genehmigung ein »Festordnendes Komitee«, das es übrigens heute noch gibt, und das ein Jahr später den ersten Rosenmontagszug in Köln auf die Beine – oder besser gesagt auf die Räder – stellte, denn schon damals prägten die großen Wagen den Zug auf dem Neumarkt.

In Vielem spiegelte sich im Zug die alte reichsstädtische Zeit wider, nicht zuletzt in der Wiedererweckung der »Roten Funken«, der ehemaligen Stadtsoldaten, stellten sie doch ein wohltuendes Gegengewicht zu dem preußischen Militarismus dar, denn zackiges, soldatisches Gehabe hatte man den Funken nie nachsagen können. Aber schon zehn Jahre später hielten einige die Funkenidee für ausgereizt. Hier können wir sehen, wie lange sich eine ausgereizte Idee in Köln halten kann. Die »Roten Funken« gibt es bis heute, mehr als hundertfünfzig Jahre später.

Der Karneval hatte dann noch einige Tiefen zu überstehen, so zum Beispiel ein Verbot durch den König 1830, das aber schon wenige Monate später wieder aufgehoben wurde, so zum Beispiel die diversen Auseinandersetzungen der Organisatoren und Offiziellen, die Spaltungen in verschiedene Vereine, ihre Wiedervereinigungen und abermaligen Abspaltungen. Aber die Idee des Karnevals hat all diese Anfechtungen überstanden und ist eigentlich immer stärker aus ihnen hervorgekommen.

Der Karneval war natürlich auch ein Ventil für die Kölner, die unter dem Preußentum litten. Aber nicht nur den Militarismus der Preußen mochten die Kölner nicht, die Bevormundung aus Berlin stieß ebenfalls nicht auf allzu viel Gegenliebe. Ganz selbstverständlich zensierte Berlin die Kölner Zeitungen. Schon 1817 hatte dies Verfahren solchen Unmut erregt, dass sich Marcus DuMont, der Verleger der »Kölnischen Zeitung«, entschloss, sein Blatt mit einer leeren Titelseite herauszugeben. Außer dem Zeitungskopf enthielt die Ausgabe vom 4. Mai 1817 nur ein weißes, leeres Blatt.

Zuständig für Zensur, für Überwachung von Versammlungen und Vereinen, für Niederschlagung von Streiks und für die Jagd auf die politische Opposition war der Polizeipräsident von Struensee. Er war die wohl meist gehasste Person in Köln. Wie ein Stasi-Chef hatte er ein Netz von Spionen und Zuträgern um sich herum aufgebaut, dem kaum einer entkommen konnte.

So richtig ging die sogenannte Demagogenverfolgung los,

als ein offensichtlich geistig verwirrter Theologiestudent in Mannheim den Dichter August von Kotzebue ermordete. Ob diesem seine Informationstätigkeit für den russischen Zaren zum Verhängnis wurde, konnte nie endgültig ermittelt werden, tut in unserem Zusammenhang aber auch nichts zur Sache. Sehr wohl zur Sache tut, dass daraufhin sofort eine deutsche Ministerkonferenz beschloss, mittels aller möglichen staatlichen Maßnahmen die Ruhe und Ordnung in den deutschen Landen aufrecht zu erhalten. Natürlich gehörten zu diesen Maßnahmen Zensur, Überwachung und Berufsverbote.

Die meisten Kölner versuchten, sich diesen Repressionen des Staates zu entziehen, indem sie auf jegliche Politik verzichteten. Man suchte sein Glück im kleinen privaten Rahmen. Es war eben die Biedermeierzeit.

Während der Woche ging man seinen Geschäften nach, und am Sonntag war Spazierengehen angesagt. Man flanierte über die schwankende Schiffsbrücke für einige Pfennige Maut nach Deutz, um das Panorama Kölns zu genießen und dem Nachmittagskonzert einer der Militärkapellen zuzuhören. Irgendwie liebäugelte man ja trotz allem mit der strammen Marschmusik, den schneidigen Uniformen und dem zackigen Gehabe. Das war eben doch etwas anderes als die eigene Nachlässigkeit und Laschheit. Man besuchte auch schon einmal das »Hänneschen«, ein rheinisches Musikfest im Gürzenich, oder eine Theateraufführung im neuen Theater an der Komödienstraße, das zweimal innerhalb weniger Jahre das Pech hatte abzubrennen. »Nur keine Politik« war die Devise in dieser Zeit.

Selbst die Gründung eines Turnplatzes auf dem Neumarkt – angeregt durch Turnvater Friedrich Ludwig Jahn – sahen die Preußen als einen politischen Akt an. Um auch hierbei alles kontrollieren zu können, verlegte die Regierung das öffentliche Turnen in das Auditorium des Marzellengymnasiums und stellte eigens zur Beaufsichtigung der Turner einen Referendaren ein.

Als dann aber 1830 eine Revolutionswelle von Frankreich aus über Europa schwappte, gingen auch die Kölner auf die Straße. Die gut situierten Bürger hatten sich schon zu sehr mit dem herrschenden Regime arrangiert, als dass sie jetzt ihren Wohlstand aufs Spiel gesetzt hätten. Die Armen jedoch hatten nichts zu verlieren, und sie waren es auch, die jetzt zwei Tage lang demonstrierten. Zwei Tage ohne nennenswerte Ausschreitungen, doch mit einem handfesten Ergebnis: Polizeipräsident von Struensee wurde aus der Stadt gejagt.

Doch das war's auch schon. Preußisches Militär und eine Kölner Bürgerwehr machten dem ganzen Spuk ein Ende. Bald herrschte wieder die gewünschte Ruhe und Ordnung. Und doch hatte sich etwas geändert. Nicht an der Oberfläche, aber wenn man genauer hinsah, konnte man erkennen, dass die Kölner jetzt politischer wurden. Geheimbünde und nach außen unpolitische Vereine wurden gegründet, in denen debattiert und nicht selten gegen Preußen agiert wurde. Natürlich entging dem Staat dies nicht, und die Repressionsschraube wurde noch einmal angezogen.

War schon die Unterdrückungsmaschinerie der Preußen nur schwer zu ertragen, so waren auch die sozialen und wirtschaftlichen Verhältnisse nicht dazu angetan, sich mit ihnen abzufinden. Während der vergangenen Jahrhunderte hatte Köln immer eine Bevölkerung von ungefähr vierzigtausend gehabt, doch in den letzten Jahrzehnten war sie auf knapp hunderttausend Einwohner angestiegen. Von der Stadt mit den vielen Gärten und Äckern war nichts mehr übrig geblieben. Überall herrschten Enge und Gedränge, zumal die Stadt sich ja wegen des Festungsgürtels nicht ausdehnen konnte. So wurden die Grundstücke immer kleiner – der Begriff »Kölner Handtuch« spiegelt anschaulich die tatsächlichen Größenverhältnisse wider –, die Häuser immer schmaler, und doch fehlten an allen Ecken und Enden Wohnungen. Die Grundstückspreise stiegen dank der Spekulanten ins Unerschwingliche.

Mit der gewachsenen Bevölkerung stand den Unternehmern natürlich auch ein großes Heer an Arbeitskräften zur Verfügung. Hier in Köln bedeutete das zu dieser Zeit hohe Arbeitslosigkeit und sehr, sehr niedrige Löhne, so niedrige Löhne, dass damit kein Arbeiter seine Familie ernähren konnte. Frauen und

Kinder mussten also auch ran, und deren Arbeit wurde noch schlechter bezahlt: Frauen bekamen etwa die Hälfte dessen, was Männer verdienten, Kinder oft nur zehnt Prozent davon. Im Kölner Tabakgewerbe waren zeitweise knapp die Hälfte der Beschäftigten Kinder, die ab dem Alter von vier Jahren oft weit über zwölf Stunden täglich schufteten.

Der Staat griff erst ein, als nicht mehr genug kräftige Soldaten für seine Armee zu finden waren. 1839 regelte er die Arbeitsbedingungen für Kinder; von nun an durften Kinder erst ab neun Jahren für höchstens zehn Stunden pro Tag beschäftigt werden; nachts und sonntags war keine Kinderarbeit mehr erlaubt.

Armut, Hunger und Enge; kein Wunder, dass in Köln immer wieder schwere Epidemien ausbrachen. Typhus, Cholera und Tuberkulose rafften Tausende von geschwächten Elendsgestalten dahin. Gleichzeitig machten die Unternehmer in dieser Phase der beginnenden Industrialisierung unvorstellbar hohe Gewinne.

Einer derjenigen, der die miserablen Verhältnisse beim Namen nannte, war ein junger, unbekannter Redakteur der »Rheinischen Zeitung« namens Karl Marx. Selbstverständlich ließ Preußen sich die Sticheleien dieses Schreiberlings nicht lange gefallen: Die »Rheinische Zeitung« wurde am 1. April 1843 verboten. Karl Marx, nun arbeitslos, ging nach Paris, aber er sollte ein paar Jahre später wieder zurückkommen.

Hatten schon die Ereignisse im Revolutionsjahr 1830 gezeigt, dass die Kölner Opposition gegen den Staat nicht mehr einmütig war – das selbstzufriedene liberale Bürgertum und das rechtlose Lumpenproletariat hatten einfach zu unterschiedliche Interessen –, so ging diese Schere im Laufe der Jahre stetig weiter auseinander. Die Bürgerlichen arrangierten sich immer häufiger mit dem preußischen Staat – sie begannen sogar schon gute Preußen zu werden –, aber unter den Arbeitern nahm der Unmut beständig zu.

Im Sommer 1846 kam es zu den ersten Zwischenfällen. Während der Martinskirmes hatten Jugendliche mit Feuerwerkskörpern gespielt, was natürlich verboten war. Aus diesem

Grund rief die Polizei die Armee zu Hilfe, und gemeinsam ging man nun gegen die Unruhestifter vor, jedoch mit solch einer Brutalität, dass viele Jugendliche verletzt wurden; einer starb sogar an seinen Misshandlungen. Nein – er hieß nicht Benno Ohnesorg, aber ein Vergleich liegt auf der Hand.

Nach diesen Ereignissen kamen immer mehr Leute zu der Überzeugung, die Arbeiterschaft brauche eine politische Vertretung. Selbstredend waren Parteien und Gewerkschaften verboten. Das verhinderte jedoch nicht die Bildung von getarnten sozialistischen und kommunistischen Gruppen.

Das war die Situation, als im Februar 1848 in Paris wieder eine Revolution ausbrach. Zum dritten Mal innerhalb von sechzig Jahren rissen die Franzosen Europa in einen Strudel revolutionärer Aufregungen. In Paris trat der König zurück, und es wurde wieder einmal eine Republik ausgerufen.

Köln erreichte die Revolution am 3. März. Ein Demonstrationszug von etwa fünftausend Menschen zog vor das Rathaus. Eine Delegation von führenden Kommunisten wurde vor den Rat gelassen, und dort stellten sie eine Reihe von Forderungen: die Presse- und Redefreiheit gehörte dazu, das Versammlungsrecht, das allgemeine Wahlrecht, die Aufhebung des stehenden Heeres und die Einführung einer Volksarmee, nicht zuletzt der Schutz der Arbeit, die Sicherstellung der Lebensbedürfnisse und die Erziehung der Kinder auf öffentliche Kosten.

Der Stadtrat lehnte diese Forderungen ab. Das Volk draußen auf der Straße war kaum noch in Zaum zu halten, als Militär aufzog und die Anführer des Zuges verhaftet wurden, obwohl sie versuchten, die aufgebrachte Menge zu beruhigen. Viele flüchteten ins Rathaus, wo solch ein Gedränge entstand, dass zwei Ratsherren in Panik aus dem Fenster sprangen. Allerdings blieb dieser »Kölner Fenstersturz« ohne Folgen. Das alles geschah am Donnerstag, den 3. März 1848 – Weiberfastnacht. Anschließend gingen die Kölner erst einmal Karneval feiern.

Inzwischen hatte die Revolution auch die preußische Hauptstadt erreicht, hier kam es sogar zu blutigen Straßenkämpfen. Der König geriet so sehr in die Enge, dass er schließlich den revolutionären Forderungen nachgeben musste. Er gewährte gnädigerweise die Versammlungs-, Presse- und Meinungsfreiheit. Um ein Zeichen der Versöhnung zu setzen, ernannte der Monarch ein liberales Kabinett unter Ludolf Camphausen. Mit ihm stand ein Kölner Bankier an der Spitze der preußischen Regierung.

In Köln brach Jubel aus; endlich ein Licht am Ende des Tunnels. Fast täglich fanden große Volksversammlungen statt und schufen eine politische Atmosphäre, in der nahezu alles möglich schien. Man schickte fünf Delegierte zum neu gewählten Parlament in die Frankfurter Paulskirche – dass einer von ihnen, der Kommunist Karl d'Ester, schon bald wieder resigniert zurückkam, weil er seine Forderungen nicht berücksichtigt sah, nahm kaum jemand zur Kenntnis.

Um Ausschreitungen des Militärs, wie die zur Martinskirmes, in Zukunft zu verhindern, wurde eine Bürgerwehr gebildet, die von nun an für Ruhe und Ordnung zu sorgen hatte. Sie bestand aus sechstausend Freiwilligen, die sich ihre Anführer selbst wählten. Klar, dass Drill und Disziplin nicht den gleichen Stellenwert einnahmen, wie in den preußischen Kasernen in Deutz und am Neumarkt. Es herrschte vielmehr der gleiche Schlendrian, der schon die »Roten Funken« ausgezeichnet hatte.

Auf der politischen Bühne Kölns tat sich in diesen Tagen allerhand: Zahlreiche politische Vereine entstanden, die sich zum Teil vehement bekriegten, zumindest verbal. Da war zunächst der »Kölner Bürgerverein« des konservativen Großbürgertums, weiter der »Piusverein«, in dem die Gebrüder Reichensperger den politischen Katholizismus hochhielten, die »Demokratische Gesellschaft« des mittleren und kleinen Bürgertums und schließlich der »Kölner Arbeiterverein«.

Im Sommer kam auch Karl Marx wieder nach Köln, gründete mit Friedrich Engels die »Neue Rheinische Zeitung« und wurde schon bald zum Vorkämpfer der Revolution in der Stadt. In erster Linie stürzte sich die neue Zeitung auf das Verhalten des Großbürgertums, das in erster Linie seinen Besitz wahren und mehren wollte und zu diesem Zweck die bestehende preußische Ordnung unterstützte. Marx und Engels prangerten genau das als Verrat an der Revolution an. Hier tat sich eine Kluft zwischen den beiden Lagern auf, die so bald nicht mehr zu überbrücken war.

Im September trat die Revolution erneut in eine heiße Phase: Preußen hatte der Abtretung Schleswig-Holsteins an Dänemark zugestimmt. Aus Protest gegen dieses unpatriotische Verhalten kam es in Köln wieder zu Massenkundgebungen, und wieder schritt das Militär ein; die neu gebildete Bürgerwehr erwies sich als unbrauchbar.

Von nun an war die Reaktion, wie überall in Deutschland, wieder auf dem Vormarsch. Als erstes löste der Stadtkommandant die unfähige Bürgerwehr auf. In Frankfurt spielte die Nationalversammlung keine Rolle mehr, in Berlin wurde eine Verfassung ohne Zustimmung irgendwelcher demokratischer Gremien erlassen, und in Köln gingen nacheinander die politischen Führer ins Exil: zunächst der Führer des »Kölner Arbeitervereins« Andreas Gottschalk, dann auch ein zweites Mal Karl Marx mit seinem Freund Friedrich Engels. Die Revolution war abermals gescheitert, die alten Kräfte spielten ihr düsteres Spiel weiter, und zwar noch ein paar Jahrzehnte lang. Ein politisches Leben gab es in Köln nicht mehr.

Und was es noch an Überresten davon gab, wurde rücksichtslos niedergemacht. Nehmen wir zum Beispiel die Kommunisten; Marx war ins Exil nach London gegangen, wo er sich im »Bund der Kommunisten« engagierte. 1852 wird diesem Bund in Köln der Prozess gemacht, aber der Schuss ging nach hinten los. Angeklagt sind elf Mitglieder des Bundes, ihnen wird Zersetzung und Landesverrat vorgeworfen. Obwohl an den Tag kommt, dass die Staatsanwaltschaft Beweismittel gefälscht hat und die Polizei Zeugen bestochen hat, werden sieben von den elf Angeklagten zu Festungshaft verurteilt. (Einer der Verurteilten sollte später übrigens noch Kölner Oberbürgermeister werden.) Verständlich, dass Karl Marx in London den Prozess unbarmherzig kommentierte, und er fand Gehör. Die preußische Justiz hatte sich ziemlich lächerlich gemacht.

Soweit erst einmal zu diesem unerquicklichen Thema. Jetzt wollen wir uns nochmals dem Heiligen Köln widmen, oder vielmehr dem, was davon noch übrig war. Dazu müssen wir ein paar Jahre zurückgehen, zurück bis in die Franzosenzeit

Damals bildete sich in Köln eine Gruppe junger Romantiker, die vor allem ein Ziel hatte: Sie wollte den Dom vollendet sehen. Diese Gruppe um Sulpiz Boisserée und Friedrich von Schlegel ließ kaum etwas unversucht, um ihr Ziel zu erreichen. Natürlich wurde auch Napoleon nebst Gemahlin Josephine anlässlich ihres Kölnbesuches um einen finanziellen Beitrag gebeten. Aber es gab von Josephine angeblich nur ein paar Tränen angesichts der heruntergekommenen Baustelle. Napoleon gab nicht einmal Tränen.

Goethe war immerhin so von der Idee angetan, dass er sich in einem Aufsatz für den Weiterbau des Domes aussprach.

Kaum waren die Franzosen aus der Stadt ab- und die Preußen einmarschiert, kam in ihrem Gefolge auch ein junger Romantiker nach Köln, der zugleich Kronprinz von Preußen war. Ihn beschwatzten Boisserée und seine Gleichgesinnten so lange, bis er, wie Goethe, von der Idee ergriffen war, den Kölner Dom zu vollenden. Die romantische Begeisterung für das Mittelalter spielte hier wohl eine tragende Rolle. Aber noch fehlte dem Neunzehnjährigen der politische Einfluss, diese Idee in die Tat umsetzen zu können. Sein Vater, König Friedrich Wilhelm III., war rationaler eingestellt und teilte die romantischen Neigungen seines Sohnes nicht.

Außerdem hatte der königliche Vater nichts für die katholische Kirche übrig; sie bereitete ihm eine Menge Schwierigkeiten. Es kam sogar zu einem regelrechten Kampf zwischen dem Kölner Erzbischof und dem preußischen Staat. Der Anlass erscheint uns heute eher nichtig, die Zeitgenossen sahen das aber ganz anders. Die preußische Verwaltung im Rheinland verlangte natürlich auch preußische Beamte, und diese Beamten waren in der Regel protestantisch. So blieb es mit den Jahren nicht aus, dass sich einige dieser protestantischen Staatsdiener in katholische Bürgerstöchter verliebten und sie heirateten. Nun war es in Preußen gang und gäbe, dass Kinder aus Mischehen nach der Religion des Vaters erzogen wurden. Die katholische Kirche aber war seit dem Konzil von Trient im sechzehnten Jahrhundert der Meinung, solche Kinder müssten in jedem Fall katholisch erzogen werden.

Bis 1835 ging alles ganz gut, weil der Erzbischof die preußische Praxis tolerierte. Aber der neue Erzbischof, Clemens August Droste von Vischering, bestand auf Einhaltung des Konzilbeschlusses. Der Streit eskalierte, und zwar so sehr, dass der Kirchenmann zwei Jahre nach seiner Amtseinführung vom preußischen Militär im erzbischöflichen Palais an der Gereonstraße verhaftet wurde. Sein neues Zuhause war die Festung Minden in Ostwestfalen. Er sollte Köln nicht wieder betreten. Die Kölner Bevölkerung nahm die Verhaftung ihres Oberhirten ziemlich gelassen hin; nur in einigen kirchlichen Kreisen gab es Protest.

Während Clemens August nun in Minden die Gastlichkeit des preußischen Königs über sich ergehen lassen musste, starb dieser 1840 in Berlin, auch er von den Kölnern nicht nennenswert betrauert. Jetzt kam sein romantischer Sohn an der Reihe: der vierte Friedrich Wilhelm. Zwei Jahre später – 1842 – wurde der Grundstein zum Weiterbau des Kölner Domes gelegt. Mit diesem Fest sollte nicht nur die Versöhnung zwischen Thron und Altar gefeiert werden, der Dom wurde auch immer stärker zu einem nationalen Symbol. Aus der romantischen Idee war ein nationaler Akt geworden. Sprach doch der König selbst bei der Grundsteinlegung in Köln vor den versammelten Fürsten und Staatsmännern von einem *»Werk des Brudersinns aller Deutschen«* und davon, dass der Dom ganz Deutschland überragen möge. Fünfzigtausend Thaler gab der König jedes Jahr für dieses *»Werk des Brudersinns aller Deutschen«* aus.

1848, mitten im Revolutionsjahr, folgte das zweite Dombaufest; wieder war der König dabei. Ebenso 1855, als die südliche Querhausfassade vollendet wurde. Es ging stetig voran. Und 1863 war dann der Dom mit Ausnahme der Türme fast fertig. Die noch aus dem Mittelalter stammende Trennmauer zwischen dem Langhaus und dem Chor konnte abgerissen werden. Endlich war das Innere des Domes von einem Ende bis zum anderen begehbar. Und auch der Baukran, der Jahrhunderte lang über den Dächern Kölns gethront hatte, verschwand jetzt aus dem Stadtbild; stattdessen wuchsen die Türme in die Höhe.

Da die Kölner sich nach der Revolution von 1848 also wieder einmal ins Private und Geschäftliche zurückzogen, wollen wir dies jetzt auch tun. Was war los in Köln? Zunächst einmal lehnte der Stadtrat den Bau einer Eisenbahnbrücke ab, da er einen *»Schaden für Köln und einen Ruin für Deutz«* bedeute. Die erste Telegraphenlinie nach Berlin wurde in Betrieb genommen, auch für private Nutzer. Nach Koblenz, der Provinzhauptstadt, bestand immer noch ein optischer Telegraph. Bei seinem Besuch 1855 legte der König dann auch noch den Grundstein für das neue Wallraf-Richartz-Museum auf dem Gelände des ehemaligen Minoritenklosters und für eine Eisenbahnbrücke.

Also doch! Der Fortschritt ließ sich eben doch nicht aufhalten. Allerdings hatte der König bestimmt, dass die neue Brücke genau auf die Domachse zulaufen sollte. Dadurch war die Lage des neuen Hauptbahnhofs direkt neben dem Dom vorgegeben, und damit gab es einige Probleme. Der gesamte Kölner Norden war so durch die Gleisanlagen von der übrigen Stadt abgeschnitten. Aber an solche profanen Dinge brauchte ein König, zumal ein romantischer, ja nicht zu denken. Die Fertigstellung der Brücke aber konnte dieser König nicht mehr miterleben; ein Schlaganfall hatte ihn regierungsunfähig gemacht, für ihn nahm sein Bruder, der spätere Kaiser Wilhelm I. die Brücke feierlich in Betrieb. Zum ersten Mal seit der Römerzeit gab es damit wieder eine feste Rheinbrücke. Eine historische Leistung, auch wenn die Kölner sie wegen ihrer Gitterkonstruktion despektierlich *»Muusfall«* nannten.

Eine nicht weniger historische Stunde erlebten die Kölner 1862 mit, ein Ereignis, das bis in unsere Gegenwart weist: eine *»japanesische Gesandtschaft«* war auf der Durchreise. Damals erregten die Gäste aus Fernost noch großes Staunen, und die Zeitungen berichteten ausführlich. Ob sie Fotos vom Dom machten, ist leider nicht überliefert.

Und zum Schluss dieses Kapitels sei noch auf ein Kuriosum von damals verwiesen, das heute keines mehr ist; 1865 erlebte Köln die erste Geschwindigkeitsbegrenzung. Die Stadt untersagte auf der Hohen Straße das Trabfahren. Dies wäre angesichts des Verkehrsaufkommens zu gefährlich.

kapitel 15

Köln wird gross

Kaum war Bismarck in Berlin zum Ministerpräsidenten ernannt worden, ging es drunter und drüber in Preußen. Fürst Otto von Bismarck regierte entgegen der Verfassung, dafür aber mit Billigung des Königs. Um von dieser Verfassungswidrigkeit abzulenken, kam ein kurzer Krieg gerade recht – das Standardrezept aller Politiker, die von innenpolitischen Problemen ablenken wollen. Allerdings wurde aus dem einen kurzen Krieg eine ganze Reihe von Kriegen: 1864 der Feldzug gegen das kleine Dänemark, 1866 der Krieg gegen das nicht ganz so kleine Österreich-Ungarn und 1870/71 der Krieg gegen Frankreich, die europäische Vormacht.

Köln spielt in diesen Feldzügen, wie in fast allen Feldzügen der vergangenen Jahrhunderte, keine große Rolle; lediglich die Karnevalsumzüge 1871 fielen wegen des Krieges aus. Auch die privaten Karnevalsfeiern durften nur bis Mitternacht dauern. Man murrte zwar, aber man nahm es hin. Schließlich trugen die deutschen Truppen ja die deutsche Überlegenheit bis tief nach Frankreich hinein. Für dieses nationale Hochgefühl konnte man schon mal die eine oder andere Einschränkung in Kauf nehmen.

Hatten die Kriege auch keine großen Auswirkungen auf das Alltagsleben in Köln, die Person Bismarcks und seine Politik hatten sie sehr wohl. Das erste große Ereignis fand, wie der Krieg, in Frankreich statt. Im Spiegelsaal von Versailles gründeten die deutschen Fürsten das deutsche Reich. Der preußische König wurde im Schloss der französischen Könige zum deutschen Kaiser ausgerufen. Endlich gab es wieder ein starkes Deutschland! Nicht diese ewige Kleinstaaterei!

Damit befriedigte Bismarck natürlich die nationale Seite der Kölner Seele, und von nun an entdeckten auch sehr viele Kölner ihr Herz für Bismarck. Der Jubel, mit dem die heimkehrenden Soldaten empfangen wurden, ist ein deutliches Zeichen für diese Stimmung. Dass die neue deutsche Politik im Grunde die Fortsetzung des preußischen Militarismus war, wurde nicht gesehen oder störte jetzt zumindest nicht mehr. Besonders das liberale Bürgertum schwenkte nahezu geschlossen in die Bismarckschen Reihen.

Und dennoch blieb bei vielen Kölnern ein starker Vorbehalt gegen das neue deutsche Preußentum; zu Recht, wie sich nur allzu bald herausstellen sollte. Alles fing damit an, dass Peter Reichensperger und ein paar Mitstreiter eine neue Partei gründeten: das Zentrum, eine Partei, die die katholischen Werte und die katholische Kultur hochhalten wollte. Eigentlich ist das ja ein durchaus legitimes Ziel einer politischen Partei, aber das sah Bismarck ganz anders. Wir brauchen hier nicht die einzelnen Standpunkte darzulegen, es reicht festzustellen, dass Reichenspergers Zentrum auf nahezu allen Gebieten in Opposition zu Bismarck stand.

Der schlug sich gerade im sogenannten Kulturkampf mit allen erlaubten und unerlaubten Mitteln mit der katholischen Kirche herum. Priestern wurden politische Stellungnahmen verboten, sie wurden abgesetzt und inhaftiert, geistliche Orden aufgehoben, die kirchliche Schulaufsicht abgeschafft. Als dann auch noch im März 1874 der Kölner Erzbischof Paulus Melchers verhaftet wurde, versammelten sich viele Bürger – angeblich mehrere zehntausend – vor dessen Palais, um sich mit ihm zu solidarisieren. So etwas hatte es seit dem frühen Mittelalter nicht mehr gegeben; die Kölner Bevölkerung und ihr Erzbischof standen Seite an Seite, anstatt sich bis aufs Messer zu bekämpfen. Aber es half nichts, Melchers verschwand für ein halbes Jahr im Klingelpütz, danach emigrierte er nach Holland, von wo aus er noch weitere elf Jahre seine Diözese leitete. Köln hat er niemals wieder betreten.

Die Quittung für sein Vorgehen bekam Bismarck sofort. Zunächst einmal musste er das Attentat eines geistig gestörten Katholiken überleben. Und im gleichen Jahr, in dem Erzbischof

Melchers verhaftet wurde, fanden Reichstagswahlen statt; in Köln konnte das Zentrum seinen Stimmenanteil verdoppeln und wurde so zur stärksten Partei. Noch immer gefielen sich die Kölner in der Opposition zu Preußen.

Ein paar Jahre später kam es dann zu einer einzigartigen und komischen Situation. Im Juli 1880 wurde der Nordturm des Domes vollendet. Mit seinen 157,38 Metern war er das höchste Bauwerk der Welt; der Südturm, einen Monat später fertig gestellt, ist sieben Zentimeter niedriger. Damit war der Dom endlich komplett, nach über sechshundert Jahren Bauzeit; natürlich konnte die Vollendung des Doms nicht ohne ein Dombaufest begangen werden. Peinlich, dass Erzbischof Melchers noch immer in der Verbannung in Holland lebte und dass das Verhältnis zwischen der Geistlichkeit und dem Staat noch immer auf dem denkbar tiefsten Punkt war.

So kam es, dass das eigens angereiste Kaiserpaar den eigentlichen Festgottesdienst in der evangelischen Trinitatiskirche feierte. Im Dom wollte es nur an einem Tedeum teilnehmen. Als es dazu vor dem Dom eintraf, weigerte sich Weihbischof Johann Baudri ihm entgegenzugehen, er empfing das Paar unter dem Portal, so dass Kaiser nebst Gemahlin gezwungen war, dem Geistlichen entgegenzugehen. Das Getuschel unter den geladenen Festgästen können wir uns noch heute lebhaft vorstellen. Aber damit nicht genug: Nach dem Tedeum sollte auf dem Domhof der offizielle Schlussstein gelegt werden. Dazu kam es auch, aber bei diesem Festakt ließ sich nicht ein einziger Geistlicher blicken. Frostiger konnte die Atmosphäre wohl kaum sein. Die Kölner ließen sich jedoch ein solches Fest nicht vermiesen, es gab den obligatorischen, historischen Festzug durch die Stadt; auf den einzelnen Wagen wurden die unterschiedlichen Phasen des Dombaus dargestellt. Auf dem letzten Wagen hielt eine riesige Germania schützend ihre Hand über den nun fertigen Dom. Ein glänzendes Bankett im Gürzenich am nächsten Tag bildete den Schlusspunkt dieses geschichtlichen Ereignisses. Doch zu diesem Zeitpunkt saß das Kaiserpaar schon längst wieder im Zug nach Berlin.

Nun gab es aber nicht nur in katholischen Kreisen einen massiven Widerstand gegen Berlin, und vor allem gegen Bismarcks Politik.

Ganz besonders stark war die Opposition in den Arbeiterkreisen ausgeprägt. Und damit sind wir auch schon bei der zweiten Gruppe, die sich der Attacken Bismarcks zu erwehren hatte. Nach der misslungenen Revolution von 1848 hatte die Arbeiterbewegung einige Jahre des Niedergangs zu überstehen; besonders in Köln spielten ihre politischen Organisationen fast überhaupt keine Rolle. Das gilt sowohl für ihre Parteien als auch für die Gewerkschaften.

Im Reich sah es allerdings etwas anders aus. Schon angesichts ihrer ersten kleinen Erfolge sah Bismarck in der Sozialdemokratie den Reichsfeind Nummer eins. Eine Reihe von so genannten »Sozialistengesetzen« legte diesen dann auch jeden nur denkbaren Stein in den Weg. Aber trotz all dieser Behinderungen war der Siegeszug der *»vaterlandslosen Gesellen«* nicht aufzuhalten. In den Jahren der Bismarckschen Regierungszeit konnten die Sozialdemokraten die Zahl ihrer Reichstagssitze vervierfachen. In Köln wurden sie mit dreißig Prozent bei den Reichstagswahlen 1890 sogar die zweitstärkste Kraft nach dem Zentrum. Eigenartig ist dabei allerdings, dass die Arbeiterbewegung bis in den ersten Weltkrieg hinein nicht im Kölner Stadtparlament vertreten war. Fast scheint es so zu sein, als ob die Kölner die Sozialdemokraten nur auf Reichsebene wählten, um Bismarck einen Denkzettel zu verpassen; in der eigenen Stadt wollte man sie jedoch nicht haben.

Inzwischen hatte sich das Erscheinungsbild der Stadt enorm gewandelt. Die Einwohnerzahl war 1880 auf über 144.000 angestiegen, und sie sollte rasant weiter steigen. 1910 hatte sie bereits die halbe Million überstiegen. Es ist sofort klar, dass eine solche Menschenmasse nicht innerhalb der engen mittelalterlichen Stadtmauern untergebracht werden konnte. Köln war unter den deutschen Großstädten, was die Fläche anbelangt, mittlerweile die kleinste. Die Bevölkerungsdichte war etwa zehnmal so hoch wie in Düsseldorf. Die Stadtväter – Stadtmütter gab es in jenen Jahren noch nicht – standen also vor der schwierigen Aufgabe, einen Ausweg aus dem Dilemma zu finden. Und sie hatten ihn auch sehr bald gefunden; schließlich gab es ja nur eine mögliche Lösung. Selbst die preußischen Militärs hielten die fast tausendjährige Stadtmauer nicht mehr für zeitgemäß. Längst bot sie keinen Schutz mehr gegen die moderne Artillerie. Folgerichtig stimmten sie einer Schleifung der Mauer zu. Der Festungsgürtel wurde weiter nach draußen verlegt: entlang der Militärringstraße.

Als nun die Stadt die Mauer abreißen lassen wollte, stellte sie erstaunt fest, dass dieses urkölnische Bauwerk ihr gar nicht gehörte. Eigentümer der Kölner Stadtmauer war überraschenderweise das preußische Kriegsministerium. Grollend kauften die Kölner sie für über elf Millionen Mark von Kriegsminister Georg von Kameke zurück, elf Millionen Mark für eine Mauer, die niemand mehr haben wollte.

Aber dann war es 1881 soweit; schließlich konnte auch das vor der Mauer liegende unbenutzte Gelände bebaut werden: die erste Stadtvergrößerung seit 1179, und das gleich um mehr als das Doppelte. Als erstes fiel die Stadtmauer, nur drei Tore – Severinstor, Hahnentor und Eigelsteintor –, zwei Türme – Bottmühle und Ulrepforte –, und einige kleine Teilstückchen sind bis zum heutigen Tag stehen geblieben.

Endlich kam wieder Licht und Luft in die Stadt. Eine offene, unbefestigte Stadt – welch ein ungewöhnlicher Anblick muss das für die damaligen Kölner gewesen sein. Und dieser Eindruck von Offenheit und Weite wurde noch verstärkt, denn unmittelbar vor der nun abgerissenen Mauer entstand ein Ring von breiten Prachtstraßen, mit Alleebäumen, Plätzen und Brunnen. Als Vorbild dienten die Pariser Boulevards. Entsprechend dem patriotischen Hochgefühl dieser Jahre wurden die Straßen und Plätze an diesem Ring mit Namen aus der deutschen Geschichte versehen, vom Ubierring über den Barbarossaplatz bis zum Hohenzollernring. (Der Ebertplatz und Theodor-Heuss-Ring hieß damals noch Deutscher Ring.) Entlang dieser Ringe schoss innerhalb weniger Jahre ein Bürgerpalais nach dem anderen in die Höhe. 1881 beginnt der Abriss der Mauer, 1886 sind die Ringe schon in voller Länge fertig. Man sieht, wie dringend diese Öffnung war. Die Stadt explodierte geradezu in das Umland hinein.

Ein Jahr vorher, 1885, war Oberbürgermeister Hermann Becker gestorben, der die Erweiterung der Stadt energisch betrieben hatte. In seiner Jugend war er einer jener sieben Verurteilten des Kommunistenprozesses von 1852. Sein Beiname »der rote Becker« bezog sich allerdings nicht auf sein Engagement in der 48er-Revolution, sondern auf sein rotes Haupthaar. Dieser zusätzliche Name war nun auch nötig, denn zufälligerweise hieß sein Nachfolger ebenfalls Becker, Wilhelm Becker, bisher Oberbürgermeister von Düsseldorf. Aber das muss ja nicht unbedingt ein Nachteil sein. Wilhelm Becker jedenfalls, zur Unterscheidung vom »roten Becker« der »lange Becker« genannt, entpuppte sich für Köln als Glücksgriff. Er war es unter anderem, der die weitere Ausdehnung der Stadt in die Hände nahm, und schon 1888 folgte die erste Welle der Eingemeindungen.

Während die Stadt noch eingeklemmt hinter ihrem Festungsgürtel lag, hatten sich in den Vororten Fabriken angesiedelt, für die in Köln selbst kein Platz mehr war. Ihnen folgten die Arbeiter, und auch das Bürgertum entdeckte die freie Luft in den kleinen Städtchen vor der Stadt. Vor allem entdeckten sie die günstigen Grundstückspreise. Als die Mauer fiel, war etwa die Hälfte der Vororte in den Händen von Kölner Großbürgern. Nun – 1888 – bekam Köln sechsundzwanzig neue Stadtteile, von Bayenthal über Zollstock, Klettenberg, Lindenthal, Müngersdorf, Ehrenfeld, Bocklemünd, Nippes, Riehl, Niehl und Weidenpesch bis Longerich und auf der anderen Rheinseite Deutz und Poll. Es folgten Anfang des neuen Jahrhunderts noch zwei Eingemeindungswellen: eine 1910 mit Kalk und Vingst und eine 1914 mit Ostheim, Rath, Merheim, Brück, Dellbrück, Höhenhaus, Dünnwald, Flittard, Stammheim und nicht zuletzt Mülheim.

Jenseits der mondänen und repräsentativen Ringe ging es weniger repräsentativ zu. Der Raum zwischen der alten Stadt und ihren nun eingemeindeten Vororten zog jetzt die Leute an, die das mondäne Leben auf dem Chlodwigplatz, dem Barbarossa-, Rudolf- und Friesenplatz nur aus sicherer Entfernung mit offenem Mund bestaunen konnten. Hier, wo aus militärischen Gründen vor der Mauer nicht gebaut werden durfte, vor allem im jetzt entstehenden Agnesviertel, im Belgischen Viertel und in der Südstadt, hatten sich Grundstückshaie ausgetobt: Auf den billig erworbenen Flächen stampften sie nun ein Reihenhaus nach dem anderen in die Höhe.

Hinter den sogenannten »Dreifensterhäusern« mit ihren schmucken Vorderfronten versteckten sich die dunklen und muffigen Hinterhöfe. Nirgendwo ein Platz für einen Garten oder auch nur einen kleinen Rasen. Leute, die für menschenwürdige Wohnverhältnisse eintraten – auch die gab es – standen von vorn herein auf verlorenem Posten. Die Grundstücks- und Bauspekulanten hatten bis in den Stadtrat hinauf das Sagen. Ob einer dieser feinen Herren doch von Gewissensbissen geplagt wurde und er deshalb das Grundstück und das Geld zum Bau einer Kirche gespendet hat, wissen wir leider nicht; jedenfalls verdanken wir diesem Herren Peter Joseph Roeckerath die Agneskirche, die er nach seiner Frau benannte.

Doch wenden wir uns jetzt den Opfern der Spekulanten zu, jenen blassen und rachitischen Gestalten in den Hinterhöfen. Oft lebten acht und mehr Personen in kleinsten Wohnungen, manchmal sogar in nur einem Raum. Und trotzdem waren die Mieten so hoch, dass solche Familien noch ein Zimmer weitervermieten mussten, und wenn sie kein freies Zimmer hatten, dann wurde zeitweise eben nur ein Bett vermietet. Die Arbeiterlöhne lagen noch immer unter dem Existenzminimum und die Arbeitsbedingungen waren noch immer katastrophal, auch wenn sich um die Jahrhundertwende eine leichte Besserung abzeichnete. Die Löhne stiegen langsam, die Arbeitszeiten sanken langsam und ganz allmählich stieg auch der Lebensstandard.

Aber während die Armut auch weiterhin eine alltägliche Erfahrung der Arbeiter blieb, mauserte sich Köln als Industriestadt. Doch dass die Sozialdemokraten hier kaum eine Rolle spielten, lag wohl unter anderem daran, dass Köln selbst in diesen Jahren der industriellen Expansion nie eine reine Industriestadt war, so wie viele Städte im Ruhrgebiet. Handwerk, Handel, Banken und Versicherungen behielten hier immer ihren traditionell hohen Stellenwert.

Köln war zu einer modernen Großstadt geworden, die natürlich auch die Aufgaben einer modernen Großstadt zu erfüllen hatte. Im Rahmen des Rheinhandels wurde jetzt der Rheinauhafen vergrößert und modernisiert. Ebenso verlangte die Industrie eine Anbindung an den Fluss; ein toter Nebenarm des Rheins in Deutz verwandelte sich zu Beginn des neuen Jahrhunderts in einen leistungsfähigen Industriehafen. Die alte Hohenzollernbrücke, die »Muusfall« wurde 1910 durch die neue Südbrücke entlastet, 1911 die Hohenzollernbrücke selbst durch einen Neubau ersetzt, und 1915 kam dann auch noch die Deutzer Brücke dazu.

Während die elektrische Straßenbahn die Ringe entlang quietschte und der junge Cornelius Stüssgen ein Lebensmittelgeschäft nach dem anderen eröffnete, fielen weit ab von Köln, in Sarajewo im Juni 1914 jene tödlichen Schüsse, die den ersten Weltkrieg einleiten sollten. In den vier Wochen nach dem Attentat in Sarajewo, als alle europäischen Diplomaten hektisch Überstunden machten, konnte man in Köln den sich anbahnenden Krieg kaum noch erwarten. Der Vollständigkeit halber muss hier erwähnt werden, dass in nahezu allen Ländern Europas eine Kriegsbegeisterung ohne Gleichen herrschte – Köln spielte hier keine unrühmliche Ausnahme. Und zur Ehrenrettung Kölns muss weiterhin erwähnt werden, dass es auch zu einer Kundgebung von Kriegsgegnern gekommen ist, auch wenn diese im allgemeinen Freudentaumel nichts ausrichten konnte.

Aber schauen wir uns der Reihe nach an, was in Köln in jenen vier Kriegsjahren passierte:

Am 28. Juni 1914 stirbt in Sarajewo der österreichische Thronfolger an den erwähnten Schüssen eines serbischen Nationalisten.

Am 25. Juli, als der Krieg nahezu unvermeidlich erscheint, kommt es in Köln zu einer Reihe von patriotischen Kundgebungen, gegen die am 28. Juli die SPD zu einer Gegenkundgebung aufruft. Zehntausend Menschen sollen an ihr teilgenommen haben.

Am Samstag, dem 1. August wird mittels Extraausgaben der Zeitungen die allgemeine Mobilmachung bekanntgegeben.

Ab dem 2. August rücken die Einberufenen ein, und jede Menge Freiwilliger melden sich, um dabei zu sein. In Köln beherrschen von nun an Uniformen das Straßenbild, denn aufgrund seiner Nähe zur Westgrenze, und damit zur Front, wird Köln zum Knotenpunkt für die militärische Versorgung.

Am 5. August schreibt ein Kölner von der Front nach Hause: »*Ich habe in den zwei Tagen so Entsetzliches erlebt, dass ich mit meinen Nerven am Ende bin.*«

Am 28. August versinkt der Kriegskreutzer »Cöln« von englischen Schiffen getroffen. Es gab nur einen Überlebenden, und ein gerettetes Beiboot, das heute noch in der Eigelsteintorburg hängt.

Schon im Herbst dieses Jahres sind die Kölner Lazarette mit Verwundeten überfüllt.

Durch den Abzug der Männer aus den Fabriken und Geschäften, durch die Umstellung auf Rüstungsproduktion fehlt es überall an Arbeitskräften. So kommt es am 1. März 1915 dazu, dass in den Straßenbahnen die ersten Schaffnerinnen ihren Dienst antreten. Natürlich füllen die Frauen auch in immer größerer Zahl die entstandenen Lücken in den Betrieben, vor allem in den Rüstungsbetrieben.

Die Hungerblockade der Engländer führt zu einer drastischen Lebensmittelverknappung und -verteuerung. Am 28. März 1915 muss deshalb in Köln Brot rationiert werden. Der Kampf ums Überleben mit seinen typischen Erscheinungsformen wie Schwarzhandel, Hamsterkäufen und Wucherpreisen wird von nun an für die nächsten paar Jahre zur Hauptsorge der Kölner.

Von der anfänglichen Kriegsbegeisterung ist jetzt aber auch gar nichts mehr übriggeblieben. Gleichzeitig jedoch tragen die

Kriegsgewinnler ihren neu erworbenen Reichtum offen zur Schau. Die Kluft zwischen reich und arm klafft wieder ein Stück weiter auseinander.

Und dennoch spenden die Kölner weiterhin für den Krieg – beziehungsweise für dessen Opfer. Am 15. Juni stiftete ein Kommerzienrat die Holzstatue des »Kölschen Boor« und ruft dazu auf, durch Einschlagen von Nägeln in das Holz Spenden für die »*Witwen und Waisen gefallener Kölner Helden*« zu sammeln. Es kam so viel zusammen, dass der Bauer rundherum durch eine eiserne Rüstung aus Nägeln geschützt ist. (Die Figur steht heute im Stadtmuseum.) Daneben werden in Köln etwa eine halbe Million Mark für den Krieg gesammelt, und für über eineinhalb Millionen Mark tauschen die Kölner ihr Gold in Eisen um.

Am 16. Juli 1916 werden erste Gulaschkanonen in Betrieb genommen, da mittlerweile ein Großteil der Bevölkerung hungert. Zur gleichen Zeit kann die Stadtverwaltung nicht verhindern, dass in den Schaufenstern einiger Geschäfte Delikatessen wie Wild, Kaviar, Wein und andere Luxusgüter öffentlich ausgestellt werden.

Das Jahr 1917 beginnt in Köln mit dem »Steckrübenwinter«. Lebensmittel sind in der Stadt nur noch gegen horrende Preise zu bekommen. Die zugeteilten Rationen an Grundnahrungsmitteln werden zusehends kleiner. Milch gibt es nur noch für Kinder unter sechs Jahren, Kartoffeln seit Juni 1917 gar nicht mehr. Als Ersatz müssen eben jene getrockneten und gesalzenen Steckrüben herhalten. Die Stadt muss täglich mehr als vierzigtausend Mahlzeiten ausgeben, nur um die schlimmsten Folgen zu lindern.

Im Mai 1817 kommt es zu ersten Streiks, im Juni folgen weitere. Die Straßenbahndirektion muss ihren Schaffnerinnen bestätigen, dass sie vor Hunger ihren Dienst nicht versehen können; so ernst ist die Lage.

Am 18. September 1917 wird Konrad Adenauer, der bisher für die Lebensmittelversorgung in der Stadt zuständig war, zum neuen Oberbürgermeister gewählt.

In der Nacht vom 23. auf den 24. März 1918 fallen die ersten Bomben auf Köln. Zum Glück richten sie keinen großen Schaden an.

Am Pfingstsonntag, den 18. Mai fallen wieder Bomben in die Stadt. Diesmal geht es nicht so glimpflich ab wie im März, es werden einundvierzig Tote aus den Trümmern geborgen.

Am 26. Juni 1918 erhält Konrad Adenauer ein Patent auf eine fleischlose Wurst aus Sojamehl.

Im Sommer sterben viele Menschen an der Tuberkulose und ihr folgt eine Grippewelle ungekannten Ausmaßes; die geschwächten Körper haben keine Abwehrkräfte mehr, so dass bis zum Kriegsende etwa 1.300 Menschen in Köln an dieser Grippe sterben.

Endlich dankt am 9. November der Kaiser mehr oder weniger freiwillig ab, in Berlin wird die Republik ausgerufen, und am 11. November beginnt dann der schon lang ersehnte Waffenstillstand.

Mit dem Waffenstillstand ist zwar der Krieg vorbei, das Elend der Bevölkerung lässt sich allerdings nicht von einem Tag auf den anderen abstellen. Gedarbt wird in Köln auch noch in den nächsten Jahren. Die Stadt hatte ohnehin unter dem eigentlichen Krieg nicht so viel zu leiden, wie unter den Auswirkungen, die er mit sich brachte, obwohl immerhin fünfzehntausend kölnische Soldaten gefallen waren.

Damit möchte ich dieses Kapitel der dunklen vier Jahre der Kölner Geschichte in dem Bewusstsein beenden, dass das nächste Kapitel gleich wieder darauf zurückgreifen wird.

kapitel 16

Adenauers Köln

Jetzt soll es um eine Revolution gehen, jedoch um eine ziemlich eigenartige Revolution. Wenn man sich politische Revolutionen in Deutschland anschaut, so wirken sie immer ein bisschen bieder und altbacken, ganz besonders in Köln und ganz besonders diese vom November 1918. Und das kam so:

Schon mit Ausbruch des Krieges hatte sich die SPD innerhalb von nur wenigen Tagen von einer Kriegsgegnerin zu einer Kriegsbefürworterin gewandelt. Sie wollte schlicht und einfach nicht abseits stehen, wenn das deutsche Vaterland in Gefahr war und alle Welt den Krieg bejubelte. Der Vorwurf, Sozialisten seien vaterlandslose Gesellen, hat wohl doch tiefer getroffen, als sie sich selbst eingestehen wollte.

Wie in einem Burgfrieden wollten zu Beginn des Krieges alle Parteien ihre Differenzen hintanstellen und in diesem *»vaterländischen Ringen«* zusammen an einem Strick ziehen. Auch die, bisher immer ein wenig wie eine Aussätzige behandelte, SPD entzog sich diesem Burgfrieden nicht. Im Gegenteil: Bei der konkreten Arbeit gegen Hunger und Preistreiberei arbeitete sie eng mit den städtischen Gremien zusammen, lag doch solch ein soziales Engagement durchaus im Rahmen ihres Programmes.

In dem Maße, wie sich in der Bevölkerung die Kriegsbegeisterung legte und der Sorge um das tägliche Brot Platz machte, in dem Maße ging auch die SPD wieder auf Distanz zum Krieg und zur Regierungspolitik. Diese Distanz ging jetzt sogar so weit, dass der große alte Sozialist Karl Liebknecht die Bewilligung weiterer Kriegsanleihen ablehnte. In Köln jedoch fanden sich nur sieben Sozialdemokraten, die Liebknecht in seiner Forderung unterstützten.

So kam es, wie überall im Reich, zu einer Abspaltung von der SPD; die USPD – die unabhängige Sozialdemokratie – formierte sich; in Köln blieb diese radikalere Variante der SPD aber ohne nennenswerte Bedeutung. Im Dezember 1917 wurde sogar der gesamte lokale Vorstand der USPD verhaftet und zu Freiheitsstrafen verurteilt.

Der große Rest der SPD arrangierte sich mit der Stadtverwaltung, so dass zur gleichen Zeit, als der USPD-Vorstand ins Gefängnis wanderte, die SPD zum ersten Mal in ihrer Geschichte mit drei Ratsherren in den Kölner Stadtrat einzog. Besonders ihr Vorsitzender Wilhelm Sollmann tat sich hervor und bildete bald mit Konrad Adenauer ein gut eingespieltes Team, wenn es darum ging, auf kommunaler Ebene die Folgen des Krieges zu meistern. Die SPD war also auf dem Weg, eine etablierte politische Partei zu werden, als ihr jene Revolution in die Quere kam, die sie eigentlich gar nicht wollte.

Es begann im Jahre 1917, als in Wilhelmshaven unter den Matrosen eine Meuterei ausbrach. Aber viel Erfolg hatten die Meuterer nicht, und schon bald waren ihre Anführer hingerichtet und der Rest saß im zentralen Gefängnis für Marineangehörige. Dieses Gefängnis stand damals in Köln, und diese Tatsache wird noch von Bedeutung sein.

Mehr als ein Jahr später – im November 1918 – meuterten wieder die Matrosen der deutschen Hochseeflotte, diesmal in Kiel. Sie wollten verständlicherweise nicht noch in einem letzten sinnlosen Gefecht ihr Leben aufs Spiel setzen.

Am 7. November erscheint eine Gruppe von zweihundert meuternden Matrosen auf dem Hauptbahnhof in Köln. Sofort waren sie umringt von einer riesigen neugierigen Menschenmenge. Die SPD versuchte ihren Einfluß geltend zu machen, konnte aber in dem Tumult nichts ausrichten. Adenauer dagegen, als Oberbürgermeister und Vertreter von Gesetz und Ordnung, unternahm alles in seiner Macht stehende, um die Matrosen verhaften zu lassen. Aber er fand weder loyale Truppen, die dies für ihn übernehmen konnten, noch konnte er mit der Unterstützung des Festungskommandanten in Köln rechnen, dieser war nämlich unversehens heimlich still und leise verschwunden, da er wohl ahnte, was kommen würde. Danach versuchte Adenauer wenigstens eine Bürgerwehr auf die Beine zu stellen, aber auch mit diesem Vorhaben scheiterte er, diesmal am Widerstand der SPD.

In der folgenden Nacht vom 7. auf den 8. November wurden die gefangenen Matrosen von ihren Kameraden aus dem Marinegefängnis befreit.

Am nächsten Morgen waren die Rheinbrücken besetzt, und auch andere wichtige Punkte in der Stadt befanden sich in der Hand der Marinesoldaten und ihrer Anhänger.

Am Nachmittag bildete sich im Rathaus ein Arbeiter- und Soldatenrat aus jeweils sechs Räten der SPD und der USPD. Die Forderungen des Rates waren jedoch alles andere als revolutionär: sofortiger Frieden, Freilassung aller politischer Gefangenen, Abschaffung der Monarchie sowohl im Reich als auch in den einzelnen Ländern und Errichtung einer sozialen Republik. Das waren Forderungen, die damals jeder halbwegs vernünftig denkende Mensch unterstützt hätte. Noch am gleichen Tag – es ist immer noch der 8. November – bestätigten mehrere tausend Menschen dieses Programm des Arbeiter- und Soldatenrates mit ihrem Beifall. In der allgemeinen Euphorie kletterte Wilhelm Sollmann als Vorsitzender des Rates auf das Dach eines Autos und schrie in die Menge: *»Nieder mit dem Krieg! Es lebe die sozialistische deutsche Republik!«* Erst am nächsten Tag haben Philipp Scheidemann und Karl Liebknecht in Berlin die Republik ausgerufen. Oberbürgermeister Adenauer fügte sich in das Unvermeidbare. Sein Augenmerk war nun darauf gerichtet, Ruhe und Ordnung wieder herzustellen.

Am 9. November ging es im Rathaus hoch her. Im Hansasaal tagte eine große Soldatenversammlung. Das Ergebnis war nicht aufregend: Sie erklärte sich mit dem Arbeiter- und Soldatenrat solidarisch. Aber kaum hatte der Rat damit fast alle Macht in seiner Hand, zumindest hatte er die Möglichkeit, alle Macht in die Hand zu bekommen, da bekamen die Kölner Sozialdemokraten kalte Füße. Als nämlich am gleichen Tag die Nachricht von der Abdankung des Kaisers und die Ernennung

Friedrich Eberts zum Reichskanzler in Köln eintraf, da erklärte Sollmann, dass der Kölner Arbeiter- und Soldatenrat sich auflösen werde, sobald es in Deutschland wieder eine Zentralgewalt gäbe, die funktionierte. Damit hatte Sollmann einen Tag nach der Gründung des Rates bereits seine Auflösung verkündet.

Und tatsächlich, am nächsten Tag beschließt der noch existierende Arbeiter- und Soldatenrat die Schaffung eines Wohlfahrtsausschusses. Wenn wir diesen Ausschuss etwas genauer unter die Lupe nehmen, wissen wir, was die Stunde geschlagen hatte: In ihm saßen neben Sozialdemokraten gleichgewichtig Vertreter der bürgerlichen Parteien. Den Vorsitz hatte nicht mehr Sollmann, sondern der alte Fuchs Adenauer. Zudem übernahm der Wohlfahrtsausschuß fast alle wesentlichen Aufgaben des Arbeiter- und Soldatenrates. Zum Zeichen, dass wieder Ruhe und Frieden in Köln herrschte, legte Adenauer die Binde des Arbeiter- und Soldatenrates an. Er hatte gewonnen. Was jetzt folgte, war nur noch ein Nachspiel.

Am 11. November trat der Waffenstillstand in Kraft, am 14. November verbot der Regierungspräsident dem Arbeiter- und Soldatenrat jede Einwirkung auf die Verwaltung. Anstatt sich dagegen zu wehren, unterstrich der Rat nochmals seine Existenz als Provisorium. Damit hatte er sich nun endgültig ins Aus katapultiert. Die Revolution war beendet. *»Nie wohl ist eine Revolution von so gewaltigem Ausmaß in solcher Ruhe vorübergegangen.«* Das ist das Fazit der »Rheinischen Zeitung« vom 12. November.

Das war's also. Es bleibt ein fader Nachgeschmack. War das überhaupt eine Revolution? Und dann auch noch eine *»von so gewaltigem Ausmaß«*? Schauen wir uns doch einmal an, was der großartige Arbeiter- und Soldatenrat in den wenigen Tagen seiner Bedeutsamkeit geleistet hat. Unbestreitbar hat er ohne großen Schaden die zurückkehrenden Truppen durch Köln geschleust. Das ist eine große organisatorische Leistung, die hier auch keinesfalls geschmälert werden soll, aber sehr revolutionär war diese Tätigkeit wohl nicht. Und damit hatte es sich auch schon, was die Verdienste des Rates angeht. Die Arbeitsräume im Rathaus waren vollgepackt mit Formularen, Ausweisen, Passierscheinen, Stempeln und Abzeichen, die auch fleißig benutzt wurden. Ohne Formular lief gar nichts. Er verfügte eine nächtliche Ausgangssperre und untersagte den Alkoholausschank. Seine schärfste Kritik richtete sich gegen die Soldaten, die die Kölner Straßenbahnen benutzten, ohne zu bezahlen. Steckt eigentlich in jedem kleinen Deutschen ein großer Bürokrat?

Und dann kamen die Engländer. Im Waffenstillstandsabkommen war die Besetzung des linken Rheinufers durch alliierte Truppen vereinbart worden. Am 6. Dezember 1918 war es soweit. Wie hundertvierundzwanzig Jahre zuvor die französischen Besatzer, zogen nun die britischen über die Aachener Straße in die Stadt ein. Noch gab es keinen Friedensvertrag; es herrschte Kriegsrecht. Die ersten Maßnahmen der neuen Herren bestanden in der Verhängung von Ausgangsbeschränkungen, Pressezensur und der Beschlagnahmung von Wohnungen und Möbeln für die englischen Truppen. Angesichts der herrschenden Wohnungsnot machten sich die Engländer dadurch noch unbeliebter, als es Besatzungstruppen ohnehin schon sind. In den sieben Jahren, in denen die Engländer Köln besetzt hielten, waren zeitweise circa fünfundfünfzigtausend fremde Soldaten unterzubringen.

Die Briten gingen sogar so weit, eine Grußpflicht gegenüber britischen Offizieren und Fahnen einzuführen; aber damit stießen sie auf Granit. Die Kölner weigerten sich schlicht. Ziemlich schnell wurde die Grußpflicht wieder fallen gelassen. Ein weiteres Kuriosum ist Folgendes: Eine Woche nach Einmarsch der Truppen verkündete Oberbürgermeister Adenauer: *»Auf Anordnung des Chefs der englischen Militärpolizei wird von heute Nacht 12 Uhr die englische Zeit statt der deutschen eingeführt. Alle Uhren sind mit diesem Zeitpunkt um eine Stunde zurückzustellen.«* Und das lange vor Einführung der offiziellen Sommerzeit.

Während die Engländer es sich nun in Köln mehr oder weniger gemütlich machten und das öffentliche Leben kontrollierten, gab es im Reich die ersten demokratischen Wahlen. Endlich gab es das allgemeine, geheime und gleiche Wahlrecht. In Köln blieb – wen wundert's? – alles beim alten. Das Zentrum blieb die stärkste Kraft, die SPD die zweitstärkste. Die anderen bürgerlichen Parteien und alle radikalen hatten keine nennenswerte Erfolge erringen können.

Hatte sich die SPD auch noch so vehement für das Frauenwahlrecht eingesetzt, die Kölner Frauen dankten es ihr nicht; sie wählten in ihrer großen Mehrheit brav katholisch. Aber ganz egal was die Frauen wählten, nach der nächsten Kommunalwahl zogen zwölf Frauen ins Rathaus ein. Damit stellten sie etwa zehn Prozent der Stadtverordneten. Für den ersten Anlauf sicher kein schlechtes Ergebnis.

Doch ein ruhiges Leben hatten die Stadtverordneten in dieser Zeit nicht: Die Auswirkungen des Krieges waren überall schmerzlich spürbar. Die zurückkehrenden Soldaten und das Einstellen der Rüstungsproduktion führten zu einer schlagartigen Vermehrung der Arbeitslosen. Bis zu hundertdreißigtausend waren es im Herbst 1923. Aber das vorrangige Problem war noch immer der Hunger. Immer wieder kam es zu Hungerunruhen und zu Plünderungen von Geschäften. Die Menschen wussten sich nicht mehr anders zu helfen.

Dann kam die Inflation dazu. Der Krieg, die Reparationen und die immensen Ausgaben der öffentlichen Hand hatten eine Geldentwertung zur Folge, wie sie die Welt bis dahin noch nicht gesehen hatte. Auf dem Höhepunkt dieser Entwicklung wurde denjenigen, die Arbeit hatten, der Lohn täglich ausgezahlt. Mit Waschkörben holten sie Ihr Geld ab, um es sogleich wieder auszugeben, bevor es wieder nichts mehr wert war.

Die Druckereien druckten schon keine neuen Geldscheine mehr, sie überdruckten lediglich die alten Scheine: Aus einer Million Reichsmark wurden so mittels Stempelaufdruck eine Milliarde Reichsmark, später sogar eine Billion. 1923 kostete eine Ausgabe des »Kölner Stadt-Anzeigers« dreihundertfünfzig Milliarden Mark. Das Geld kam längst nicht mehr nur von der Reichsbank. Die Stadt und sogar private Firmen druckten Geld, um die Löhne zahlen zu können. Erst 1924, mit der Währungsreform, kehrte wieder Ruhe ein, und das war auch der Startschuß für eine Entwicklung, die später als die Goldenen Zwanziger bekannt werden sollte.

Bevor es dazu kommen sollte, gab es in Köln noch eine andere Frage zu klären, die eigentlich schon längst geklärt war. Wohin gehörte die Stadt? Zunächst scheint die Frage völlig sinnlos zu sein, aber das sahen damals ein paar Leute nicht so: Sie waren der Meinung, das Rheinland, und mit ihm Köln als seine Metropole, solle sich vom Deutschen Reich lösen und einen eigenständigen Staat zwischen Deutschland und seinen westlichen Nachbarn bilden. Hier spielte natürlich wieder die alte Skepsis gegenüber Preußen eine große Rolle. Doch diese Separatisten hatten keinen Erfolg.

Etwas anders sah es da schon bei denen aus, die zwar keine Loslösung vom Reich anstrebten, aber immerhin eine viel größere Selbständigkeit des Rheinlandes forderten. Zu ihnen gehörte zu Beginn auch Adenauer und mit ihm viele Zentrumsanhänger. Aber auch diese Bewegung hatte nur vorüber gehend einen größeren Zulauf, auf Dauer spielte sie keine Rolle.

Das Verdienst am nun folgenden Aufschwung hat zweifellos zu einem erheblichen Maße der Oberbürgermeister Konrad Adenauer. Seiner Umtriebigkeit haben die Kölner zu verdanken, dass die Stadt ihre Bedeutung als Metropole des Rheinlandes immer weiter ausbauen konnte.

Das fing schon 1918 mit der Wiedergründung der Universität an. Von den Franzosen geschlossen, musste Köln für mehr als ein Jahrhundert ohne Universität auskommen. Zwar hatte es mehrere Anläufe gegeben, diesen Zustand zu ändern, aber sie alle kamen nicht zum Ziel. So waren auch schon in der Kaiserzeit eine Reihe von Hochschulen gegründet worden, die nun den Grundstock für die neue alte Universität bildeten: Da gab es zum Beispiel schon die Handelshochschule am Hansaring (in dem Gebäude ist heute das Hansagymnasium untergebracht), die Kölner Akademie für praktische Medizin und die Hochschule für kommunale und soziale Verwaltung.

Adenauer hatte schließlich nach zähen Verhandlungen und

gegen den Widerstand der Universität in Bonn Erfolg: Köln bekam seine Hochschule, allerdings eine etwas kuriose: Die neue Kölner Uni war nämlich eine staatliche preußische Einrichtung, aber Preußen zahlte nicht einen Pfennig zu ihrer Unterhaltung, dafür mußte die Stadt aufkommen.

Danach stellte Adenauer seine soziale Sensibilität unter Beweis: Nach der Schleifung der Festungsanlagen stand jetzt jede Menge Platz zur Verfügung. Anstatt diesen freien Raum zu verbauen, setzte der Oberbürgermeister bei den englischen Besatzern durch, dass er zu Grünflächen umgestaltet wurde. So entstand gegen den Widerstand zahlreicher Spekulanten der sieben Kilometer lange innere und der dreißig Kilometer lange äußere Grüngürtel als Erholungsgebiet, als »grüne Lunge« für die stressgeplagten Großstädter.

Auch auf einem anderen, aber durchaus verwandten Gebiet ist Adenauer aktiv geworden: Zwar konnte er wenig tun, um die Arbeitslosenzahlen zu senken, aber er tat etwas, um den Arbeitslosen ihr Los ein bißchen zu erleichtern. Er ließ am Stadtwald ein Stadion – das Müngersdorfer Stadion – und dahinter die Jahnwiese mit dem Denkmal des Turnvaters Friedrich Ludwig Jahn anlegen. Damit hatte er den Grundstein für die Entwicklung Kölns zu einem Zentrum des Sports in Deutschland gelegt. Die spätere Ansiedlung der deutschen Sporthochschule in Köln setzte diese Entwicklung fort. Dass das Müngersdorfer Stadion und der 1. FC zum Ende des zwanzigsten Jahrhunderts nicht gerade auf der Höhe ihres Ruhmes stehen, sei hier nur am Rande vermerkt.

Aber bleiben wir weiter bei Adenauer. Als nächstes kümmerte er sich um die Messe. Am 11. Mai 1924 eröffnet, war sie schon bald eine Messe, die in Europa einen guten Ruf genoss. Stolz verkündete der Messeturm auf dem Gelände in Deutz diesen Erfolg, der bis heute anhält.

Als im Jahr 1926 die Engländer endlich abzogen, nutzte Adenauer ihren Militärflughafen Butzweilerhof, um hier eine zivile Luftfahrt zu etablieren. Auch damit hatte er Erfolg. Die Lufthansa hatte ihm in ihren Anfängen viel zu verdanken.

Auch die Kölns Wurzeln als Medienstadt liegen in dieser Zeit:

In den Goldenen Zwanzigern setzte sich ein neues Medium durch – der Rundfunk. In Münster hatte sich eine »Westdeutsche Rundfunk AG« niedergelassen. Nun zog sie nach Köln um.

Am Hansaring wurde das höchste Hochhaus Europas errichtet, in Mülheim die längste Hängebrücke Europas über den Rhein gespannt, in Niehl ein Industriegelände ausgewiesen und Ford nach Köln gelockt. Die erste Autobahn Europas führte von Köln nach Bonn ... Bei all diesen Fortschritten hatte Adenauer seine Finger im Spiel.

Aber nicht überall mischte sich unser umtriebiger Oberbürgermeister ein; zum Beispiel nicht in den kulturellen Sektor. Doch dass sich hier das Konservativ-Bürgerliche gegen jede Form von Avantgarde mit Händen und Füßen wehrte, können wir nicht dem mangelnden Engagement Adenauers in die Schuhe schieben.

Kurz nach dem Krieg war Köln, eh es sich versah und ganz gegen seinen Willen, zu einem Mittelpunkt des Dadaismus geworden. Max Ernst, Alfred F. Gruenwald und Hans Arp legten sich hier mit den Bürgerlichen an, die ihren geballten Einfluss einsetzten, so dass von Dada in Köln schon bald kaum noch etwas zu sehen und zu spüren war. Kurze Zeit später herrschte wieder Ruhe an der Kulturfront.

Die Provinzialität in Köln bezog sich auch auf die Musik: Béla Bartóks Werk wurde als *»widermusikalische Angelegenheit«*, als *»radikal-modern«* (und das war nicht wohlmeinend gedacht) und als dem Geschmack des Kölner Publikums nicht gerecht werdend diffamiert.

Das moderne Theater erlitt hier ebenfalls Schiffbruch. Was ankam, waren die Aufführungen im Millowitsch-Theater oder leichte Operettenstücke. Damit wollen wir es belassen, diesem trostlosen Thema auf den Grund zu gehen.

Denn trostlos wird es jetzt ohnehin: Wir nähern uns dem Ende der Goldenen Zwanziger. Der schwarze Freitag im Oktober 1929 brachte den tiefen Einschnitt; an diesem Tag krachte die Börse in New York zusammen. Eine Weltwirtschaftskrise nie dagewesenen Ausmaßes war die Folge.

Wir haben uns schon die elenden sozialen Verhältnisse im neunzehnten Jahrhundert und die nicht weniger elenden nach dem ersten Weltkrieg angesehen. Nach dem kurzen ökonomischen Aufschwung in den Zwanzigern schlug nun die Weltwirtschaftskrise wie mit einer Keule auf Köln ein. Wieder schnellten die Arbeitslosenzahlen in die Höhe, wieder prägten Hunger und bitterste Armut den Alltag breiter Schichten. 1932 war jeder dritte Kölner ohne Arbeit, und die Firmeninhaber scheuten sich nicht, die Not auszunutzen, um Lohnkürzungen durchzusetzen. Wieder gab es Menschen, die zwar Arbeit hatten, von dem Lohn aber nicht leben konnten. Schlangen vor dem Arbeitsamt in der Badstraße gehörten zum gewohnten Bild in jenen Jahren. Hinzu kam die bedrückende Wohnungsnot; mitten in Köln lebten Menschen in Blechhütten und Bretterverschlägen. Es gab regelrechte Slums, wie wir sie heute nur noch von Großstädten aus der dritten Welt kennen. Auch die Stadt selbst war zahlungsunfähig.

Es ist nur zu verständlich, dass unter diesen Bedingungen die Reichstagswahlen anders ausfielen, als dies in dem Jahrzehnt zuvor der Fall war. 1930 fanden eben solche Reichstagswahlen wieder einmal statt. Alle Parteien hatten Stimmenverluste hinzunehmen, nur zwei nicht: Auf der äußersten Linken die KPD und auf der noch äußeren Rechten die NSDAP. Diese konnte ihren Stimmenanteil in Köln jetzt mitten in der Weltwirtschaftskrise verzehnfachen.

Der ungeheure Wahlerfolg der extremen Kräfte hatte in Köln selbst zunächst noch keine Auswirkungen, da in der nächsten Zeit keine Stadtverordnetenwahlen anstanden. Natürlich forderten die Wahlgewinner KPD und NSDAP lautstark Neuwahlen in Köln, und natürlich gingen die etablierten Parteien nicht darauf ein. Von nun an war Gewalt ein Teil des politischen Geschäfts. Der Straßenkampf gehörte zum festen Programm der Nationalsozialisten. Beim Wahlkampf im Sommer 1932 gab es in der Stadt über sechzig schwere Krawalle mit drei Toten und vielen Verletzten.

Trotz dieser offensichtlichen Demokratiefeindlichkeit glaubten die bürgerlichen Politiker, die NSDAP mittels einer Regierungsbeteiligung zähmen zu können und sie gefügig zu machen. Auch Konrad Adenauer war dieser Meinung; er trat für eine Koalition von Zentrum und Nationalsozialisten ein.

Während die gesetzten Politiker der Mitte die aufmüpfigen Nazis unter Kontrolle zu bringen versuchten, entfalteten diese einen Propagandafeldzug ohne gleichen. Mehrmals sprach Adolf Hitler auf Großkundgebungen in Köln; auch andere Parteigrößen wie Hermann Göring, Julius Streicher und Josef Goebbels ließen hier ihre Hetzreden vom Stapel.

Hitlers Aufenthalt in Köln vom 4. Januar 1933 sollte aber von besonderer Bedeutung für die weitere Zukunft Deutschlands werden. In Köln wurde nämlich das Dritte Reich geboren! Hier, am Stadtwaldgürtel in der Villa des Bankiers von Schröder, traf sich Hitler mit dem amtierenden Reichskanzler Franz von Papen. Auch wenn das Treffen zunächst geheim blieb, einen Monat später war Hitler Reichskanzler. Und damit haben wir dann den Salat.

kapitel 17

Das braune Köln

Am 30. Januar 1933 ernannte Reichspräsident Paul von Hindenburg den Parteichef der NSDAP Adolf Hitler zum Reichskanzler. Noch immer glaubten die Konservativen, ihn zähmen zu können – ein fataler Irrtum, wie sich herausstellte. Schon am nächsten Tag feierten die Nazis in den Kölner Messehallen die nationalsozialistische Machtergreifung. Gauleiter Josef Grohé bekannte hier offen, dass sie die neu errungene Macht *»niemals mehr preiszugeben«* gedächten. Auf der gleichen Veranstaltung sprach der Journalist des »Westdeutschen Beobachters« Peter Winkelnkemper von einer bevorstehenden *»erbarmungslosen Rache«* an dem *»roten Menschengetier«* und der *»gesinnungslosen jüdischen Pressekanaille«*. Dieser Journalist wurde später übrigens Oberbürgermeister von Köln.

In der nächsten Zeit taten die Nazis alles, was ihre Macht ausbauen oder absichern konnte. Zimperlich gingen sie dabei nicht vor. Drei Tage nach der Ernennung Hitlers zum Reichskanzler wurde in Köln die kommunistische Zeitung »Die Sozialistische Republik« verboten, weitere drei Tage später traf es die sozialdemokratische »Rheinische Zeitung«, im März musste dann auch noch die »Kölnische Volkszeitung« des Zentrums ihr Erscheinen einstellen. Innerhalb von sechs Wochen waren so alle großen Zeitungen in Köln ausgeschaltet. Im gleichen Zeitraum wurden fünfzig kommunistische Funktionäre in so genannte Schutzhaft genommen, ihre Büros besetzt, der um Köln so verdiente Sozialdemokrat Wilhelm Sollmann im Braunen Haus in der Mozartstraße misshandelt, und in Straßenschlachten Arbeiterviertel »gesäubert«.

Dabei war immer noch Konrad Adenauer Oberbürgermeister, und die Nazis stellten in der Stadtverordnetenversammlung gerade einmal vier Abgeordnete. Dennoch waren sie jetzt schon die bestimmende Größe in der Stadt.

Wie schnell die demokratischen Politiker in Köln ihren Einfluss verloren, zeigten folgende Ereignisse: Am 19. Februar 1933 kam Hitler nach Köln, um hier Wahlkampf für die bevorstehenden Reichstagswahlen zu machen. Adenauer brachte so viel Courage auf, ihn nicht am Flughafen zu empfangen, die Hakenkreuzfahnen auf der Deutzer Brücke wieder entfernen zu lassen und eine festliche Rheinbeleuchtung zu verbieten. Schon Anfang März war er nicht mehr in der Lage zu verhindern, dass an öffentlichen Gebäuden die Hakenkreuzflagge gehisst wurde. Er musste es sogar ohnmächtig hinnehmen, dass eine Zentrumsveranstaltung, auf der er selbst reden wollte, verboten wurde, weil gleichzeitig auf dem Neumarkt ein Naziaufmarsch stattfand.

Die Ergebnisse der Wahlen zum Reichstag am 5. März und der Lokalwahlen eine Woche später spiegelten die skizzierte Entwicklung. Sowohl im Berliner Parlament als auch im Kölner Rathaus stellte die NSDAP jetzt die stärkste Fraktion. Obwohl die Stimmen für die NSDAP in Köln etwas unter dem deutschlandweiten Durchschnitt lagen, ändert das nichts an der Tatsache, dass auch hier die Nazis nun auf breite Zustimmung stießen. Die Ära Adenauer war endgültig vorbei. Die Kölner werden ihr schon sehr bald nachtrauern.

Selbst noch heute ist manchmal in Köln die Mär zu hören, dass hier den Nationalsozialisten von allen deutschen Großstädten der energischste Widerstand entgegenschlug. Aber leider ist das tatsächlich bloß ein Märchen. Man muss sich nur anschauen, mit welcher Selbstverständlichkeit die Kölner von Anfang an die Gleichschaltung in allen öffentlichen Bereichen akzeptierten oder sogar in vorauseilendem Gehorsam selbst betrieben. In vorderster Front waren dabei der Polizeipräsident und der Regierungspräsident zu finden. Auch die Universität leitete ihre eigene Gleichschaltung ausgesprochen freiwillig in die Wege. Gleichschaltung war die Praxis, alle Organisationen, Institutionen und Vereine in die NSDAP-Parteiorganisationen einzugliedern und auf diese Weise Gegenkräften den Wind aus den Segeln zu nehmen.

Aber gehen wir Schritt für Schritt vor: In Köln hatten die Nazis mit 39,6 Prozent der Stimmen zwar die Mehrheit, nicht aber die absolute Mehrheit erringen können. Doch das war für diese Herren kein Hindernis; ohne viel Federlesen wurden den Kommunisten ihre Sitze – immerhin hatten sie über elf Prozent erkämpfen können – aberkannt. Und um auch ganz sicher zu gehen, verhaftete man die SPD-Stadtverordneten nach der ersten Sitzung des Rates. Auf diese Weise war eine absolute Mehrheit der NSDAP in Köln gesichert.

Das Kölner Zentrum hatte die Zeichen der Zeit erkannt, erklärte erst seine Bereitschaft zur Zusammenarbeit – übrigens gegen den ausdrücklichen Willen Adenauers – um daraufhin seine Selbstauflösung zu beschließen. Zu diesem Zeitpunkt waren viele Zentrumsleute, einschließlich ihres Vorsitzenden, allerdings schon zu den Nazis übergelaufen. KPD und SPD sowie Gewerkschaften und verschiedene Vereine der Arbeiterbewegung wurden schon vorher in ganz Deutschland verboten. Die Gleichschaltung war im vollen Gange.

Natürlich besetzten die Nazis inzwischen auch alle höheren Stellen in der Stadtverwaltung, der Justiz, der Polizei, dem Kulturwesen, der Universität und nicht zuletzt in der Westdeutschen Rundfunkgesellschaft mit verdienten, aber nicht unbedingt qualifizierten Anhängern. Genug offene Stellen gab es ja, seit Kommunisten, Sozialdemokraten, der Kirche Nahestehende, Juden und andere *»Volksschädlinge«* immer stärker und brutaler ausgegrenzt wurden. Auf der unteren und mittleren Ebene blieben die meisten Beamten und Angestellten dagegen im Amt und arrangierten sich mit den neuen Machthabern, viele wohl ohne allzu große Bedenken.

Gerade in der Judenverfolgung war Köln ganz vorne mit dabei, konnte es hierbei doch an seinen mittelalterlichen Antisemitismus problemlos anknüpfen. Am 31. März 1933 ging es los: SA und SS stürmen am Reichensperger Platz das Gerichtsgebäude, misshandelten die jüdischen Richter und Rechtsanwälte und karrten sie in Mülltonnen zum Polizeipräsidium. Am nächsten Tag verhinderten überall in Köln SA und die Hitlerjugend, dass die Leute in jüdischen Geschäften einkaufen gingen oder jüdische Ärzte aufsuchten. Wer dennoch den Mut aufbrachte, konnte sich am nächsten Tag samt Foto in der Zeitung wiederfinden. Einige Geschäftsinhaber wurden gezwungen, mit Schildern durch die Stadt zu gehen, auf denen sie selbst beschimpft wurden. Der ganze Spuk lief unter der offenen oder klammheimlichen Freude vieler christlicher Geschäftsinhaber ab. Die der Severinstraße zum Beispiel inserierten sogar im braunen »Westdeutschen Beobachter« und riefen zum Boykott ihrer jüdischen Konkurrenten auf.

Proteste gegen die antisemitischen Ausschreitungen gab es kaum. Einige Historiker kommen überdies zu einem besonders peinlichen Ergebnis für Köln: *»All dies geschah ohne erkennbaren Widerspruch der Kölner Bevölkerung. In kaum einem Ort wurde so rasch und so rücksichtslos gegen Juden vorgegangen. Die Kölner Stadtverwaltung leitete zahlreiche Maßnahmen der Diskriminierung und Entrechtung von Juden in die Wege, lange bevor es überhaupt entsprechende gesetzliche Bestimmungen gab.«*

Sowohl die Stadtverwaltung als auch der Polizeipräsident Walter Lingens wurden aus Berlin wegen ihrer Judenverfolgungen gerügt, da eine schlagartige Ausgrenzung der Juden aus dem deutschen Wirtschaftsleben doch größere Probleme aufgeworfen hätte, als den Nazis lieb sein konnte. Die Kritik aus Berlin war jedoch keineswegs eine grundsätzliche; der Terror gegen die Juden ging weiter.

Der vorläufige Höhepunkt in diesem makaberen Spiel mit Menschen war die sogenannte »Reichskristallnacht«. In der Nacht zwischen dem 9. und 10. November 1938 standen plötzlich drei Synagogen in Köln in Flammen – die in der Roonstraße, in der Glockengasse und in Ehrenfeld – den drei anderen in der St.-Apern-Straße, in Deutz und Mülheim erging es nicht viel besser, sie wurden auch ohne Brandstiftung stark demoliert. Ansonsten waren die Wohnungen und Geschäfte der Juden und sie selbst das Ziel der Gewalt: Plünderungen und Misshandlungen bis zum Tod gab es in dieser Nacht in Köln. Einige hundert Juden konnten sich nicht gegen ihren Transport in das Konzentrationslager Dachau wehren. Um die Demütigungen auf die Spitze zu treiben, mussten die Juden auch noch für die entstandenen Schäden und für die Aufräumarbeiten danach aufkommen.

Über die Stimmung in Köln in jener Nacht gibt ein Betroffener Auskunft. Richard Stern war Jude und besaß ein Polsterwarengeschäft am Marsilstein: *»Das Schaufenster wurde zerschlagen, Koffer, Bettzeug, alles wurde auf die Straße geworfen. Vor der Tür wurde die Straßenbahn durch die Barrikade aufgehalten. Ob aus Ordnungsliebe, weil der Verkehr weitergehen musste, oder aus Freundschaft – Nachbarn brachten die Gegenstände schweigend ins Geschäft. Niemand wagte einen Kommentar, geschweige denn Protest.«*

Zwei Tage später trat die »Verordnung zur Ausschaltung der Juden aus dem deutschen Wirtschaftsleben« in Kraft. Sämtliche jüdischen Händler und Handwerker mussten nun ihre Betriebe innerhalb der nächsten sechs Wochen verkaufen. Die arischen Nutznießer bezahlten oft nur Schleuderpreise für die gutgehenden Geschäfte. Es war schon höchst aufschlussreich, die vielen fünfzigjährigen Geschäftsjubiläen in Köln im Jahr 1988 zur Kenntnis zu nehmen.

Die erste große Vernichtungsaktion in Köln traf dann im Mai 1940 aber nicht die Juden, sondern die Sinti und Roma. Schon seit sechs Jahren gab es in Bickendorf ein Zigeunerlager. Von dort aus wurden im ersten Kriegsjahr zunächst etwa tausend von ihnen in Richtung Osten verfrachtet, später folgten noch einmal fünfhundert.

Doch die Diskriminierung der Juden steigerte sich stetig: Erst durften sie nur noch in sogenannten »Judenhäusern« wohnen, ganze Stadtteile – vornehmlich die gut bürgerlichen – waren für Juden in Zukunft tabu, aber die wenigen ausgewiesenen »Judenhäuser« reichten bei weitem nicht für alle jüdischen Kölner. Dann pferchte man viele im Fort V in Müngersdorf zusammen. Straßenbahnfahren durften sie nicht mehr, keine Radiogeräte besitzen, keine öffentlichen Einrichtungen benutzen, keine Veranstaltungen besuchen und schließlich mussten sie gut sichtbar ständig einen Judenstern an ihrer Kleidung tragen.

Und dann begannen im Oktober 1941 die großen Deportationen. Von Deutz aus fuhren über siebentausend Juden aus

Köln und ungezählte aus dem gesamten Umland in den Tod, der in den Vernichtungslagern im Osten auf sie wartete. Was seinen Umgang mit den jüdischen Mitbürgern angeht, hat sich Köln weder in diesen kritischen Jahren noch in den Jahrhunderten zuvor mit Ruhm bekleckert.

Woran lag es, dass die Kölner in jenen Jahren der Judendiskriminierung und -deportation so teilnahmslos zusahen? Vielleicht muss man die Frage anders stellen und untersuchen, woran es lag, dass die Kölner so bereitwillig den braunen Verführern folgten.

Da sind an erster Stelle die abnehmenden Arbeitslosenzahlen zu nennen. Auf der einen Seite ließen die katastrophalen Auswirkungen der Weltwirtschaftskrise allmählich nach, und die Wirtschaft erholte sich langsam. Auf der anderen Seite schuf Hitler in der Rüstungsindustrie und im Autobahnbau – auch dabei war vorwiegend an den bevorstehenden Krieg gedacht – eine Menge neuer Arbeitsplätze. Und Arbeit zu haben bedeutete für viele Kölner, die gerade mit Müh und Not die Weltwirtschaftskrise überstanden hatten, die Sicherung ihrer Existenz.

Hinzu kamen politische Erfolge, die das nationale Gefühl vieler Deutscher und natürlich auch vieler Kölner befriedigten: der Anschluss des Saarlandes an das Deutsche Reich, die Olympischen Spiele in Berlin und vor allem die völkerrechtswidrige Militarisierung des Rheinlandes. Als mittags am 7. März 1936 die ersten Truppen entgegen den Bestimmungen des Versailler Vertrages über die Hohenzollernbrücke in das bis dahin entmilitarisierte Köln marschierten, war die Begeisterung groß. Sogar der Erzbischof konnte oder wollte sich einer Gratulation an die Wehrmacht nicht enthalten und auch die Uni wollte nicht beiseite stehen: *»Heer und Universität sind Kampfgenossen! Beide sind Wächter der deutschen Kultur, des deutschen Geistes, der deutschen Ordnung und Zucht!«*

Als dann drei Wochen später Hitler, Goebbels und Heß die »Rheinlandbefreiung« in Köln feierten, wagten die wenigen Skeptiker schon lange keinen Einspruch mehr, kam doch selbst von England und Frankreich, gegen die sich die Militarisierung ja richtete, kaum Protest. Die »rheinischen Stände« indessen huldigten Hitler im Gürzenich, danach sprach der Führer in den Messehallen zu den Kölnern.

Einen Tag später fanden Reichstagswahlen statt. Die Bevölkerung im Gau Köln-Aachen stimmte mit 99,1 Prozent für Hitler und seine Politik.

Die Begeisterung in der Bevölkerung stieg in ungeahnte Höhen, als dann auch noch Österreich und das Sudetenland heim ins Reich geholt wurden und die ersten schnellen Siege im Krieg gefeiert wurden.

Trotzdem müssen wir gerechterweise ebenso festhalten, dass einige Kölner sich mutig der Opposition anschlossen. Zwar waren KPD und SPD schon zu Beginn des tausendjährigen Reiches verboten worden, aber ihre Mitglieder betätigten sich noch lange im Untergrund. Die wichtigste Untergrundarbeit war sicherlich das Verfassen und Verteilen von Flugblättern, um so der NS-gesteuerten Presse und Propaganda entgegenzuwirken. Einen sichtbaren Erfolg hatten die linken Gruppierungen allerdings nicht. Zu keiner Zeit stellten die Widerstandsgruppen – ganz gleich welcher Couleur – eine ernsthafte Gefahr für das braune System in Köln dar. Sie fanden in der Bevölkerung keinen Widerhall.

Außerdem mobilisierte das System seinen ganzen Terrorapparat, um die kleinen Widerstandsnester auszuräuchern. Und das System hatte damit Erfolg. Bis 1936 hatte die geheime Staatspolizei fast alle Untergrundkämpfer ausgeschaltet. Ein Prozess folgte dem nächsten, und viele endeten mit dem Todesurteil der Angeklagten. Trotzdem wurde das Kölner Sondergericht aus Berlin gerügt; es sei angeblich *»untragbar milde«*, so die Formulierung des Justizministeriums.

In Köln gab es mehrere Stellen, an denen Angehörige des Widerstandes mit den Methoden der Nazis Bekanntschaft schlossen. Am Appellhofplatz im EL-DE-Haus hatte die schon erwähnte Gestapo ihren Sitz. Dieses Haus – benannt nach seinem Erbauer Leopold Dahmen – war extra für die perversen Bedürfnisse der Geheimen Staatspolizei hergerichtet worden. Noch heute künden die Wandinschriften im Keller des Hauses von den Unglücklichen, die hier zu leiden hatten.

Schon kurz nach der Machtergreifung hatten SA und SS ein paar provisorische und damals noch illegale Konzentrationslager in der Stadt errichtet, so zum Beispiel in Porz, in Riehl, am Bonner Wall, in der Aquinostraße und im Braunen Haus, dem Sitz der Gauleitung in der Mozartstraße. An all diesen Orten sind diejenigen, die sich gegen die Regierenden stellten, gedemütigt, misshandelt, gefoltert und ermordet worden. Fehlen darf in dieser Aufzählung auf keinen Fall das Polizeipräsidium und auch nicht das Gefängnis Klingelpütz, hier wurden mehr als 1.500 Häftlinge hingerichtet.

Leider müssen wir auch feststellen, dass die Arbeit der Gestapo und der Sondergerichte zum großen Teil auf Denunziationen aus der Bevölkerung beruhte. Nur ein kleiner Teil ihrer Verhaftungen kam aufgrund eigener Ermittlungen zustande. Auch hier keine Spur von dem angeblich »ach so liberalen« Köln, das den NS-Schergen so vehement Widerstand leistete.

Wenn vom Widerstand gegen das NS-Regime die Rede ist, muss auch die Kirche erwähnt werden. Hatte die katholische Kirche in den Jahren vor 1933 des öfteren vor dem Nationalsozialismus gewarnt, so nahm sie diese Warnungen jetzt ausdrücklich zurück – jetzt, nachdem Hitler in Berlin ein Konkordat mit dem Vatikan geschlossen und so der Kirche ihren Einflussbereich gelassen hatte. Von nun an waren Nationalsozialismus und Katholizismus keine unversöhnlichen Gegensätze mehr. Da Hitler und seine Mannen jedoch nie beabsichtigen, die Kirche zu schonen, geriet sie schon sehr bald wieder in eine oppositionelle Rolle.

Zwischen der Hitlerjugend und verschiedenen katholischen Jugendverbänden gab es in Köln einen ständigen Kleinkrieg. So stürmte die HJ zum Beispiel im Januar 1934 die St.-Aposteln-Kirche und auch die St.-Agnes-Kirche, um Veranstaltungen ihrer christlichen Altersgenossen zu stören. Gleichzeitig ging auch die Kirchenführung unter Erzbischof Joseph Kardinal Schulte wieder mehr auf Distanz zum Regime und warnte vor einer *»Religion des Blutes und der Rasse«*.

Wenn es in der Kölner Bevölkerung überhaupt einen nennenswerten Widerstand gegen das Regime gegeben hat, dann im Gefolge der Kirche, die sich ja nicht gegen den Nationalsozialismus an sich wandte, sondern nur gegen seine Ausschreitungen, vor allem seine Ausschreitungen gegen die Kirche.

Wallfahrten hatten in dieser Zeit einen großen Zulauf; viele zeigten hier ihre Verbundenheit mit der katholischen Kirche. Und der Staat wagte nicht, offen gegen die Masse der Gläubigen vorzugehen, da er sich der Macht des Katholizismus sehr wohl bewusst war.

Aber die kirchlichen und die kirchennahen Vereine und Verbände gerieten sehr wohl immer mehr in das Fadenkreuz der Gestapo, bis sie schließlich ganz verboten wurden. Mitten im Krieg starb Erzbischof Kardinal Schulte. Sein Nachfolger Kardinal Frings war den Nazis gegenüber nicht so zurückhaltend wie sein Vorgänger; er nahm von der Kanzel herab Stellung und geißelte vor allem die Morde an Behinderten und den Massenmord an den Juden.

Als im Juli 1944 das Attentat auf Hitler scheiterte, überrollte auch Köln eine Verhaftungswelle ungeahnten Ausmaßes. Viele Vertreter der verbotenen Parteien, der Gewerkschaften, und jetzt auch der Kirche wurden in den staatlichen Gefängnissen oder in Konzentrationslagern umgebracht.

Eine Form der Opposition war in Köln besonders verbreitet: der Widerstand der Jugendlichen. Er reichte von der meist schon schwierigen Aufgabe, sich der HJ und ihrer Indoktrination zu entziehen, bis zu tatsächlicher Widerstandsarbeit und Sabotage. Allein im Jahr 1943 wurden in Köln mehr als tausend Jugendliche – teils »Edelweißpiraten«, teils »Navajos«, teils Gruppen der bündischen Jugend – verwarnt und circa zweihundertfünfzig wegen *»bündisch-oppositioneller Umtriebe«* verhaftet.

Als im September 1939 deutsche Truppen Polen überfielen, war das der Anfang vom Ende – auch für Köln. Im ersten Kriegsjahr schien noch alles ganz gut zu gehen, aber schon 1940 gab es die ersten Luftangriffe, öffentliche Sportveranstaltungen wurden untersagt, und auch das Baden in den Freibädern oder Seen war angesichts der Gefahr aus der Luft verboten. Die erste schwere Bomberattacke rollt im März 1941 über Köln hinweg –

von nun an war Köln immer häufiger Ziel englischer und später auch amerikanischer Bomber.

Wenn zu Beginn des Krieges in erster Linie militärische Anlagen und Nachschubwege das Ziel die feindlichen Angriffe waren, so ändert sich das schon sehr bald. Immer öfter wurden Bomben gezielt auf reine Wohngebiete abgeworfen. Der Hintergedanke, den die Alliierten dabei hatten, war der, dass dadurch die Bevölkerung auf Distanz zu dem Regime ginge. Aufgegangen ist diese Rechnung nicht. Aber die Alliierten hätten es schon damals besser wissen können, denn Hitler hatte zuvor englische Städte aus dem gleichen Motiv bombardieren lassen – mit dem gleichen Misserfolg

Die wirklich schlimme Phase des Krieges begann im Mai 1942 mit dem ersten Tausend-Bomber-Angriff auf Köln. Von nun an stieg die Zahl der Getöteten und der Verletzten, der Obdachlosen und der zerstörten Häuser ständig. Einen Großteil ihres Lebens verbrachten die Kölner in der folgenden Zeit in Bunkern und Kellern. In der zusehends verwüsteten Stadt gab es kaum noch normales Leben; die Gas- und Wasserversorgung stockte zeitweilig, Lebensmittel waren schon lange rationiert. Kinder und Jugendliche wurden in der sogenannten Kinderlandverschickung in sichere Gegenden gebracht – oft weit weg. Schulen und Universität hatten ihren Betrieb eingestellt. Wieder mussten Frauen die Arbeitsplätze der Männer übernehmen. Zusätzlich wurden Kriegsgefangene als Sklaven eingesetzt, allein ungefähr zweieinhalb Tausend in den Ford-Werken.

Diebstahl und Plünderung – oft ein Zeichen allergrößter Not – wurden immer öfter mit der Todesstrafe belegt und sogleich öffentlich vollstreckt. Das sollte abschreckend wirken.

Und dann kam das Ende. Am 2. März 1945 fiel ein Bombenteppich auf Köln, der der Stadt den Rest gab. Jetzt war sie endgültig sturmreif – und genau das war auch die Absicht dieses letzten Luftangriffs gewesen. Am 4. März fliehen die letzten Nazigrößen aus der verlorenen Stadt. Am 6. März standen die Amerikaner in Köln, von den Kölnern freudig und erleichtert empfangen; am 8. März meldet der Wehrmachtsbericht: *»Auf* *dem Westufer wird noch in den Trümmern von Köln gekämpft.«* Aber das stimmte wohl schon nicht mehr. Die Amerikaner waren jetzt die uneingeschränkten Herren in der Stadt.

Da aber die Brücken nicht mehr brauchbar waren, dauerte es noch gut einen Monat, bis auch das rechtsrheinische Köln endlich befreit war. Bis dahin war der Rhein die Front.

In den sechs Kriegsjahren erlebte die Stadt 262 Luftangriffe; am Ende war mehr als neunzig Prozent der Innenstadt zerstört, sämtliche Brücken gesprengt, das Verkehrsnetz nicht mehr existent, Wasser- und Gasleitungen unbrauchbar, ebenso teilweise die Kanalisation. Allein der betagte Dom stand, zwar schwer beschädigt aber immerhin aufrecht, in den ihn umgebenden Schuttbergen.

Gab es zu Beginn des Krieges noch knapp achthunderttausend Einwohner, so lebten 1945, als die Amerikaner einrückten, gerade noch vierzigtausend in der Trümmerlandschaft, die früher einmal Köln war. Kaum eine Stadt ist vom Krieg so sehr in Mitleidenschaft gezogen worden wie Köln.

Angesichts des Trümmerhaufens – mehr ist Köln im Frühjahr 1945 wahrlich nicht mehr – erscheint der folgende Aspekt eher nebensächlich zu sein. Hitler fühlte sich ja bekanntlich als verhinderter Architekt. Ebenso wie für einige andere Städte, plante er auch für Köln Großes; es sollte total umgestaltet werden. Ein gigantisches Gauzentrum einschließlich Aufmarschstraße, riesiger Halle und noch riesigerem Platz für Appelle und Kundgebungen sollte in Deutz entstehen. Dass der gesamte Stadtteil Deutz dafür hätte abgerissen werden müssen, störte weder den Führer noch seine Stadtplaner.

Ferner war eine überbreite Ost-West-Verbindung entlang der Aachener Straße bis nach Deutz und eine Nord-Süd-Achse quer durch die Innenstadt vorgesehen. Kaum etwas davon ist allerdings verwirklicht worden. Es hätte die Bombenangriffe wohl auch nicht besser überstanden als der Rest der Innenstadt.

kapitel 18

Im Wirtschafts-wunderland und danach

Da liegt nun Köln – oder vielmehr das, was von ihm übriggeblieben ist. Der Krieg ist aus, und die Alliierten haben Deutschland besetzt. Aber die Not hatte noch kein Ende. Eigentlich hatte Köln seinen Todesstoß erhalten, doch die Kölner gaben ihre Stadt nicht auf.

Waren während des Krieges die ständigen Fliegerangriffe das größte Problem gewesen, so stand nun der Hunger an erster Stelle. Die Lebensmittelversorgung wurde von den Amerikanern zwar schon zwei Tage nach ihrem Einmarsch organisiert, aber viel war es nicht, was sie verteilen konnten; oft reichte es nicht einmal um zu überleben. Drei lange Jahre herrschte bitterste Hungersnot in der Stadt. Überall, wo unter dem Schutt der blanke Boden zum Vorschein kam, wurden Kartoffeln, Rüben und anderes Gemüse angebaut. Aber dies und auch die Kleintierhaltung in den Trümmern konnte die Versorgungslücken nicht schließen.

Zum Hunger kam die Kälte: In den zugigen und feuchten Behelfswohnungen, fast gänzlich ohne Brennstoffe, erlebten die Kölner einen der kältesten Winter dieses Jahrhunderts. In diesem Zusammenhang legte Kardinal Frings das 7. Gebot – »Du sollst nicht stehlen.« – etwas weiter als gewöhnlich aus, als er in einer seiner Predigten erklärte: *»Wir leben in Zeiten, da auch der einzelne das wird nehmen dürfen, was er zur Erhaltung seiner Gesundheit notwendig hat, wenn er es auf andere Weise, seine Arbeit oder durch Bitten nicht erlangen kann.«*

Dass er weiter einschränkte, dass der Geschädigte dadurch nicht auch in Not geraten dürfe, und dass er später dafür entschädigt werden müsse, nahmen viele schon nicht mehr zur Kenntnis. Was auf das Einsammeln von Braunkohlebriketts von Güterzügen gemünzt war, wurde weiträumig gedeutet und diente als Rechtfertigung für so manche zwielichtige Tat.

Es fehlte aber auch an allem, selbst die notwendigsten Alltagsgegenstände waren rar: Töpfe, Besteck, Kleidung, Schuhe usw. Verständlich, dass sich ein Schwarzmarkt etablierte. Schon weniger verständlich ist es, dass man auf ihm alles kriegen konnte – wenn auch zu horrenden Preisen. Und noch verwunderlicher ist, als es 1948 zur Währungsreform kam, da waren von einem Tag zum anderen die Schaufenster wieder wohl gefüllt, und was man noch tags zuvor nicht bekommen konnte, war jetzt plötzlich wieder erhältlich. Das Wirtschaftswunder begann offenbar mit einem tatsächlichen Wunder.

Die Wohnungsnot stellte sich als das dritte dringende Nachkriegsproblem dar. Sofort nach Kriegsende hatten die wenigen Menschen, die noch in der Stadt lebten, sich in den von den Bomben verschonten Wohnungen eingerichtet. Die Stadtverwaltung hatte dies legalisiert, sie hatte ja auch gar keine andere Wahl. Klar, dass es zum Streit mit den zurückkehrenden Alteigentümern kam – doch die hatten das Nachsehen.

Parallel dazu verlief die Enttrümmerung. Anders als in anderen Städten gab es in Köln kaum das Phänomen der Trümmerfrauen. In Köln besorgten Firmen die Aufräumarbeiten. Nur vereinzelt wurden allgemeine Aufräumarbeiten angeordnet, und einmal wurden sogar ehemalige Parteimitglieder der NSDAP zu einer ganzen Woche »Ehrendienst« verdonnert. Manchmal kam es auch zu freiwilligen Arbeiten, wie am 1. April 1949, als das Kölner Dreigestirn sich des Gürzenich annahm und viele Kölner ihm folgten. Dabei war das Ganze als Aprilscherz in der »Kölnischen Rundschau« ins Rollen gekommen.

Langsam erhob sich die neue Stadt aus den Ruinen. Die folgende Aufstellung – die notgedrungen natürlich unvollständig ist – mag einen Eindruck davon vermitteln, wie zügig der Wiederaufbau voranging.

1945

9. Apr. Während das rechtsrheinische Köln noch von den Nazis gehalten wird, beschließt man auf der linken Rheinseite den Wiederaufbau der Stadt.

19. Mai Alle bewohnbaren Wohnungen werden beschlagnahmt und den Obdachlosen zugeteilt.

14. Aug. Der Wiederaufbau des Doms beginnt.

16. Okt. Die zerstörten Brücken sind soweit entfernt, dass der Schiffsverkehr wieder aufgenommen werden kann.

10. Dez. Die Universität nimmt ihren Betrieb wieder auf.

1946

10. Jan. Das Oberlandesgericht wird wiedereröffnet.

12. Juni Die Amerikaner übergeben die provisorische »Pattonbrücke«, die in Höhe der Bastei den Fluss überquert, dem Verkehr.

29. Okt. Die erste Volkszählung ergibt: Es leben wieder eine halbe Million Menschen in Köln.

1947

25. Mai Der Kölner Zoo öffnet seine Pforten.

14. Sept. Die erste Messe findet in den reparierten Messehallen statt.

1948

8. Mai Die Hohenzollernbrücke ist notdürftig wieder hergestellt.

14. Aug. Zur 700-Jahrfeier der Grundsteinlegung des Kölner Domes sind die dringlichsten Dombauarbeiten abgeschlossen.

16. Okt. Die Deutzer Brücke wird freigegeben.

1950

4. Feb. Als erstes ausländisches Kulturinstitut wird das Belgische Haus in der Cäcilienstraße eröffnet.

4. Mai »Die Brücke« als britisches Kulturinstitut folgt.

26. Mai Der Gürzenich ist provisorisch wieder hergestellt.

1951

3. Jan. Der Flughafen Wahn nimmt seinen Betrieb wieder auf.

8. Sept. Die Mülheimer Brücke wird eingeweiht.

1957

12. Apr. Das historische Rathaus kann wieder bezogen werden.

1959

7. Nov. Auch die Severinsbrücke ist jetzt fertig.

Dass in der Phase des Wiederaufbaus, als es in erster Linie darum ging, Wohnungen und Verkehrsverbindungen zu schaffen, selbstverständlich auch einige architektonische und städteplanerische Todsünden begangen wurden, sei hier nur am Rande erwähnt. Jeder, der durch die Stadt läuft, wird bis heute noch auf sie treffen. Stellvertretend für alle anderen sei hier nur die Nord-Süd-Fahrt genannt, die breite Autoschneise, die die Innenstadt bedenkenlos durchschneidet.

Sofort nach dem Einmarsch organisierten die Amerikaner eine Militärregierung für die Stadt. Sie übertrug gewisse Aufgaben der Stadtverwaltung an Deutsche, die sich nicht mit dem Naziregime eingelassen hatten.

Zu ihnen gehörte der ehemalige Oberbürgermeister Konrad Adenauer, der auch wieder Kölns erster Oberbürgermeister nach dem Krieg wird.

Als jedoch die Militärregierung in Köln vereinbarungsgemäß im Sommer 1945 an die Briten überging, kam es zu Spannungen zwischen diesen und dem OB. Das Ergebnis war, dass Adenauer schon im Oktober des gleichen Jahres vom englischen Militärgouverneur wieder entlassen wurde, mit der merkwürdigen Begründung, er habe nicht genug für die Kölner Bevölkerung getan.

Dahinter verbarg sich – mehr oder weniger versteckt – der Vorwurf, Adenauer habe sich zu sehr politisch betätigt. Die

Stadtverwaltung sei ein einziger »*Zentrumsklüngel*«. Er hatte tatsächlich tatkräftig mitgeholfen, schon drei Monate nach Kriegsende die erste politische Partei in Köln zu gründen: die CDU, Nachfolgerin des Zentrums. (Auf der anderen Seite erlebten auch die SPD und die KPD recht bald ihre Wiedergeburt.) Auf jeden Fall war Adenauer ganz gewiss nicht ohne politische Ambitionen in das Amt gegangen, schließlich sollte er nur fünf Jahre später der erste deutsche Bundeskanzler werden.

Als Bundeskanzler sorgte er in Bonn recht erfolgreich für die Westeinbindung der jungen Bundesrepublik. Zur gleichen Zeit war seine Partei in Köln weniger erfolgreich. Seit den demokratischen Anfängen standen in Köln immer die konservativen Kräfte in der Stadtregierung an der Spitze. Spielte vor dem Krieg das Zentrum diese Rolle, so übernahm sie danach die CDU. Mitte der fünfziger Jahre kam dann die große Wende: Seit den Kommunalwahlen 1956 stellte die SPD ununterbrochen die stärkste Fraktion im Rathaus. Ihr gehörten so starke und populäre Oberbürgermeister wie Theo Buraunen, Jan van Nes Ziegler und Norbert Burger an. Erst in allerjüngster Zeit hat sich dies wieder geändert. Doch darauf kommen wir später zu sprechen.

Neben dem Wiederaufbau der zerstörten Gebäude und der Organisation einer Stadtverwaltung nahm die Wirtschaft einen unerwarteten Aufschwung.

Eigenartigerweise hatte der Krieg in Köln weit heftiger in den Wohngebieten gewütet, als in denen der Industrie. Von über zweihundert Industriebetrieben waren nur vierzehn total zerstört, die meisten waren lediglich zum Teil beschädigt. So konnte die Produktion relativ schnell wieder aufgenommen werden; bei Ford zum Beispiel schon im Mai 1945, in vierhundert weiteren Betriebe sogar schon im April, als der Krieg auf der anderen Rheinseite noch in vollem Gange war.

Das eigentliche Wirtschaftswunder folgte dann in den fünfziger und sechziger Jahren. Natürlich war der Wiederaufbau der eigentliche Motor für diese rasante wirtschaftliche Entwicklung. Daneben spielte der steigende Lebensstandard eine große Rolle. Für Köln wirkte sich auch die Nähe zur neuen Bundeshauptstadt Bonn äußerst günstig aus. Zahlreiche Vertretungen von Bundesbehörden, ausländische Konsulate oder Botschaften, Kulturinstitutionen und andere Einrichtungen wählten ihren Sitz lieber im lebendigen Köln als in dem immer ein wenig langweilig wirkenden Bonn.

Ebenfalls profitierte Köln von seiner strukturellen Vielfalt im Wirtschaftsbereich: Der traditionell starke Banken- und Versicherungssektor, der Industriegürtel um die Stadt und die unzähligen kleinen Handwerksbetriebe wurden in den Nachkriegsjahren durch den nach wie vor boomenden Mediensektor erweitert: WDR, DeutschlandRadio, Deutsche Welle, RTL, VOX, VIVA und mit ihnen die vielen Produktionsfirmen. Um diese Entwicklung noch weiter voranzutreiben, kaufte die Stadt den ehemaligen Gereon-Güterbahnhof; auf diesem Gelände entstand in den achtziger und neunziger Jahren der MediaPark, der das Glanzstück dieses Wirtschaftszweiges werden sollte.

Köln wurde nach dem Krieg zur Kunststadt, zur Museumsstadt, zur Sportstadt, zur Kulturstadt (Theater, Kleinkunst, Literatur, Musik) und nicht zuletzt zur Millionenstadt. In diesem Zusammenhang gab es allerdings ein Auf und Ab, das schon komische Züge hatte:

Bis 1959 dauerte es noch, bis Köln seine Einwohnerzahl aus der Vorkriegszeit wieder erreicht hatte, auch die Volkszählung von 1970 ergab nur genau 848.352 Einwohner – es fehlten also noch eine ganze Menge zur vollen Million. Die große Chance kam 1975: Es war wieder Eingemeindungszeit; war die letzte doch schon über fünfzig Jahre her. Wesseling, Rodenkirchen, Porz und einige kleinere Gemeinden waren die Opfer, und als Opfer fühlten sie sich auch. Aber das kümmerte das große Köln nicht, die Millionengrenze war überschritten, das war alles, was zählte. Trotzdem: Köln hatte seine Rechnung ohne den Wirt gemacht; Wesseling gelang es, sich wieder aus den Krallen seines einnehmenden Nachbarn zu befreien, die anderen Gemeinden hatten zu ihrem Leidwesen nicht den gleichen Erfolg. Nach nur achtzehn Monaten war die Herrlichkeit als Millionenstadt aus und vorbei.

Der zweite Akt in dieser Komödie folgte 1992. Anna Lisa wurde geboren und vom Oberbürgermeister und der Stadt als das »*Millionenbaby*« gefeiert. Aber wieder war die Freude nicht ungetrübt, denn der deutsche Städtetag sprach von »*Zahlenspielerei*« und ignorierte einfach die Kölner Zählweise. Während Köln alle Haupt- und Nebenwohnsitze in seinen Rechnungen berücksichtigte, wollte der Städtetag doch tatsächlich nur die Hauptwohnsitze zählen, da ja sonst Menschen mit mehreren Wohnsitzen auch mehrfach erfasst würden. In Köln empfand man diese Argumentation als kleinlich, ging es doch hier um die Ehre, eine Millionenstadt zu sein.

Wie dem auch sei, Köln hatte sich zu einer der hervorragendsten Städte in Deutschland gemausert; – eigentlich hatte es diesen Status fast immer während seiner über zweitausendjährigen Geschichte inne.

Dennoch gab es nach dem Krieg ein Problem, das in Köln wie auch überall sonst in der Bundesrepublik auf den Nägeln brannte: die sogenannte Vergangenheitsbewältigung, was auch immer man sich unter diesem Begriff vorstellen mag.

Die Kölner jedenfalls waren sofort nach dem amerikanischen Einmarsch wieder gute, überzeugte Demokraten und kaum einer hatte etwas mit den braunen Machthabern zu tun gehabt. Ein amerikanischer Journalist charakterisierte die Menschen in Köln nicht gerade freundlich: »*... überschwengliche Begeisterung und lächelndes Entgegenkommen sind den Menschen in dieser Gegend immer leicht gefallen. Die Opportunisten verraten sich zwangsläufig durch ihren Eifer, die in der Stadt verbliebenen Nazis anzuschwärzen oder mit den Fingern auf sie zu zeigen.*« Leider war die Denunziation schon im Dritten Reich ein weitverbreiteter Charakterzug in der Mentalität der Kölner. Dieser Journalist stand übrigens mit seiner Ansicht nicht allein. Tatsächlich waren die Kölner bei ihren Besatzern nicht sonderlich beliebt.

Auf der anderen Seite begrüßten die Kölner zwar die Amerikaner als Befreier, jedoch nur als Befreier von den Kriegsleiden, nicht so sehr als Befreier von einem Unrechtsregime. Sich selbst sahen sie in der Rolle eines unschuldigen Opfers. Opfer hatten sie tatsächlich bringen müssen, ob sie allerdings so unschuldig waren, wie sie sich darstellten, darf mit Fug und Recht bezweifelt werden.

Im Sommer 1945 beschrieb Adenauer die Lage so: »*Wir tragen die Schuld an unserem Unglück; wir müssen uns klar darüber werden. Die einen haben gesündigt durch die Tat, die anderen durch ihr teilnahmsloses Zuschauen, sei es, dass sie blind waren oder dass sie nicht sehen wollten. Wieder andere, die die Macht dazu gehabt hätten, haben nicht eingegriffen und dem Bösen, dem Wahnsinn nicht Einhalt geboten, als es noch möglich war.*« Viele Kölner sahen das aber anders, vor allem was ihre eigene Rolle dabei anging.

Um an dieser Einstellung etwas zu ändern, befahlen die Alliierten die Entnazifizierung. Mit Hilfe von Fragebögen sollten die wirklich Unschuldigen von den Mitläufern und den Tätern unterschieden und entsprechend behandelt werden. Das Ergebnis dieses Verfahrens war, dass sich die Menschen gegenseitig entlasteten. Besonders die katholische Kirche tat sich hier hervor, sie stellte die sogenannten Persilscheine anstandslos aus.

So ist es kaum verwunderlich, dass schon bald alle, die 1945 wegen ihrer braunen Vergangenheit entlassen worden waren, wieder ihre Posten innehatten. Man hatte mit den Tätern den großen Frieden gemacht, wie es Ralph Giordano einmal ausdrückte. Diese Einschätzung wird gestützt, wenn man sich die Strafen anschaut, zu denen hohe Kölner Nazifunktionäre verurteilt wurden: Der ehemalige Gauleiter Grohé bekam zum Beispiel viereinhalb Jahre Gefängnis, sein Stellvertreter und Kölner Bürgermeister Schaller sogar drei Monate weniger.

Ein weiteres Problem war und ist die Ausländerzahl in der Stadt, beziehungsweise wie einige Parteien und Gruppierungen darauf reagieren.

Mitten in der Zeit des Wirtschaftswunders, als die deutsche Bevölkerung allein nicht mehr in der Lage war, alle Arbeitsplätze zu besetzen, hatte man vornehmlich in den Mittelmeerländern Arbeiter angeworben. Diese kamen auch bald in Scharen, schon 1964 konnte auf dem Kölner Hauptbahnhof der millionste Gastarbeiter in der Bundesrepublik empfangen werden. Zunächst kamen Italiener, Spanier und Griechen, später immer öfter Türken. Da diese verständlicherweise nicht hier arbeiten und ihre Familien nur im Urlaub zu Hause sehen wollten, ließen sie ihre Frauen und Kinder nachkommen. So kommt es, dass heute ungefähr hundertsiebzigtausend Ausländer – vornehmlich Türken – in Köln leben; das sind etwa achtzehn Prozent der Bevölkerung – mehr als in den meisten anderen Städten Deutschlands.

Dass eine so hohe Ausländerzahl auch Probleme im Zusammenleben aufwirft, liegt auf der Hand. Die Frage ist, wie man damit umgeht. Als Ende der sechziger Jahre die rechtsradikale NPD in einige Landesparlamente einzog, erreichte sie bei Kommunalwahlen in Köln nie über ein Prozent. Ein gutes Zeichen! Ende der achtziger Jahre sah es schon wieder ganz anders aus. Mit mehr als sieben Prozent der Stimmen zogen die Republikaner 1989 in den Rat der Stadt ein.

Als dann auch noch eine Reihe von Terroranschlägen gegen ausländische Mitbürger die Republik erschütterten, kam es Gott sei Dank in Köln zu Gegenaktionen. Das Stadtoberhaupt Norbert Burger beginnt 1992 mit einer Kundgebung auf dem Rathausplatz unter dem Motto: *»Nicht vergessen – den Anfängen wehren«*. Zwei Tage später, dem Jahrestag der »Reichskristallnacht«, folgt ein Gedenken der Opfer auf dem Offenbachplatz, wo damals eine Synagoge abgebrannt war.

Waren diese beiden und noch andere Veranstaltungen schon gut besucht, so dass man von einem breiten Engagement gegen rechts sprechen kann, so übertrifft das, was am Chlodwigplatz stattfand, alles andere bei weitem. Verschiedene Kölner Prominente hatten eine Initiative gegen Neonazismus, Rassismus und Ausländerfeindlichkeit ins Leben gerufen. Diese hatte ein Konzert mit circa 25.000 Besuchern geplant. Der kölsche Slogan *»Arsch huh, Zäng ussenander«* und der politische Anspruch lockten dann aber mehr als vier mal so viele Zuschauer an – das größte open-air Konzert, das Köln je gesehen hat. Elke Heidenreich brachte an diesem Abend das Resümee der Kölner Geschichte auf den Punkt: *»So reinrassig, wie die rechtsradikalen Idioten uns haben wollen, sind wir in Köln lange nicht mehr.«*

Bei der Kommunalwahl 1994 flogen die Republikaner dann auch aus dem Rat wieder heraus. Dennoch ist das Problem damit noch nicht gelöst.

Je näher wir der Gegenwart in diesem Überblick über zweitausend Jahre Kölner Geschichte gekommen sind, desto mehr Einzelheiten mussten auf der Strecke bleiben – zum Teil ziemlich skurrile, wie der Streit um das Flügelauto auf dem Stadtmuseum – zum Teil so bezeichnende, wie das merkwürdige Verhältnis der Kölner zu ihrem ungeliebten Kirchenoberhaupt Kardinal Meisner oder das seit dem Krieg beispiellose Ausfallen des Rosenmontagszuges während des Golfkrieges – und zum Teil auch so weltbewegende wie der große Gipfel-Sommer 1999, als von Jacques Chirac, Tony Blair und Bill Clinton bis Boris Jelzin alles in Köln versammelt war, was Rang und Namen hat.

Aber zu einem Thema, das in Köln schon seit vielen Jahrhunderten aktuell ist, müssen wir doch noch kommen: die Finanzen der Stadt.

Wie wir gesehen haben, war bereits zum Ende der reichsstädtischen Zeit und unter der preußischen Herrschaft die Lage so, dass von einer soliden Finanzplanung nicht die Rede sein konnte. Mehrfach ist die Stadt haarscharf an einem Bankrott vorbei geschlittert – wenn eine Stadt pleite gehen könnte, Köln hätte des öfteren dieses Schicksal erlitten.

Auch jetzt sind die Finanzen wieder einmal ins Gerede gekommen. In den achtziger und neunziger Jahren sind die Ausgaben der Stadt um etwa das Sechsfache gestiegen, die Schulden um circa das Dreifache. Nur radikale Sparmaßnahmen, der Verkauf von Vermögenswerten und das Antasten der Rücklagen gestatten einen funktionierenden Haushalt. Wie lange das noch möglich sein wird, steht wohl in den Sternen.

Für die Zukunft sieht es nicht so aus, als ob die Stadt bald wieder eine aktive und gestalterische Rolle in so wichtigen Bereichen wie der Kultur, dem Gesundheitswesen, der Bildung, der Freizeitgestaltung und ähnlichem spielen könnte. Aber angesichts der Kölner Geschichte können wir doch gelassen bleiben. Solche Krisen haben wir, beziehungsweise unsere Vorfahren, noch immer überstanden. Möge es auch in Zukunft so bleiben.

Da wir gerade von Krisen reden – Krisen gab es auch in der jüngsten Vergangenheit zur Genüge. Man denke nur an jenen Oberstadtdirektor, der Oberbürgermeister werden wollte. Mitten im Wahlkampf 1999 musste er eingestehen, dass er mit sogenannten Insidergeschäften Geld verdient hatte; da diese illegal sind, blieb ihm nichts anderes übrig, als den Hut zu nehmen und von seiner Kandidatur zurückzutreten. Unverhofft stand die seit über vierzig Jahren regierende SPD ohne einen eigenen Kandidaten für das Oberbürgermeisteramt da – und das ein paar Tage vor der Wahl. Klar, dass die CDU die Wahlen gewann. Der neue OB hieß Harry Blum, dem leider nur ein halbes Jahr im Amt blieb, bis er unvorhergesehen starb.

Und noch eine Krise darf nicht unerwähnt bleiben. Dazu müssen wir noch einmal zurück in die Nachkriegszeit. 1948 wurde der 1. FC gegründet – aus dem Zusammenschluss des Kölner BV und der SpVgg 07 Köln-Sülz. Seinen ersten Höhepunkt erreichte der neue Club zu Beginn der sechziger Jahre, als er zwei Meistertitel gewann und zweimal Vizemeister wurde. Unter Hennes Weisweiler gelang ihm dann 1978 sogar der Doppelschlag: Deutscher Meister und Gewinner des DFB-Pokals – der absolute Höhepunkt. Danach war die Vizemeisterschaft das Höchste, was zu erreichen war, bis es dann in den Neunzigern nur noch bergab ging. Als der 1. FC im Jahr 1998 in die zweite Liga abstieg, sind viele Tränen geflossen. Zum Glück spielt er jetzt ja wieder in der 1. Liga. Toi, toi, toi!

Zum Schluss möchte ich nicht darauf verzichten, auf einen Vorfall hinzuweisen – geht es hier doch nicht nur um eine Angelegenheit, die sich nur auf einen kurzen Zeitraum bezieht, sondern um etwas, das fast die gesamte Kölner Geschichte berührt. Dieses Ereignis findet nicht einmal in Köln statt, sondern in Rom, wo dieses Buch ja schon seinen Anfang nahm.

In Rom nämlich greift der Papst am 13. Mai 1969 Köln direkt an: Er streicht unsere heilige Ursula samt ihren elftausend Jungfrauen aus dem offiziellen liturgischen Kalender. Ohne uns zu fragen! Zwar werden Ursula und ihre Gespielinnen hier nichtsdestotrotz weiter verehrt, und der 21. Oktober bleibt in Köln auch weiterhin ihr Tag, aber es ist doch nicht mehr das Gleiche. Irgendwie sind auch die elf Flammen in unserem Stadtwappen seit jenem verhängnisvollen 13. Mai nicht mehr so leuchtend gelb wie früher.

Da dies nicht gerade der versöhnlichste Schluss dieses Buches ist, den ich mir vorstellen kann, lassen Sie mich ganz zum Schluss noch auf ein Detail eingehen, das das moderne Köln geprägt hat, wie kaum etwas anderes: das Kölsch. Die Tradition des Kölschbrauens ist noch gar nicht so alt, die des Bierbrauens dagegen sehr.

Wahrscheinlich haben schon die ersten Ubierfamilien, die sich hier niederließen, Met und Bier gebraut. Mit Sicherheit taten das die Mönche des Mittelalters in ihren Klosterbrauereien. Erwähnenswert ist in diesem Zusammenhang, dass die Kölner Brauerzunft die älteste Handwerksgilde in der Stadt war – sie geht auf das Jahr 1396 zurück. In der Zeit nach dem Dreißigjährigen Krieg erfasste der Niedergang Kölns auch seine Brauer, zumindest gibt es von ihnen in dieser Zeit keine Nachrichten.

Im neunzehnten Jahrhundert jedoch scheint dann das Brauereiwesen in Köln einen neuen Aufschwung zu erleben. Männer wie Gustav Küpper, Christian Sünner, Heinrich Reißdorf oder Peter Josef Früh wurden nun aktiv. Aber noch unterschied sich das in Köln gebraute Bier nicht sonderlich von den Bieren, die irgendwo sonst nach dem deutschen Reinheitsgebot hergestellt wurden. Erst unter dem Druck der Großbrauereien nach dem Zweiten Weltkrieg vereinigte man sich im »Kölner Brauereiverband« und verfeinerte allmählich seine Biere, bis schließlich das helle, obergärige Kölsch von solch erlesener Qualität war, dass es keiner Verbesserung mehr bedurfte.

Und damit alles seine Ordnung hat, legte der »Kölner Brauereiverband« mit dem Bundeskartellamt 1985 fest, wie ein Kölsch zu brauen sei, wo es gebraut werden darf und in welchen Gläsern es ausgeschenkt werden darf. Das Herstellungsverfahren interessiert wahrscheinlich nur eine Handvoll Fachleute. Das Herstellungsgebiet beschränkt sich auf die nähere Umgebung von Köln, das nicht weiter als bis Dormagen, Bonn, Bedburg und Bielstein reicht. Und das Glas braucht hier nicht näher beschrieben zu werden, das kennt ohnehin jeder.

Ohne seine Brauhäuser und Kölschkneipen würde Köln heute etwas Entscheidendes fehlen – es ist auch das Kölsch, das diese Stadt so lebenswert macht.

Kölle alaaf!

anhang I

Die Erzbischöfe von Köln

Die Namen und Lebensdaten der Bischöfe von Maternus im vierten Jahrhundert bis in die Zeit Karls des Großen hinein sind in den meisten Fällen nicht gesichert.

786–818	Hildebold
819–841	Hadebad
850–863	Gunthar
870–889	Willibert
890–924	Hermann I. der Fromme
924–953	Wichfried

Die Erzbischöfe als Stadtherren von Köln:

953–965	Bruno I. (Bruder Otto des Großen)
965–969	Folcmar
969–976	Gero
976–985	Warin
985–999	Everger
999–1021	Heribert
1021–1036	Pilgrim
1036–1056	Hermann II.
1056–1075	Anno II.
1076–1078	Hildolf
1078–1089	Sigewin
1089–1099	Hermann III. von Hochstaden
1100–1131	Friedrich I. von Schwarzenburg
1131–1137	Bruno II. von Berg
1137	Hugo von Sponheim

1137–1151	Arnold I.
1151–1156	Arnold II. von Wied
1156–1158	Friedrich II. von Berg
1159–1167	Rainald von Dassel
1167–1191	Philipp I. von Heinsberg
1191–1193	Bruno III. von Berg
1193–1205	Adolf I. von Altena
1205–1208	Bruno IV. von Sayn
1208–1215	Dietrich I. von Hengebach
1216–1225	Engelbert I. von Berg
1225–1238	Heinrich I. von Müllenark
1238–1261	Konrad I. von Hochstaden
1261–1274	Engelbert II. von Falkenburg
1275–1297	Siegfried von Westerburg

Die Erzbischöfe nach der Schlacht von Worringen:

1297–1305	Wigbold von Holte
1304–1332	Heinrich II. von Virneburg
1332–1349	Walram von Jülich
1349–1362	Wilhelm von Gennep
1363–1364	Adolf II. von Mark
1364–1368	Engelbert III. von Mark
1370–1414	Friedrich III. von Saarwerden
1414–1463	Dietrich II. von Moers
1463–1478	Ruprecht von der Pfalz
1480–1508	Hermann IV. von Hessen
1508–1515	Philipp II. von Daun
1515–1547	Hermann V. von Wied
1547–1556	Adolf III. von Schaumburg
1556–1558	Anton von Schaumburg
1558–1562	Johann Gebhard I. von Mansfeld
1562–1567	Friedrich IV. von Wied
1567–1577	Salentin von Isenburg
1577–1582	Gebhard II. Truchseß von Waldburg
1583–1612	Ernst von Bayern

1612–1650	Ferdinand von Bayern
1650–1688	Maximilian Heinrich von Bayern
1688–1723	Joseph Clemens von Bayern
1723–1761	Clemens August I. von Bayern
1761–1784	Maximilian Friedrich von Königseeg
1784–1801	Maximilian Franz von Österreich

Die Erzbischöfe nach dem Ende des Heiligen Römischen Reiches Deutscher Nation:

1801–1824	Das Erzbistum Köln ist aufgelöst.

1824–1835	Ferdinand August von Spiegel
1835–1845	Clemens August II. Droste zu Vischering
1845–1864	Johannes von Geissel
1866–1885	Paulus Melchers
1885–1899	Philipp III. Krementz
1899–1902	Hubert Theophil Simar
1902–1912	Anton Fischer
1912–1919	Felix von Hartmann
1920–1941	Karl Joseph Schulte
1942–1969	Joseph Frings
1969–1987	Joseph Höffner
1989–	Joachim Meisner

Anhang 2

Die Oberbürgermeister von Köln (seit 1851)

1851–1863	Hermann Joseph Stupp
1863–1875	Alexander Friedrich Wilhelm Bachem
1875–1885	Hermann Becker (»Roter Becker«)
1886–1907	Friedrich Wilhelm von Becker (»Langer Becker«)
1907–1917	Max Wallraf
1917–1933	Konrad Adenauer (Zentrum)
1933–1936	Günter Riesen (NSDAP)
1937–1940	Karl Georg Schmidt (NSDAP)
1941–1944	Peter Winkelnkemper (NSDAP)
1945	Konrad Adenauer (CDU)
1945–1948	Hermann Pünder (CDU)
1948	Ernst Schwering (CDU)
1948–1949	Robert Görlinger (SPD)
1949–1950	Ernst Schwering (CDU)
1950–1951	Robert Görlinger (SPD)
1951–1956	Ernst Schwering (CDU)
1956–1973	Theo Burauen (SPD)
1973–1980	John van Nes Ziegler (SPD)
1980–1999	Norbert Burger (SPD)
1999–2000	Harry Blum (CDU)
2000–	Fritz Schramma (CDU)

Falko Amadeus Rademacher
KÖLN FÜR IMIS
Ein Leitfaden durch die seltsamste Stadt der Welt
Köln-Bibliothek 5
Broschur, 192 Seiten, ISBN 3-89705-197-4

»Dieses Buch ist nicht hilfreich. Es ist lebensnotwendig.«
Eulenspiegel